本书为国家社科基金项目
"共建共治共享社会治理格局下的企业灾害参与机制研究"
(编号：18BZZ060)的最终成果

本书出版同时得到湘潭大学的经费资助

企业参与应急管理

动因、影响因素与路径

杨安华 著

人民出版社

目　录

第一章　参与应急管理:风险社会企业的新角色 …… 1
　一、全球自然灾害的演变与特点 …… 3
　二、企业参与应急管理的必要性与优势 …… 12
　三、企业在应急管理中的角色与功能 …… 26
　四、本章小结 …… 41

第二章　企业参与应急管理的两种不同模式 …… 43
　一、引言 …… 43
　二、企业的危机应对和应急参与 …… 46
　三、企业参与应急管理的两种不同模式及运行逻辑 …… 50
　四、企业不同应急参与模式对社区抗逆力的影响 …… 59
　五、本章小结 …… 64

第三章　美国卡特里娜飓风应对中的企业参与 …… 69
　一、引言 …… 69
　二、卡特里娜飓风的发生与受灾情况 …… 72
　三、卡特里娜飓风中的企业响应:以沃尔玛为中心的考察 …… 81
　四、本章结论与启示 …… 92

第四章 日本企业的灾害参与能力发展 ········· 99
  一、阪神大地震与3·11地震中的企业参与 ········· 101
  二、日本企业应急参与能力发展：从阪神大地震到3·11地震的
     探索 ········· 114
  三、日本企业应急参与的不足与未来发展方向 ········· 139
  四、本章小结 ········· 147

第五章 印度企业在提升国家抗逆力中的作用：PPP视角 ········· 148
  一、印度：一个毗邻中国的灾害大国 ········· 148
  二、印度灾害管理范式的转变与PPP模式的形成 ········· 152
  三、打造基于PPP的抗逆力国家：相关法律与政策 ········· 157
  四、公私合作中的私营部门作用：三次灾害的实践 ········· 161
  五、本章启示 ········· 167

第六章 企业参与应急管理的中国实践：从汶川地震到芦山地震的考察 ········· 170
  一、引言 ········· 170
  二、中国企业参与应急管理的动因：CSR框架 ········· 173
  三、企业参与应急管理的中国实践：从汶川地震到芦山地震 ········· 187
  四、超越灾后捐赠：加多宝多元化灾害参与方式的形成 ········· 195
  五、中国企业参与应急管理存在的不足 ········· 200

第七章 企业参与应急管理的影响因素：基于中国抗击新冠疫情的调查 ········· 205
  一、引言 ········· 205
  二、理论基础与研究假设 ········· 212
  三、研究设计 ········· 220

四、数据分析 ·· 226
　　五、本章结论与启示 ·· 233

第八章　应急服务"政府—企业—公众"协作供给的作用机制 ······ 237
　　一、中国应急服务协作供给的政策演变历程 ················· 237
　　二、应急服务三方协作供给的作用机制 ······················ 244
　　三、本章结论与政策启示 ····································· 263

第九章　企业参与应急管理的制度化建设 ························ 269
　　一、中国企业参与应急管理的现实基础 ······················ 269
　　二、中国企业参与应急管理的主要短板 ······················ 274
　　三、企业参与应急管理的政府责任与作用 ··················· 277
　　四、企业参与应急管理的制度化建设路径 ··················· 288
　　五、本章小结 ··· 294

参考文献 ·· 295
后　记 ··· 317

第一章 参与应急管理:风险社会企业的新角色

长期以来,政府部门在灾害治理中发挥着"唱独角戏"的作用,但近年来的灾害治理实践突破了这一传统,政府、社会与市场(企业)共同发挥作用成为应急管理的重要趋势。自1995年日本阪神·淡路大地震(以下简称"阪神大地震")以来,民间组织等社会力量在应急响应中的作用逐步凸显。而企业[①]作为最重要的经济力量,在应急管理中的作用没有得到充分发挥,其应急管理功能也因此没有引起足够重视。[②] 不过,21世纪以来在全球范围内接连发生的重大灾害以及应急管理实践改变了这种格局。2001年与2005年,美国先后发生"9·11"事件、卡特里娜飓风,2008年中国发生汶川大地震,5年后又发生芦山大地震,2011年日本发生"3·11"大地震。这些灾害,造成了大量的人员伤亡和财产损失。在这些灾害的救援与灾后重建中,企业的作用逐步

[①] 私营部门(Private Sector)是与公共部门相对的一个概念,指的是产权清晰、追求自身利益的组织,包括私有且不构成政府组成部分的组织、营利性和非营利性公司、合伙制企业和慈善机构。企业是最典型的私营部门(参见刘戒骄、王德华:《私部门责任与中国商业贿赂蔓延之谜》,《中国工业经济》2014年第8期)。因此,为了表达得顺畅与简洁,本书一般用"企业"代替"私营部门"。本书所说的企业,既包括民营企业,或称私营企业,也包括国有企业。

[②] Phillips Brenda D., David M. Neal and Gary Webb, *Introduction to Emergency Management*, CRC Press, 2011, p.382.

得到彰显,企业参与应急管理的重要性也开始为人们所认知。美国应急管理学者戴维·麦肯泰尔(David McEntire)等通过研究"9·11"事件后发现,企业在应急管理,尤其是在应急救援中的作用至关重要,同时也扮演着形式多样的角色。其研究进一步指出:"事实上,毫不夸张地说,企业在防灾减灾、应急准备、应急响应和恢复重建整个应急管理过程中所作的贡献被严重低估了。"①

在2005年的卡特里娜飓风应对中,美国政府全面失败,而沃尔玛、家得宝等私营企业却表现卓越。正如杰弗逊教区区长亚伦·布鲁萨德(Aaron Broussard)所说:"如果美国政府能够像沃尔玛那样有效应对灾害,我们就不至于陷入如此严重的危机漩涡。"②之后,美国联邦应急管理署(FEMA)署长克雷格·富盖特(Craig Fugate)也指出,"政府中心的灾害解决之道已经失效","私营部门在任何灾害应对中均发挥着重要作用"③。卡特里娜飓风发生后,美国发布权威报告——《联邦政府对卡特里娜飓风的响应:经验与教训》明确指出,"私营部门必须成为各级政府部门的直接合作伙伴,并与政府应急工作完全整合在一起"④。2011年3月,日本发生"3·11"大地震,并引发海啸,此后发生核泄漏。在这次复合型巨灾应对中,政府反应迟钝,日本民众对此强烈不满,而私营部门却从容应对,还有序高效地参与应急救援,因此赢得了民众的普遍赞扬。⑤再次表明了企业在应急管理中的重要作用。在全球性的新冠疫

---

① David A. McEntire, Robie J. Robinson and Richard T. Weber, *Business Responses to the World Trade Center Disaster:A Study of Corporate Roles, Functions and Interaction with the Public Sector*, pp. 431-457, in Beyond September 11th:An Account of Post-Disaster Research, J. Monday, Ed., University of Colorado:Boulder, CO. 2003.

② Michael Barbaro and Justin Fillis, *Wal-Mart at Forefront of Hurricane Relief*, The Washington Post, Sept 6, 2005.

③ Federal Emergency Management Agency, *Comprehensive Planning Guide 101 Developing and Maintaining Emergency Operations Plans*, http://www.fema.gov/pdf/about/divisions/npd/CPG_101_V2.pdf, p.45.

④ Townsend F. F., *The Federal Response to Hurricane Katrina:Lessons Learned*, Washington, DC:The White House, 2006, p.81.

⑤ 参见富士通総研,『東日本大震災後の企業の取り組みはどのように評価されたか』,https://www.fujitsu.com/jp/group/fri/column/opinion/201106/2011-6-3.html。

第一章 参与应急管理:风险社会企业的新角色

情防控中,尽管各国抗疫态度与绩效各不相同,但大量企业利用各自优势,在疫情防控中发挥了不可替代的重要作用。如今,企业在应急管理中的作用正在不断凸显。①

与应急管理实践形成鲜明对比的是,企业应急参与并没有引起学术界的充分重视。尽管自阪神大地震以来,学术界围绕非政府组织等社会组织参与灾害管理展开了大量研究,但很少关注企业,以至于应急管理中的企业参与"至今仍然是一个被严重忽视的问题"②。基于这一认识,本书以近年来全球范围内的几次巨灾为主线,在对美国、日本、印度与中国等自然灾害频发国家的企业参与巨灾应对实践进行系统考察的基础上,对企业在应急管理中的作用,企业参与应急管理的动机、行为、效果,以及政府在应急管理中的责任与作用等问题展开深入研究,为新时代中国打造共建共治共享的灾害治理格局,建成"全社会共同参与的突发事件应急体系"提供理论和决策参考。

本章对近年来全球范围内自然灾害发展趋势与特征,企业参与应急管理的必要性与优势,以及企业在应急管理中的功能与作用等问题进行探讨。

一、全球自然灾害的演变与特点

本部分主要依据国际灾害数据库的数据,对全球自然灾害的发展情况进行分析。总体而言,近年来全球自然灾害呈现出以下发展态势。

---

① McKnight B. and M. K. Linnenluecke, *Patterns of Firm Responses to Different Types of Natural Disasters Business & Society*, 2018, https://doi.org/10.1177/0007650317698946.

② Brenda D. Phillips, David M. Neal and Gary Webb, *Introduction to Emergency Management*, CRC Press, 2011, p.382; David A. McEntire, *Disaster Response and Recovery: Strategies and Tactics for Resilience*, John Wiley & Sons, 2015, p.58.

(一)总体趋势:灾害频度和强度不断上升,危害形势仍然严峻

在全球已经进入风险社会的当今,灾害的常态化与复杂性趋势日益凸显。联合国2015年5月发布的《2015年全球减轻灾害风险评估报告》指出,在联合国成员国通过国际减灾十年战略实施25年与《2005—2015年兵库行动框架:提高国家和社区的抗灾力》(HFA)实施10年后,全球的灾害风险仍未见明显减少。尽管加强灾害管理的努力降低了一些国家的死亡人数,但自2000年以来,自然灾害造成的年均经济损失已经达到了2500亿—3000亿美元。2004年印度洋海啸、2008年中国汶川地震、2010年海地地震、2011年日本"3·11"地震海啸所造成的大量人员伤亡和经济损失都表明自然灾害发生的频率和强度仍然呈不断增长趋势。(图1、图2清晰地表明了这一趋势)

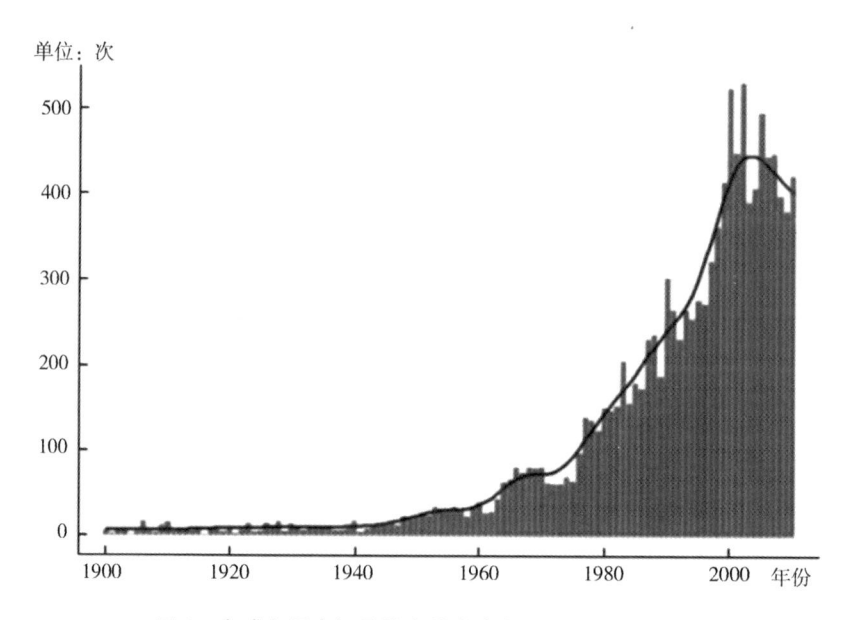

图1 全球有历史记录的自然灾害数量(1900—2015)

数据来源:International Disaster Database.www.emdat.be。

2015年3月14日至18日在日本宫城县仙台市召开的第三届世界减灾大会通过《2015—2030年仙台减轻灾害风险框架》指出,在过去10年(2005—

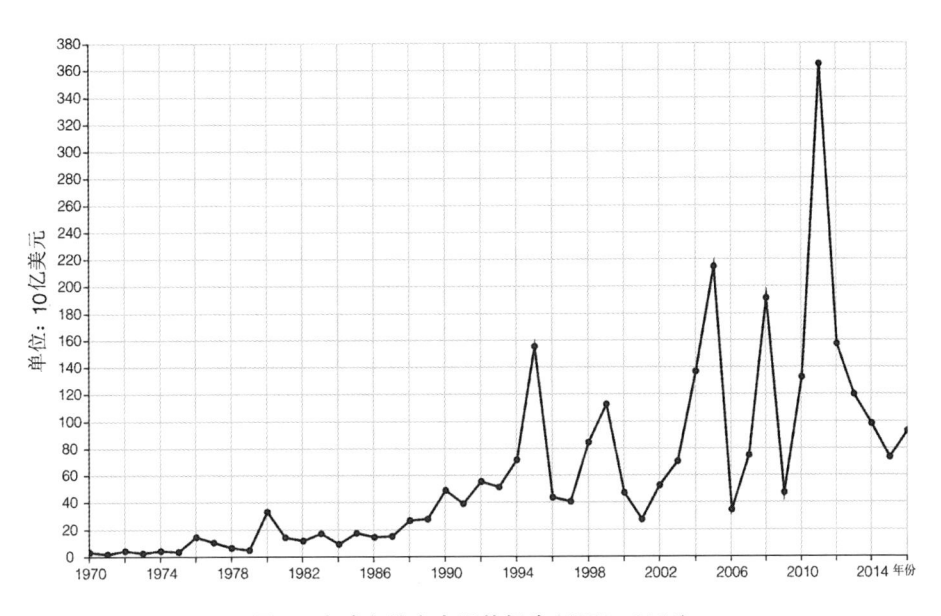

图 2　全球自然灾害评估损失（1970—2016）

数据来源：International Disaster Database.www.emdat.be。

2014）期间，灾害在全球范围内造成大量人员伤亡和严重损失的局面仍然没有发生明显改观。2005—2014 年，灾害在全球范围内造成了 70 多万人丧生、140 多万人受伤和大约 2300 万人无家可归，15 亿以上的人员受到不同程度的灾害影响。[1]（图 3 更为直观地反映了这一趋势）

21 世纪以来，全球灾害形势仍然很严峻。联合国在 2020 年 10 月 13 日发布报告《灾害的代价 2000—2019》，该报告指出，过去 20 年间，全球影响最为严重的是洪水灾害和风暴灾害，洪水灾害发生数量从 2000 年的 1389 起上升到 2019 年的 3254 起，占灾害总数的 40%，影响人数高达 165 万人；其次是风暴灾害，发生数量从 1457 起上升到 2034 起，占到灾害总数的 28%。另外，干旱、山火、极端气温，以及地震和海啸等自然灾害的发生次数均出现显著上升[2]，需要

---

[1] 参见张维：《小灾大损失频现须完善减灾机制》，《法治日报》2015 年 5 月 8 日。
[2] 参见青木编译：《创建抗灾型社会是当务之急》，《社会科学报》2020 年 11 月 26 日。

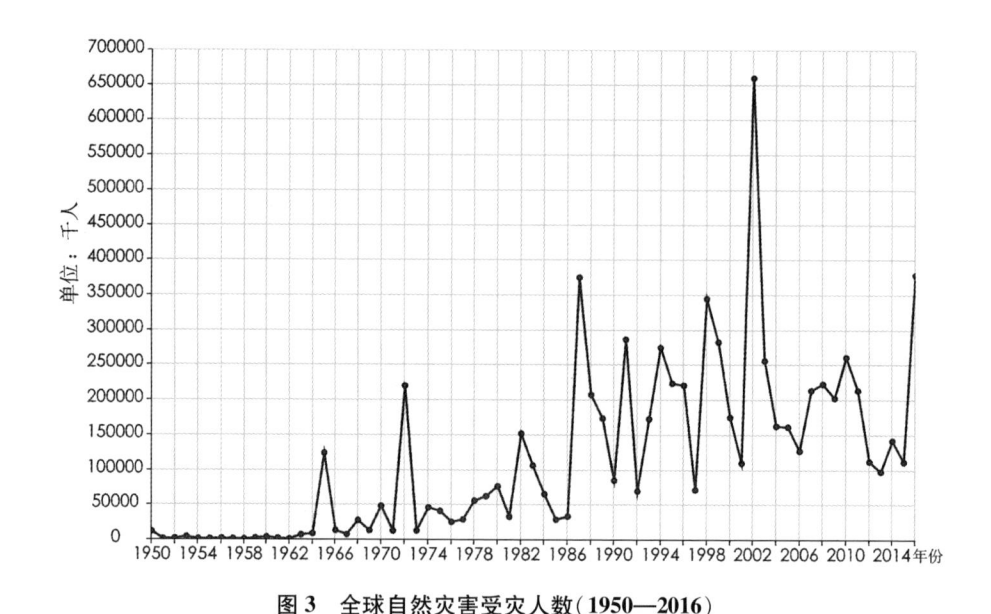

图 3　全球自然灾害受灾人数（1950—2016）

数据来源：International Disaster Database.www.emdat.be。

引起高度重视。《灾害的代价2000—2019》记录了过去20年全球发生的7348起主要灾害事件,这些灾害共造成123万人死亡。另外,过去20年全球灾害还造成2.97万亿美元的经济损失,受灾人口总数高达40亿,其中还有许多人不止一次受灾。与之相比,全球在上一个20年,即1980—1999年间报告的自然灾害数量为4212起,死亡119万人,受灾人数超过30亿,经济损失总额为1.63万亿美元。[①]

（二）快速城市化和气候变化带来的灾害上升趋势明显

如今,城市扩张及人口增长是必然的,但哪些城市将扩张及其扩张的速度却难以预测。大多数正在扩张的城市都位于发展中国家,生活在热带气旋和地震风险城市的人口将从2000年的6.8亿上升至2050年的15亿,这种扩张增加了受灾风险（见图4）。人口密度的上升以及经济活动的日趋集中将进一

---

① UNDRR,"The Human Cost of Disasters 2000-2019",https://www.emdat.be/publications.

步加剧灾害可能造成的危害。尤其是如果不能对城市善加管理,快速城市化很可能伴随着城市脆弱性的加剧。

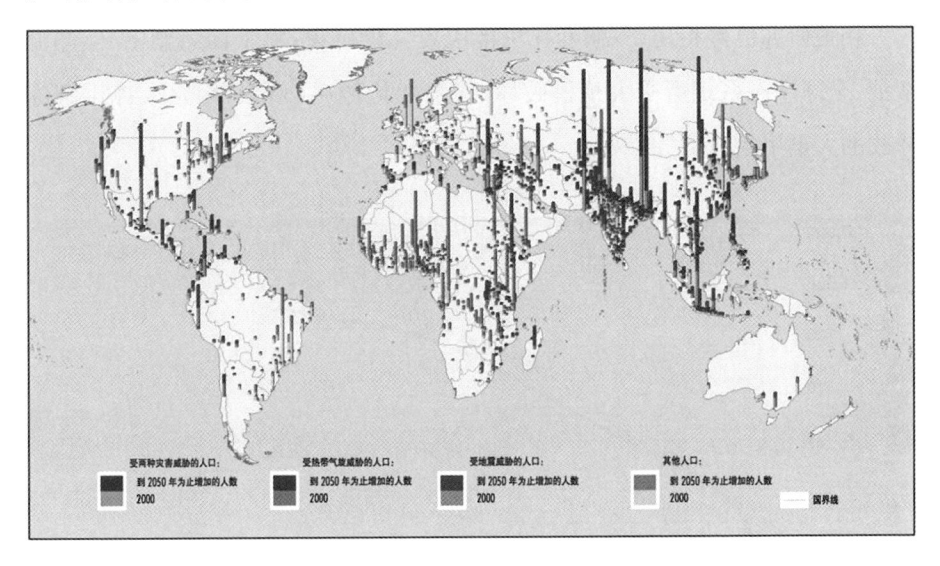

图4 生活在热带气旋和地震风险城市的人口的上升趋势

资料来源:Brecht H., U. Deichmann and H. Gun Wang, "Predicting Future Urban Natural Hazard Exposure", *Background Note for the Report*, 2010。

气候变化则使这一状况变得更加复杂。用于天气预测的科学模型无法在地方层面进行准确预测,而灾害的强度、频率和影响范围却会随着气候的变化而变化。仅是由气候变化所导致的热带气旋一项,预计每年的损失就高达280亿—680亿美元。这些估算当然受各种参数以及各种假设的影响,算出来的只是每年的"预计值"。但各年的损失不可能一直保持平稳。预计气候变化将使热带气旋造成的损失分布出现偏离,那些原来罕见的具有巨大破坏力的热带气旋发生的频率很可能上升。研究发现,对美国而言,在当前气候状况下每38—480年一遇的破坏性风暴可能因未来的气候变化演变为每18—89年出现一次。气候变化会使热带气旋损失分布曲线的尾部"变肥"(见图5)。[①] 以前很

[①] United Nations, *Natural Hazards, Unnatural Disasters:The Economics of Effective Prevention*, The World Bank, 2010.

少见的破坏性风暴在现今的气候中已经屡见不鲜,而随着气候的变暖,这种风暴的发生频率还将进一步上升。

相关研究已经指出,气候变化可能引发几种巨灾:海平面急剧上升、洋流紊乱、全球生态系统遭受大规模破坏、气候变化加速(例如,因永久冻土解冻释放的大量甲烷所致)。

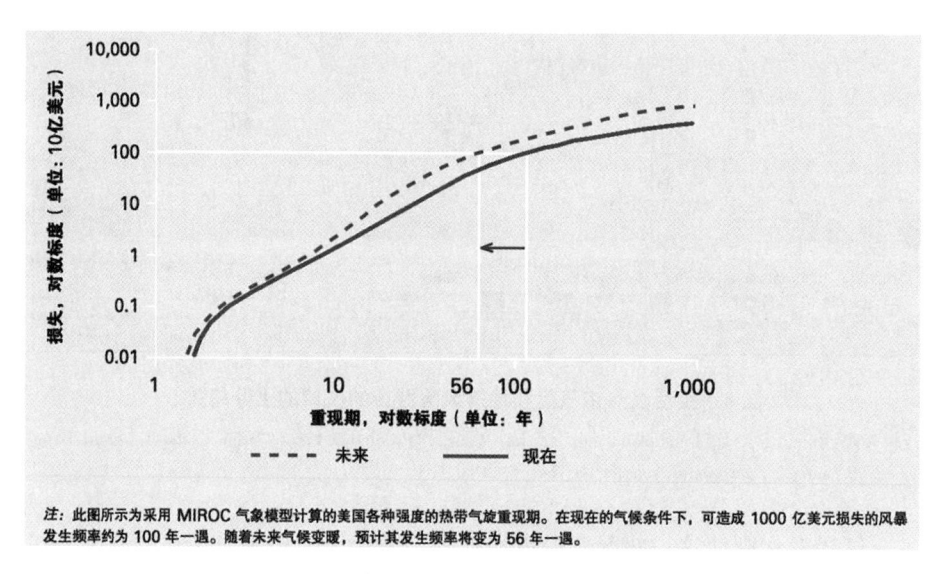

注:此图所示为采用 MIROC 气象模型计算的美国各种强度的热带气旋重现期。在现在的气候条件下,可造成 1000 亿美元损失的风暴发生频率约为 100 年一遇。随着未来气候变暖,预计其发生频率将变为 56 年一遇。

图5 气候变化使大风暴周期缩短

资料来源:Mendelsohn R., K. Emanuel, and S. Chonabayashi, "The Impact of Climate Change on Global Tropical Storm Damages", *Background Paper for the Report*, 2010。

城市发展、气候变化以及可能发生的各种巨灾都在改变着应急管理形势。虽然自然灾害自始至终都会伴随着我们,但它们酿成的灾难却总是表明我们在某些地方出了问题。而要找出是哪里出了问题并确定纠正措施却不那么简单。例如,关于卡特里娜飓风(Hurricane Katrina)或纳尔吉斯风暴(Cyclone Nargis)是否是由气候变化所致的争论分散了人们对政策因素的关注。由于这些政策的存在,错误的风险定价和风险补贴依然持续,减少了人们降低风险的积极性,并且助长了一些从长期来看属于高风险的行为。

通过技术改进、改善市场准入以及对那些有助于加强人们之间相互依存、提高生产率和改善制度的活动的投入,很多人得以摆脱贫困。生活在面临被洪水淹没的风险的城市中固然不是什么好事,但不能大规模减少贫困则更加令人失望。幸好这二者都是可以避免的。通过人们自身的行动,同时政府对民众的需求做出及时反应,这样人们就可以生存下来并使生活更加美好。要取得进步就需要好的制度,而反过来社会和经济发展也可以促进制度完善。毕竟,良好的制度是可持续发展的根本所在。

(三)全球化进一步加剧了现代危机的全球性跨边界传播

全球化不仅导致风险社会的出现,而且为风险与危机的跨边界传播创造了便利条件,因而迅速加剧了现代危机的全球性跨边界传播。① 英国社会学家吉登斯认为,全球化的本质就是流动的现代性。他指出:"在这里,流动指的是物质产品、人口、标志、符号以及信息的跨空间和时间的运动。全球化就是时空压缩,全球化使得人类社会成为一个即时互动的社会"②。赫尔德等人进一步指出,"全球化概念首先意味着社会、政治以及经济活动跨越了边界,因此世界上一个地区的事件、决定和活动能够对距离遥远的地方的个人和群体产生影响"。全球化可视为"一个(或者一组)体现了社会关系和交易的空间组织变革的过程——可以根据它们的广度、强度、速度以及影响来加以衡量——产生了跨大陆或者区域间的流动、活动、交往以及权力实施的网络"。它包含四方面的变化:(1)跨越了政治边界、区域或大陆的社会、政治和经济的活动;(2)不断发展的网络和贸易、投资、金融、文化等的流动;(3)运输和通信体系支持的全球交往和联系;(4)事件的全球效应。因此,全球化的核心内容是人员、物质产品、资本、信息等跨边界(尤其是跨国界和大陆)流动的加速

---

① 参见杨安华、童星、王冠群:《跨边界传播:现代危机的本质特征》,《浙江大学学报(人文社会科学版)》2012年第6期。
② 引自薛晓源:《全球化与文化战略研究》,《马克思主义与现实》2003年第4期。

以及各个地区、国家、社会、人群相互联系和依赖的显著增强。① 流动的加强不仅会带来新的危险源,还会导致原来限于一个地区或国家的危机更加便利地扩散到更多的地区与国家。如,全球化使"非典"危机、疯牛病、H1N1疫情发生之后,极为迅速地跨越了地区与国家边界,很快向全球蔓延。② 基于此,贝克等西方学者在反思这些事件之后认为,风险不只是局限于某一地区,也不再局限于某个领域,全球化已经把风险带到世界各地,如今的风险社会已经转型成为全球风险社会。③

(四)中国灾害频发,危害严重,形势依旧严峻

新中国成立以来,自然灾害继续频繁发生,从20世纪50年代的淮河、长江、黄河大水灾,60年代的邢台地震,70年代的河南驻马店"7·58"大水、唐山大地震,80年代的四川暴雨洪灾、大兴安岭森林火灾,90年代的1991年江淮大水、1998年特大洪灾,到2000年以来的旱灾、云娜台风、2008年南方雪灾、汶川地震、玉树地震、舟曲泥石流、芦山地震等。这一形势如图6所示,近年来中国灾害造成的损失仍然非常严重。

---

① 参见[英]戴维·赫尔德等:《全球大变革》,社会科学文献出版社2001年版,第22—23页。对全球化的认识尽管存在观点迥异的不同派别,但却大致形成了分别以大前研一、吉登斯和哈维为代表的"不断增强的相互依存"、"距离遥远的行动"和"时空压缩"三种观点,都在不同程度上强调了当代社会的相互依存与影响,及其相互影响的跨边界、跨时空性。详情可分别参阅:Ohmae K., *The Borderless World*, London:Collins, 1990; A. Giddens, *The Consequences of Modernity*, Cambridge:Polity Press,1990;Harvey D., *The Condition of Postmodernity*, Oxford:Blackwell,1989。

② 如今,"人员、商品和思想在世界范围内的大规模迅速流动是疾病全球化的推动力量。不仅旅游的人数增多,而且速度加快,所到的地方也远远超过以往。一个携带危及生命的微生物的人可以随意搭乘一架喷气式飞机,等到病征显露出来时,他已到达另一个大陆。喷气式飞机本身、机上货物都可携带昆虫,将传染性病源带到新的生态环境中。旅游者和其他出行者为了寻胜访幽、经商发财或休闲作乐而跑遍极其偏远、人迹罕至的地方,于是世界上便不复存在什么孤立世外无人涉足的居住地"。参见[美]劳里·加勒特:《逼近的瘟疫》,杨岐鸣、杨宁译,生活·读书·新知三联书店2008年版,序言第2页。

③ 参见薛晓源:《全球化与风险社会研究(上)》,《学习时报》2008年3月24日。

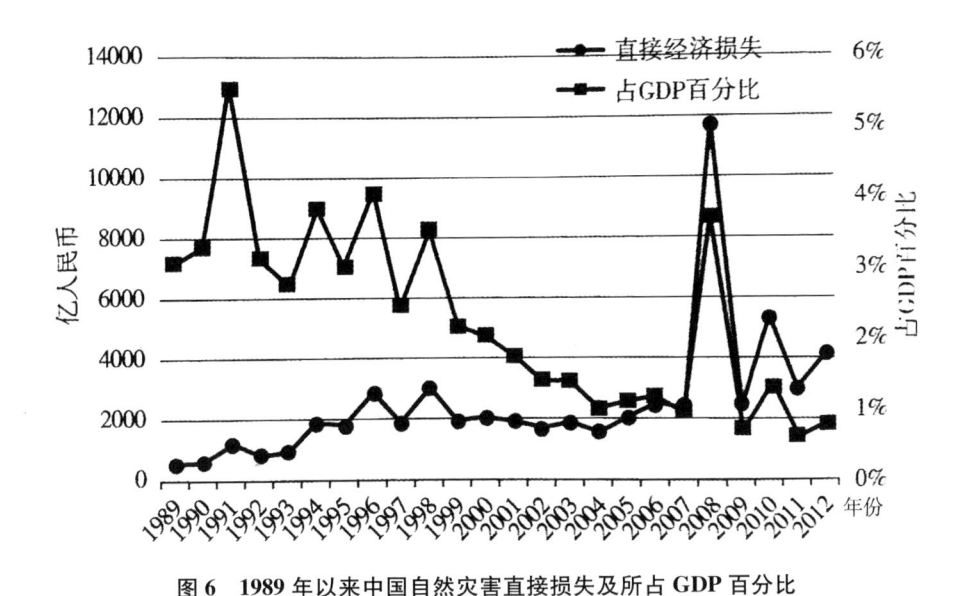

图 6　1989 年以来中国自然灾害直接损失及所占 GDP 百分比

资料来源：根据民政部发布的相关数据和《中国统计年鉴 2012》计算整理，引自张强：《灾害治理——从汶川到芦山的中国探索》，北京大学出版社 2015 年版，第 5 页。

在 2020 年尽管没有重大自然灾害发生，但形势也不容乐观。经统计和核定，2020 年，我国气候年景偏差，主汛期南方地区遭遇 1998 年以来最重汛情。自然灾害以洪涝、地质灾害、风雹、台风灾害为主，地震、干旱、低温冷冻、雪灾、森林草原火灾等灾害也有不同程度发生。全年各种自然灾害共造成 1.38 亿人次受灾，591 人因灾死亡或失踪，589.1 万人次紧急转移安置；10 万间房屋倒塌，30.3 万间严重损坏，145.7 万间一般损坏；农作物受灾面积 1995.77 万公顷，其中绝收 270.61 万公顷；直接经济损失 3701.5 亿元。2020 年，全国自然灾害主要呈现出以下几个方面的特点：一是主汛期南方地区遭遇 1998 年以来最重汛情，洪涝灾害影响范围广。2020 年，全国共出现 33 次大范围强降水过程，平均降水量 689.2 毫米，较常年偏多 11.2%，为 1961 年以来第三多的一年。二是风雹灾害点多面广。2020 年，全国共出现 58 次大范围短时强降雨、雷暴大风和冰雹等强对流天气过程，较近 5 年均值明显偏多。全国 1367 个县（市、区）遭受风雹灾害，造成 1514 万人次受灾、93 人死亡或失踪。三是台风对华东、东北等地造成一定影响。2020年,西北太平洋和南海共有23个台风生成,较常年平均偏少3.8个,其中,有5个台风登陆我国,较多年平均偏少2个。四是干旱灾害阶段性、区域性特征明显。2020年,全国旱情较常年明显偏轻,从年初开始主要经历了西南地区冬春旱、华北地区春旱、东北地区夏伏旱和年底南方局地旱情。五是西部发生多起中强地震。2020年,我国大陆地区共发生5.0级以上地震20次(其中5.0—5.9级地震17次,6.0—6.9级地震3次)。六是低温冷冻和雪灾对部分地区造成一定影响。2020年,全国共出现18次冷空气过程,使农作物遭受一定损失。[1]

而在2000年至2019年间全球十个受灾最多的国家中,中国一共发生577起灾害事件,居全球首位。[2]

二、企业参与应急管理的必要性与优势

全球经验表明,企业部门不仅作为社区、地区乃至国家层面经济发展的重要基石,自身面临着在灾害的冲击风险下如何保持业务持续管理、如何进行灾后重建的难题,同时,还应作为灾害应对的重要主体参与应急管理的所有环节。[3]

随着近年来灾害频度与强度的不断加大,越来越多的政府开始意识到自身力量的有限和私营部门参与救灾的必要性。如美国政府通过对"9·11"事件和卡特里娜飓风应对的反思,于2008年出台了《国家应急响应框架》,明确指出,"私营部门在突发事件发生前、发生时、发生后都起着关键作用"。不仅如此,该框架还认为企业应该参与到危机决策中来,"在紧急事件中,重要的

---

[1] 参见《2020年全国自然灾害基本情况发布》,《中国应急管理报》2021年1月9日。
[2] 参见《联合国报告:气候灾害在过去20年间频度加剧 中国受灾数量居全球之首》,https://news.un.org/zh/story/2020/10/1068912。
[3] Jeannette Sutton and Kathleen Tierney, *Disaster Preparedness: Concepts, Guidance and Research*, Fritz Institute Assessing Disaster Preparedness Conference, 2006.

私营部门合作者应该参与当地的危机决策过程,或者至少和当地的一个危机管理者有直接联系。缺乏与私营部门的合作关系,社区无法有效应对灾害,也难以从灾害事件中恢复过来"。在中国,汶川地震以来,社会力量在灾害管理中的作用已经变得广为人知,"政府主导与社会参与相结合"已成为汶川地震以来应急救援和灾后重建的宝贵经验。[①] 芦山地震以来,形成了"政府主导、多方参与、协调联动、共同应对"的救灾工作格局。[②] 这一格局的形成和发展,显然离不开企业的参与。

(一)企业参与应急管理的必要性

风险与人类共存。但只是到了近代以后人类自身成为风险的主要制造者,风险的结构和特征才发生了根本性变化。[③] 主要表现为,人类社会进入近代以来,人类对经济社会生活介入和对自然干预的范围和深度空前扩大,其直接后果就是人类自身的决策与行为成为风险的主要来源。正如贝克所言:"在现代化的进程中,生产力的指数式增长,使危险和潜在威胁的释放达到了一个前所未有的高度。"[④]人为风险超过自然风险而成为风险结构的主导性内容,因此构成了风险的"人化",也即吉登斯所说的"外部风险所占的主导地位转变成了被制造出来的风险占主要地位"[⑤]。与此同时,人类借助现代科技与治理手段,一方面极大地增强了应对风险的能力,但另一方面又使自身面临着治理带来的新型风险,即技术性风险;而制度运行失灵带来的风险,又会使风

[①] 参见闪淳昌主编:《应急管理:中国特色的运行模式与实践》,北京师范大学出版社2011年版;郭虹、钟平:《2014年鲁甸抗震:政府主导社会组织协同机制发挥更大力量》;杨团主编:《慈善蓝皮书:中国慈善发展报告(2014)》,社会科学文献出版社2014年版,第246—253页。

[②] 参见《民政部关于支持引导社会力量参与救灾工作的指导意见》,《中华人民共和国国务院公报》2016年第6号。

[③] 参见杨雪冬:《风险社会理论述评》,《国家行政学院学报》2005年第1期。

[④] [德]乌尔里希·贝克:《风险社会:新的现代性之路》,张文杰、何博闻译,译林出版社2004年版,第15页。

[⑤] [英]安东尼·吉登斯:《失控的世界》,周红云译,江西人民出版社2002年版,第23页。

险的制度化转变为制度化风险。与传统社会的风险相比,风险社会赋予风险诸多新特征,使之在根源、影响与后果、应对方法等各方面都显著不同于传统社会的风险。如在根源上,风险社会的风险是内生的,伴随着人类自身的行为与决策,是人类行为与社会制度正常运行的共同结果。按照贝克和吉登斯的观点,在风险社会,技术进步和制度创新不仅成为重要的风险来源,而且将带来层出不穷的新型风险。[①] 如物联网、云计算、大数据等现代新兴技术的运用,同时会导致新形式的风险与安全威胁不断滋生、蔓延与叠加。而在影响与后果上,风险社会的风险是延展性的,其影响超越了时空边界与社会文化边界的限制。因此,风险社会使风险成为一个时代的特征和社会的特征。

  人类社会进入 21 世纪,各种社会风险的发生频率和影响程度已经超过了历史上的任何一个时期,即人类进入了高风险社会。重要原因是人口、环境、技术与经济社会结构一方面对传统危害进行了改造,另一方面又转化了事故影响扩散的途径,改变了风险的脆弱性,带来了新型风险,并进而导致"系统性风险"的出现[②]。在我国,自然灾害频繁发生,灾难事故不断发生,食品安全事件时常出现,新型传染病防不胜防。[③] 这些也是风险社会中风险的内生性和延展性特征的直接后果。新冠疫情是继 2003 年"非典"疫情后人类社会迈入高风险社会时代的又一次集体大考。[④] 事实证明,面对诸如此类重特大突发事件的"大考",包括政府在内的任何单个力量将难以应对,政府唱独角戏的传统应急管理模式将无法满足高风险社会中公众的公共安全需要。而将企业纳入国家应急管理体系,构建充分发挥企业等社会力量作用的国家应急

[①] 参见张海波:《应急管理的全过程均衡:一个新议题》,《中国行政管理》2020 年第 3 期。
[②] OECD, *Emerging Risks in the 21st Century: An Agenda for Action*, https://www.oecd.org/futures/globalprospects/37944611.pdf.
[③] 参见张海波、童星:《高风险社会中的公共政策》,《南京师大学报(社会科学版)》2009 年第 6 期。
[④] 参见文军:《新型冠状病毒肺炎疫情的爆发及共同体防控——基于风险社会学视角的考察》,《武汉大学学报(哲学社会科学版)》2020 年第 3 期。

管理体系,成为高风险社会国家治理的客观要求。

1. 保障企业正常运行的需要

当灾害来临时,企业的生产经营活动会受到严重的影响,灾害甚至可能导致生产活动的中断,从而给企业带来巨大的损失。企业必须尽一切努力确保生产的正常进行以及自身财产的安全,这同时也是企业参与灾害管理工作最直接的动机。资金、人员、技术及设备等是企业得以生存的基本要素,因此,作为企业管理者,其内在强烈的保护企业自身财产的动机将驱使企业参与到灾害管理工作中去,因为只有竭尽全力维持企业生产经营活动的正常进行,企业自身才更有可能在灾害中生存下来,并且迅速投入到灾后的恢复重建工作中去。灾后企业的恢复是物资消耗的速度与生产恢复的速度之间的竞赛,只有后者大大超过前者,企业才能确保自身的生存。

然而,传统的企业管理模式使得企业在面临灾害的打击时只能被动地应对,要么等待政府的援助,要么则在手忙脚乱中开展自救工作。随着认知的发展,企业管理者认识到,企业单凭一己之力应对重大灾害,只会使企业陷入灾害的泥沼之中,而如果孤立地等待政府与其他力量的救援,又会使企业丧失最佳的灾害应对时机,从而给企业带来进一步的损失。企业只有参与到灾害管理工作中,并与政府及其他社会组织同心协力,才能最大程度地增强企业业务的持续性,维持企业生产经营活动的正常进行。

2. 提高企业声望的客观需要

在现代社会中,灾害的发生会给整个社区乃至社会带来严重影响。对于灾害中的企业来说,不仅企业自身是受灾的主体,企业所在社区的其他组织也成为受灾的主体。如果企业仅仅寻求自保,采取闭门造车式的灾害管理方式,甚至在灾害来临时隔岸观火,对社区政府、社会组织及群众的安危漠视旁观,则必然会在灾后遭到社区人民甚至全社会的谴责,而这会给企业形象带来很大的损害。反之,倘若企业能够积极地参与到灾害管理工作中,与灾区的政府、社会组织形成优势互补,共同应对,不仅提高了企业及社区的防灾减灾效率,也极大地提升企业自身的形象,对提升企业自身知名度、提高企业社会声誉都有积极的意义。

因此,可以说,企业是否积极主动地参与灾害管理工作,会对企业的形象产生截然不同的影响。此外,企业积极地参与灾害管理工作,还会帮助树立良好的企业公民形象。企业公民是指企业在其日常所进行的生产经营活动中,能够以地球环境以及人类的福祉为出发点,按照为客户提供优质满意的产品及服务为原则,自觉地承担社会责任,实现和谐发展。① 企业参与灾害管理工作对企业提升自身品牌公信力与口碑、树立良好的企业发展形象有着积极的推动作用。因此,从某种意义上说,灾害给了企业一个独特的舞台,向社会展示其自身维护社会稳定、推动社会和谐发展的态度和能力。

私营部门通过参与灾害应急准备能够获得有效减灾的长期效益,尽管当其店面被破坏甚至关闭时造成损失的修复时间会长久一些,但是可以从应急准备过程中获得的资源中迅速获利。这就是在卡特里娜飓风之后像沃尔玛和家得宝这样的公司在防灾中投入了那么多资源的原因。这样做不仅实现了其自身在灾后尽快启动应急响应程序的需求,而且同时满足了其所在社区灾后紧急救援的需要。②

而且,企业参与应急管理还能激发企业员工的自豪感从而提高企业凝聚力。比如,美国沃尔玛通过参与卡特里娜飓风应对极大地激发了公司员工的善心,并为国家效率、能力和同情心方面的声誉提供了强有力的支撑。当时,对于沃尔玛许多经理和同事来说,各店铺通过商品捐助满足灾区需求的强大能力让他们深感自豪。"最酷的一件事是当我们的车队在高速公路行驶时,"

---

① 参见龚天平:《企业公民、企业社会责任与企业伦理》,《河南社会科学》2010年第4期。
② Steven Horwitz, "Making Hurricane Response More Effective: Lessons from the Private Sector and the Coast Guard during Katrina", *Mercatus Policy Comment*, 2008 (17), pp.1–22.

黛比·胡佛回忆说,"这些人大声喊和高举牌子,牌子上面写着:'我们爱沃尔玛'和'谢谢你们的帮助'。"地区经理迈克·特纳描述路易斯安那州的州警在卡特里娜飓风袭击后一到两天内出现在斯莱德尔山姆俱乐部。他们连续工作超过三天,把卡车装满商品、尿布和水。特纳说:"然后他告诉我,'你会看到一名州警哭泣。所以我可以把这些东西拿回家给我的家人,以确保在我出去四五天之后他们能平安无事。这会让你内心感觉到非常酷。"①

3. 密切企业与政府之间关系的需要

现代国家大都倡导"政企分开,各司其职"。即在平时,政府与企业各自主管各自的业务,并不允许政府过多地干预企业的经营活动,而企业在自身发展的同时,也不应过多涉及政府的业务。这有利于政府与企业划清各自的权力边界,专注于自身权责范围内的事务而不受干扰,同时避免了业务的重叠与资源的浪费,也避免了政府与企业之间出现推诿、扯皮的现象。但实际上,现代企业与政府的联系变得愈发密切且不可分割。一方面,政府的能力有限,不足以应对所有政府责任范围之内的事。这主要表现为政府缺乏充足的资金、人员及设备,以及必要的信息资源等。在灾害发生之后尤其如此。因此,政府有些时候可能会需要企业为其提供人员、技术以及信息等资源,以弥补政府的不足。例如,著名的兰德公司为政府提供决策支持服务,给政府重大事务的决策提供建议。另一方面,政府在履行某些社会管理职能时,会因为缺乏相关方面的专业性,而导致社会管理及公共服务的效率变得低下,这时,政府往往倾向于将某些业务外包给企业,使企业帮助政府为社会提供必要的公共服务。例如,政府将水务管理的业务承包给企业,使企业负责某些地区的供水、净水及下水道疏通业务。当灾害来临时,企业积极地参与到灾害管理工作中,协助

---

① Rosegrant S., *Wal-Mart's Response to Hurricane Katrina: Striving for a Public-Private Partnership*, The Kennedy School of Government Case Program C16-07-1876.0, Cambridge, MA: Kennedy School of Government Case Studies in Public Policy & Management, 2007.

政府共同应对灾害,一方面有利于保证企业与政府之间业务的延续性;另一方面,在灾害中,企业利用自身的资源优势帮助政府应对灾害,维护企业、政府及社区的安全,政府便有可能在灾后为企业提供更多的开放性政策,给企业的恢复和发展带来便利,这也是企业所渴望得到的。

不少国家在应急管理实践中开始认识到与私营部门合作的重要性。如美国《国家应急响应框架》明确指出,私营部门通过与各级政府建立伙伴关系为灾害响应贡献力量。"缺乏与私营部门的合作关系,社区无法有效应对灾害,也难以从灾害事件中恢复过来。"显然,企业通过参与应急管理能够改善并加强与政府的关系。而与政府的密切关系也是任何企业的宝贵资源。

4. 顺应高风险社会企业社会责任的需要

企业需要承担一定的社会责任,已成为社会共识。但在人类社会的不同发展阶段,企业需要承担的社会责任并不是一成不变的。各类灾害尤其是重大灾害已经超过了传统公共机构的灾害救助和恢复能力,从而导致不少国家难以承受为应对和恢复小概率、大后果灾害而不断增长的行政成本,而企业提供的应急服务则有助于满足传统应急管理模式无法满足的社会需求,从而缓解政府压力。新冠疫情给不少企业的正常经营带来了严重影响,但履行社会责任仍是企业需要坚守的价值理念。[①] 与传统工业社会不同,风险社会的结构不是由阶级、阶层等要素组成的,而是由个人作为主体组成的,有明确地理边界的民族国家不再是这种秩序的唯一治理主体,风险的跨边界特征变得越来越突出,因此要求更多的主体共同参与社会治理并达成合作关系[②],而高风险社会中风险的内生性与灾害的常态化趋势均表明,单靠政府力量已经无法管理风险与应对各类接踵而来的灾害,难以为公众提供充分的公共安全服务。

[①] 参见舒欢、蒋伏心:《重大疫情灾害中的工程建设企业社会责任履行研究》,《南京社会科学》2020年第7期。

[②] 参见杨雪冬:《风险社会理论述评》,《国家行政学院学报》2005年第1期。

我国是世界上自然灾害较多的国家,如今工业化、城镇化与全球化等趋势叠加引发的综合性风险日益增加,各种灾害事故风险相互交织、叠加放大,形成复杂多样的事故链与灾害链①,仅凭政府的力量无法满足风险社会中人民群众的公共安全需求。而企业在资金、物资与技术等方面具有独特优势。这些资源也是人类战胜灾害、提高社会治理与应急管理能力的重要基础。不断提高自身应急管理能力并积极参与应急管理,也能为企业带来多方面的收益。②因此,无论是从强制型社会责任,还是利他型社会责任,抑或战略型社会责任的角度上讲,提高应急管理能力,并积极参与应急管理,都是当今企业应当履行的重要责任。而在实践中,管理风险与提高应急管理能力已成为现代企业获得信任与保持竞争力不可缺少的因素,一流企业均已把能够有效预防和应对自然灾害等突发事件、参与社区应急管理纳入到发展战略之中。政府则有责任积极推动这一工作,使之制度化。

5. 适应国家应急管理现代化的需要

2003年"非典"之后,痛定思痛,我国逐步建立起以"一案三制"为核心的应急管理体系,并经受了汶川大地震、三聚氰胺奶粉事件、天津港火灾爆炸等多次重大突发事件的考验。由于公共突发事件具有不确定性、紧迫性与破坏性等特征,需要不断创新应急管理模式,完善应急管理体系,提升应急管理能力,以应对不断变化的各类安全风险。为了进一步提高防范化解重大风险的能力,党的十八大以来,基于以人民为中心的发展理念,党和国家从实现"两个一百年"奋斗目标和中华民族伟大复兴的战略高度部署应急管理工作,推动我国应急管理体系和能力现代化。2014年,提出总体国家安全观,目标就

---

① 参见薛澜:《学习四中全会〈决定〉精神,推进国家应急管理体系和能力现代化》,《公共管理评论》2019年第3期。

② Hamann R., Makaula L., ZierogelI G., et al., "Strategic Responses to Grand Challenges: Why and How Corporations Build Community Resilience", *Journal of Business Ethics*, 2020(4), pp.835-853.

是维护国家安全,确保人民安居乐业、社会安定有序。2018年3月,组建中华人民共和国应急管理部,是党和国家对应急管理的重大战略部署。2019年11月,中共中央政治局就国家应急管理体系和能力建设进行集体学习,并提出推进我国应急管理体系和应急管理能力现代化的目标。这意味着与国家治理现代化同步,我国开启了应急管理现代化之路。国家应急管理体系和应急管理能力是一个国家在应对公共突发事件上的理念、制度安排与相关资源保障的总和①,国家应急管理现代化就是在科学理念指导下通过应急管理体制的优化协同,实现应急管理能力提升与应急管理结果的高效。这意味着我国需要重构应急管理体系,其中包括改变当前应急管理体系中重政府轻企业、强国家弱社会的结构性不足,将企业等社会力量纳入国家应急管理体系,建立由政府、市场与社会共同构成的现代应急管理体系,在此基础上充分发挥现代科技的力量,不断提高防灾减灾救灾能力,实现应急管理能力现代化。

6.适应大数据时代技术治理的需要

物联网、云计算、区块链与人工智能等新技术的勃兴,使人类社会进入大数据时代。在大数据时代与国家治理现代化的交叠影响下,作为推动治理现代化、提升治理体系和治理能力现代化水平工具的"技术治理"不期而至②。技术治理的要义在于政府通过应用各种技术手段,尤其是现代信息技术参与公共治理,提升行政效率和治理效能。③ 近年来,"互联网+"、5G、大数据与人工智能等词汇已经成为热词,频繁出现在我国政府文件中,表明新兴技术在我国国家治理中的地位越来越凸显。党的十九届四中全会明确提出,要建立健

---

① 参见薛澜:《应急管理体系现代化亟待解决的问题》,《北京日报》2020年3月30日。
② 参见彭勃:《技术治理的限度及其转型:治理现代化的视角》,《社会科学》2020年第5期。
③ 参见颜昌武、杨郑媛:《什么是技术治理?》,《广西师范大学学报(哲学社会科学版)》2020年第2期。

全运用互联网、大数据、人工智能等技术手段进行行政管理的制度规则。① 地方政府更是将云计算、大数据、区块链等新兴技术广泛运用于公共治理实践中。在近年来的应急管理中,也越来越依赖于新兴技术。我国应急管理现代化的重要途径就是运用新兴科技,有效提升国家应急管理能力,更快地推动国家应急管理现代化进程,即健全应急管理体系,提高应急管理能力。习近平总书记在部署新冠疫情防控时强调,"要鼓励运用大数据、人工智能、云计算等数字技术,在疫情监测分析、病毒溯源、防控救治、资源调配等方面更好发挥支撑作用"②。在应急管理实践中,技术治理正在"成为一种国家权力的运行工具和实现方式,赋权和赋能于管理的主体和客体"③。正因为如此,阿里巴巴、百度、腾讯等企业才能充分发挥自身优势,在新冠疫情防控中发挥不可替代的关键性作用。如全国使用最广的一套健康码由阿里巴巴提供支撑,而健康码的成功使用,彻底改变了各地政府部门和基层组织通过采取人海战术与手工操作,对流动人口和复工复产企业进行层层审批和逐级上报而陷入"表海"之中的抗疫格局,进而从根本上改变了"填表抗疫"的工作模式④,为疫情防控注入了更多的现代元素。显然,将这些力量整合进国家应急管理体系,能极大地弥补政府的不足,提升政府应急管理体系和应急管理能力现代化水平。

(二)企业参与应急管理的优势

传统的政府主导的应急管理模式存在一系列不足,而这些不足往往是先天性的,政府无法实现自我的弥补。当灾害来临时,政府的这些短板与缺陷则

---

① 参见《中共中央关于坚持和完善中国特色社会主义制度 推进国家治理体系和治理能力现代化若干重大问题的决定》,人民出版社2019年版,第16页。
② 习近平:《全面提高依法防控依法治理能力 健全国家公共卫生应急管理体系》,《求是》2020年第5期。
③ 董幼鸿、叶岚:《技术治理与城市疫情防控:实践逻辑及理论反思——以上海市X区"一网统管"运行体系为例》,《东南学术》2020年第3期。
④ 参见史晨、马亮:《协同治理、技术创新与智慧防疫——基于"健康码"的案例研究》,《党政研究》2020年第4期。

会被无限地放大,从而给灾区带来重大伤害。例如,中国政府机构的设计往往不够扁平化,导致权力的下探难以到达基层。而灾害却往往发生在基层(县、乡),导致灾害发生时,基层地区无法向上级政府反映实时情况,寻求及时的援助,更高层次的政府也无法获得充分必要的信息,导致决策的迟钝与失真。另外,政府即使做出正确的决策,其下达的速度也较为缓慢,且决策执行的效率不高。

对于企业而言,其自身的一系列特性,使其具备了政府所不具备的优势,这些优势使企业在参与灾害管理工作时,能够实现比政府更加灵活和高效的灾害响应。一方面,如果企业管理者能够充分发挥自身优势,参与到应急管理的过程之中,就能够大大提高灾害管理工作的效率。另一方面,政府若能有效利用并充分发挥企业在这方面的优势,则能极大地提高国家整体应急管理水平。具体来讲,相对于政府,企业在应急管理中有如下优势。

1. 企业在行动上具有更大的灵活性

从地域分布上来讲,企业往往分布得较为零散,并且从中央到地方的每一个层级区域,都分布着不同的企业(包括县、乡)。这使企业与其所在的社区形成了十分紧密的联系,当灾害来临时,社区所受到的任何影响都有可能引发蝴蝶效应,而企业长期处于激烈的市场竞争环境之中,会对这些变化非常敏感。这时,企业会对环境的变化迅速做出预测及反应,企业管理者会在第一时间内做出有效决策,将灾害的影响降至最低。与此同时,由于企业置身社区,熟稔社区的情况,能够在短时间内收集到较为全面有效的信息,并将这些信息传达给政府,在寻求帮助的同时,支持政府做出切合灾区实际的决策,增加后续灾害救援工作的有效性。此外,企业为了保障自身的人员及财产安全,会时刻警惕风险的存在,这在很大程度上使企业在平日里扮演了"灾害监视器"的角色。

目前,政府的灾害管理结构大多较为垂直,并且应急管理机构的设置多以省、市为单位,这导致了灾害管理的重心偏高,无法下沉到灾害最为频发的基层(县、乡)。而企业分布的特性,尤其是中小企业的分布特性,为充分解决这一问题提供了可能。企业地理位置的分散性、规模的多样性以及行业性质的不同使企业一旦参与应急管理工作,便能因地制宜地实现自下而上的应急管理,使基层的防灾应急工作得到保障,从而推进应急管理重心的下沉,弥补政府在应急管理结构设计上的缺陷。

2. 企业在资金、人力与专业技术等方面更具优势

政府有社会管理和公共服务的职能和义务,这使政府不得不寻求各项支出的平衡。其弊端之一便是,政府对某一专项事务的管理缺乏专业性。另外,政府用于应急管理的财政预算往往少于实际需要的支出,因此在进行应急管理的过程中,会陷入资金匮乏的困境。而对于企业来说,保障自身财产安全的动机以及市场竞争的需要,使企业具有更加丰富的资源储备,当灾害来临时,这些资源将会给企业参与灾害管理工作提供极大的帮助。这些资源通常包括:

(1)雄厚的资金实力。毫无疑问,企业在资金方面的实力是任何其他组织包括政府与非政府组织无法比拟的,这些资金也是有效开展应急管理工作的基础。企业的主要目的便是获取利润,因此企业在发展壮大的过程中,为自身积累了大量的财富。一旦企业遭受灾害的重大打击,为了保护自有财产不受进一步伤害,企业会不惜一切代价保护自身的利益。这时,企业便会将巨额的资金投入到灾害应对工作中去,以保证其业务的延续性。更为重要的是,为了使企业不至于被突如其来的灾害所摧毁,有实力的企业往往会花费巨资用于灾害的预防和准备,这其中包括防灾设备的购置、企业建筑物结构的优化、人员的防灾培训等。例如,重庆市的某铝制品加工工厂,自1981年起就开始投保参加灾害保险,每年缴纳保险费逾20万元。结果在1996年的山洪灾害中,该企业虽然遭受了严重的打击,但是在灾后很快便获得了1300万元的灾害补偿,使企业迅速恢复了生产,实现盈利。① 这在国外就更加普遍了。

(2)人力资源优势。企业汇集了社会中各行各业的优秀人才,他们的专业知识和经验往往是政府所不具备的。例如,像微软、甲骨文这样的企业拥有业界最顶尖的计算机人才,它们的专业技能在灾害管理中给政府提供极大支持;美国的 UPS、中国的顺丰、圆通以及其他一些物流企业具有丰富的物流管理经验,当灾害来临时,它们如果能够参与其中,将会对灾区物资的输送有着极大的帮助。此外,如上文所提到的那样,对于企业管理者而言,在灾害管理工作时所拥有的优势之一便是,企业管理者在做出决策时,不必像政府的决策者那样担心受到问责的压力从而做出保守的、迟缓的决策,企业管理者的危机决策往往更富有经验、更加果敢和高效。

(3)基础设施上的优势。基础设施建设与企业在灾害中表现出的脆弱性有着直接的联系。据统计,美国将近85%的基础设施都掌握在私人企业手中,这意味着企业参与灾害管理工作有着巨大的潜力。拿美国来说,企业负责为国家提供电力、交通、医疗等基本服务,而这些服务也是灾害生命线(Lifeline)的重要组成部分。一方面,企业出于市场竞争的需要,对这些基础设施进行长期的维护,并给自身所负责的基础设施进行不断的优化,当灾害来临时,它们将成为企业应对灾害的天然屏障;另一方面,企业自身拥有这些资源,当灾害发生时,企业对资源的调用、分配得心应手,能够极大地提高紧急救援的效率,避免资源配置上的浪费。

(4)技术优势。企业对自身所开展的业务具有极强的专业性,这一方面表现为企业拥有领先的、专业的技术设备。例如,沃尔玛总部的电脑数量可以和美国军方相媲美,甚至比微软总部的服务器还要多。另一方面,企业往往掌握当前最先进的专业技术与最优秀的技术人员,并在市场竞争的推动下不断创新,在这方面政府难以望其项背。如果企业能够将这些技术优势充分发挥,

---

① 参见张崇庆:《投保在企业经济发展中的作用——重庆市沙坪坝区企业灾害保险回眸》,《中国防汛抗旱》1998年第1期。

并运用到灾害管理工作之中,将发挥不可估量的作用。例如,加拿大的 RIM 公司长期为旗下的黑莓手机提供一种被称为 Pushmail 的企业邮件推送服务,即建立专门的服务器,为大型企业提供快速而稳定的邮件服务。这一服务在面对"9·11"事件时发挥了巨大作用。它不仅保证了灾区购买该服务的企业能够基本实现正常的通信,并且使时任美国副总统切尼(黑莓手机的使用者)能够使用手机接收灾区的实时信息,并在移动中指挥灾害救援工作,极大地提高了指挥工作的灵活性和有效性。

另外,私营部门尤其是企业在紧急救援装备、物资筹备以及资源调动等方面,也具有明显优势,这些优势,均是灾后紧急救援迫切需要的,但却是政府在灾后极其有限的时间内难以具备的。企业在应对危机与灾害时拥有其他部门无法企及的强势地位,无论是在资源规模上,还是在资源配置的网络上。[①] 这些优势往往正是政府在进行灾害管理工作中所欠缺的。

同样,私营部门也能够弥补非政府组织的不足,实现优势互补。大部分非政府组织并不能发挥灾后恢复重建的功能。如四川省政府于 2013 年 4 月 28 日宣布芦山抗震救灾工作由抢险救援转入过渡安置阶段之后,还有 27 家非政府组织停留在灾区,但将工作重心转向过渡安置阶段后,只剩下 6 家非政府组织在这里开展长期恢复重建工作。[②] 而企业在这一阶段却发挥着重要作用。只有发现并充分利用这些优势去参与应急管理,充分利用资源,发挥企业应急管理优势,让更多的企业积极地参与到应急管理工作中去,才能形成优势互补,实现更加高效的应急管理能力。

可见,在应急管理方面,"私营部门发挥着重要的作用,其参与灾害救援,填补了公共部门和非政府组织之间的短板,而且不论企业大小,都能够发挥积

---

① 参见金太军、沈承诚:《论灾后重建中多元治理主体间的互动协作关系》,《青海社会科学》2010 年第 3 期。
② 参见张晓苏、张海波:《社会组织在应急响应中的功能与角色——基于芦山地震的实证研究》,《风险灾害危机研究》2015 年第 1 期。

极作用"①。

三、企业在应急管理中的角色与功能

风险社会的突出特征是危机与灾害的复杂化与常态化,单靠政府等单个部门的力量无法应对不断发生的各类灾害,难以满足人们的公共安全需要。从全球灾害管理实践看,企业已经成为应急管理的重要主体,尤其是近年来各国政府在巨灾应对中的失败和私营部门参与巨灾应对的高效,进一步反衬出企业在应急管理中的重要作用。发掘与发挥企业在应急管理中的作用,促进企业参与应急管理,已成为应急管理的基本趋势。如今,任何政府的危机预警与响应工作如果不能充分考虑私营部门的作用,其应急响应或恢复重建工作必定失败。②

在2005年美国卡特里娜飓风发生后,尤其是当保护新奥尔良的堤坝系统开始溃败和城市发生涝灾的时候,形势的严重程度远远超过大型飓风所带来的后果。由于伤亡人数的增加、公共秩序的混乱和形势的嘈杂,政府急救先遣队员渐渐被压垮,相反,一些大型企业如沃尔玛却发挥了比预期重要得多的作用。在中国,市场发展为私营部门参与应急管理提供了可能。2008年汶川地震后的"对口支援"不仅是政府行为,以私营企业为主体的产业合作也参与其中。大量企业正是在参与"对口支援"中提高了灾害参与能力,为参与芦山灾后重建奠定了重要基础。③ 而大量企业在2013年芦山地震救援中发挥的重

---

① Ryan Scott, *How Hurricane Katrina Changed Corporate Social Responsibility Forever*, Huffington Post, Aug. 26, 2015.
② Evan Wolff and George Koenig, *The Role of the Private Sector in Emergency Planning, Preparedness and Response*, in Ernest B. Abbott and Otto J. Hetzel, Eds. "Homeland Security and Emergency Management: A Legal Guide for State and Local Governments", American Bar Association, 2011.
③ 参见张海波、童星:《中国应急管理结构变化及其理论概化》,《中国社会科学》2015年第3期。

要作用开始赢得人们的广泛赞誉。2011年"3·11"地震发生后,日本企业在紧急救援和灾后重建中也发挥了重要作用。

可见,企业在应急管理中已经发挥了实质性作用和重要功能,其作用也已被政府和公众认可。那么,企业在灾害管理中可以发挥哪些作用?下面我们拟对企业在灾害管理中的作用进行专门论述。我们从灾害的生命周期,即从灾前的应急准备、灾害发生时的应急响应和灾后的恢复重建三个阶段进行分析,在此基础上进一步分析企业在应急管理的公私伙伴关系(PPP)的功能与作用。

(一)应急准备阶段

1. 参与当地社区防灾工作,提高社区韧性

在灾害的生命周期中,私营部门在前期应急准备、早期应对与长期恢复阶段都发挥着很关键的作用。在前期准备阶段,企业能够帮助社区在灾害发生前提高抗灾能力,例如,通过驱动地区投资来提升总体抗灾能力。美国联邦应急管理署对此做出了如下阐释:

"企业在建设有抗逆力社区方面发挥着重要作用。因为企业会考虑该如何做才能使自身在灾害或紧急事件中得以生存。同样重要的是,正如在其业务持续计划中所说的那样,它们还要考虑客户为了生存而需要什么。企业不断参与应急准备活动为打造社区内的经济与社会抗逆力奠定了基础。"[1]

在随后的2011年,联合国秘书长指派的减轻灾害风险特别代表Margareta Wahlström在一次公开演说中指出:"一个致力于减轻灾害风险的私营部门能够将公众需要引向对物资、制度以及技术性的解决方案,从而建立并实施具有

---

[1] Federal Emergency Management Agency, *A Whole Community Approach to Emergency Management: Principles, Themes and Pathways for Action*, Washington, D.C., FDOC 104-008-1, December 1, 2011, p.12.

抗灾力的社区。"①2008年,美国国土安全部规定了企业可以通过哪些方式来加强社区的安全保障,为城市地区的安全结构制定准则和质量保证标准,以及提供协助管理、内部业务操作与外部灾害风险评估的专业知识。

作为建立抗逆力社区工作的一部分,不少企业正在拓展它们在应急准备、危机应对与恢复重建行动的范围,以便将员工、家庭成员以及其他民众尽可能多地包含进来。例如,欧迪办公公司(Office Depot)利用其基金帮助小型企业学习应急准备工作,壳牌石油公司(Shell Oil)为受灾群众提供燃油支持,以满足他们在恢复阶段的关键需求,沃尔玛也利用公司网站促进员工之间的应急准备,并为特定区域或居所的公众提供实用的灾害信息和防灾救灾技巧。

还有一个例子就是,IBM公司在2011年日本的地震和海啸发生之后,开始关注于打造区域的长期抗逆力,他们设立了一项智慧城市竞逐基金②,并开发了一个开放资源式数据库,用以在目前的社区监测中跟踪经济和社会恢复阶段的人口和资源。另外,爱彼迎(Airbnb)③与波特兰和旧金山合作,在紧急情况发生时预先识别离散人群和为之提供服务,并通过网络和移动技术提供警报。这样就会确保灾害响应工作比以前更为迅速有效,并能让灾害恢复工

---

① United Nations Office for Disaster Risk Reduction, "Top IBM and AECOM Executives Join UNISDR Private Sector Advisory Group as Commitment by Sector to Disaster Risk Reduction Grows", *Press Release*, June 9, 2011, https://www.unisdr.org/archive/20275.

② IBM智慧城市竞逐基金(IBM Smarter Cities Challenge Grants)成立于2011年日本"3·11"地震之后。是一项为期三年,提供100个城市竞逐5000万美元奖项的技术和服务。IBM特选的专家组成的团队将为入选城市提供分析和建议,帮助城市成功发展,使城市能够提供更好的市政服务,吸引更多的公民参与,提高市政工作效率。

③ 爱彼迎(Airbnb)是一个让大众出租住宿民宿的网站,提供短期出租房屋或房间的服务。让旅行者可以通过网站或手机,发掘和预订世界各地的各种独特房源,是近年来共享经济发展的代表之一。该网站成立于2008年8月,公司总部位于美国旧金山,是一家私有公司,由"Airbnb, Inc."负责管理营运。目前,爱彼迎在190多个国家、65000个城市中共有超过300万笔房源。Airbnb被《时代》周刊称为"住房中的eBay"。该公司在中国大陆地区品牌名为爱彼迎,取"让爱彼此相迎"之意。

作尽可能地加速。SeeClickFix①正在用它的数据库为民众的现场服务请求提供帮助,如杂物清除等。这样做还能够开发有关社区基础设施状态的可操作数据,同样也能加速恢复进程,当然还有最重要的,即促进社区重建和社区抗逆力的建立。

2. 提高脆弱社区人口的抗逆能力

企业改善灾前社会和经济条件的另一种方式就是提高那些生活在脆弱社区民众的抗逆力。例如,花旗集团(Citigroup)正致力于为那些不具备传统意义上的选民身份的人提供灾前准备和财政管理服务。具体地说,就是为那些没有正式银行账户、急需预付优惠卡形式财政支持的人提供援助项目,以加速灾后即时经济恢复。一些社区已经将商业社区作为主要的灾害恢复计划资源,以提升地方抗逆能力。

(二)应急响应阶段

从近年来全球范围内企业灾害参与情况看,在整个应急管理过程中,企业在灾害响应中的作用最为明显,但是很多企业的灾害参与,还只是停留在这一阶段。一旦灾害发生,时间就成为直接满足个人或社区需求的重要因素,对这些需求的满足也就成为灾后长期恢复过程的重要基础。虽然国家政府、非政府组织与国际组织往往在灾害救助中起主导作用,但在灾害响应中,私营部门的作用也日益凸显,而且已超越单纯为了保证自身业务的目的,除了捐款捐物之外,还以多种形式直接参与灾害救援和恢复重建,通过多种途径发挥积极

---

① SeeClickFix 公司成立于 2009 年,目前已经有 20 多万个用户通过其移动应用和网站来报告问题。作为一个沟通平台,SeeClickFix 允许用户报道任何问题,政府可以通过透明、协作和合作的方式追踪、管理和回复某些社区问题。SeeClickFix 是一个让居民报告和追踪他们看到的"非紧急"型问题的服务。当居民发现需要修整的问题时,他们可以利用 SeeClickFix 通知当地市政。

作用。

2008年,美国国家安全部发布的《国家应急响应框架》(NRF)对不同类型的私营部门在应急管理中的作用做了总结,按照不同的企业类型,从5个方面提出了私营部门在灾害响应中扮演的主要角色(详情见表1)。

表1 私营部门在应急响应中的作用

私营部门类型	该类型私营部门的作用
受影响的组织或基础设施	该类私营部门可能直接或间接受到突发事件的影响。包括私营的基础设施、关键资源或其他对地方、区域和国家经济复苏非常重要的私营组织。私营的基础设施包括交通、电信、私营公共事业、金融机构和医院。关键基础设施和重要资源由17大行业构成,它们共同提供基本服务,支持着美国的政府、经济和社会各个方面
管制性企业和(或)责任方	管制性设施或危险性企业的所有者和经营者对准备和防止突发事件发生负有法律责任,而且,一旦事故发生,就要进行有效应对。例如,联邦法规要求核电站老板和运营商制定应急计划并具备应急能力,并能开展风险评估,提高预警能力,进行防灾演练
提供应急资源的企业	该类型的私营部门通过当地的公私应急计划和互助协议,或根据政府的请求和非政府组织志愿者行动方案,提供应急响应资源(捐赠的和补偿的),包括提供专业团队、基本服务、设备和先进技术
国家、地方应急组织的合作伙伴	该类型的私营部门应该作为地方与国家应急准备、应急响应组织与活动中的合作伙伴
国家经济组成部分的企业	作为国家经济的重要组成部分,该类型的私营部门面对灾害的应变能力和应对规划的持续性,以及恢复重建能力,都代表着重要的国土安全活动

资料来源:U.S. Department of Homeland Security, *The National Response Framework*, Washington, DC., 2008, p.18。

在此基础上,《国家应急响应框架》还规定了企业参与应急管理的七大职能,包括:(1)制定援助计划与基础设施和设备的保护计划;(2)制定业务持续计划(BCP);(3)制定应急响应与恢复计划;(4)在突发事件发生之前和危机管理部门合作,以确认需要何种帮助及其所能提供的帮助;(5)在灾害发生前制定并演练应急计划;(6)在合适的时候建立互助和救援协议,以便提供特定的响应能力;(7)在应急响应和恢复过程中,为当地应急管理提供支持。[1]

显然,美国《国家应急响应框架》这些规定的提出,是对卡特里娜飓风应对教训做出深刻总结的结果。它不仅成为这些年来美国应急管理的重要指南,对其他国家的应急管理也产生了重要影响。下面以日本"3·11"地震为例,进一步分析私营部门在灾害响应阶段是如何发挥重要作用的。

2011年3月11日14时46分,日本东北地区发生大规模地震,30分钟后引发大海啸,海啸破坏了核电站,放射能灾害影响扩大,导致前所未有的特大灾害。巨灾面前,政府反应迟钝,救援不力。与政府、电力公司及报道机关反应迟钝形成鲜明对比的是,私营企业面对巨灾从容应对,及时而迅速地展开救援工作。尤其是一些大型企业,在地震发生时能够基于自身较为完备的防灾减灾措施,在灾害中做出了迅速有效的响应,在灾后重建中也发挥出重要作用。企业作为社会力量的重要组成部分,由于在人才、资源、专业技术等方面的巨大优势,往往能够弥补政府应对灾害的不足。

日本企业能够从容应对巨灾,迅速启动响应机制,组织灾害救援,并积极有效地参与社区紧急救援。近一半的企业在地震发生后3小时内成立了应急救援中心(紧急对策本部),由公司总经理任中心主任(本部长)负责指挥应急救援工作。而不少正在国外出差的公司总经理,大部分也于第二天紧急回国,并立刻投身于灾害应对之中,实现了在一天内对公司员工的生命安全确认,此后便开展全面的灾害应对。[2] 其中,超过60%的企业有效发挥了应急救援中

---

[1] U.S. Department of Homeland Security,*The National Response Framework*,Washington, DC.,2008,p.18.

[2] 参见『事業継続計画(BCP)に関するアンケート調査結果について』、http://www.kpmg.com/jp/ja/knowledge/pages/news20110418.aspx。

心的救灾功能①。应急救援中心以各部门领导级员工为中心,队伍规模通常在 20—30 人之间,其主要职责包括:受灾情况确认、员工安全确认、商品供给与质量保证、受灾救援决策制定等各阶段的紧急救助内容。中心成员通过召开会议部署和执行灾害救援工作。②

不仅如此,在巨灾面前,不少日本企业在开展自救的基础上,积极投入到社区紧急救援中。地震发生后,除了积极捐款捐物,不少企业直接投入到灾害紧急救援中,它们迅速开展了形式多样的灾害参与行动,充分运用公司的资源与优势,包括通过对公司人才、技术、技能等各种要素的有效整合,结合受灾地区的需求有序地开展形式各异、灵活多样的志愿活动。一些企业除了利用自身在技术与装备等方面的优势直接参与紧急救援之外,还积极支持与鼓励员工参与救灾志愿行列,包括规划公司志愿项目、鼓励员工参与救灾活动,以及政府部门与其他社会组织支持公司员工合作开展灾害救援行动等。此后,一些企业还制定与完善了志愿者休假制度,根据业务操作形成更加完善的志愿者制度,从而在灾害发生后派遣志愿者参与灾害救援活动。此外,一些企业也积极主动地同国家和非政府组织等合作开展志愿活动。③

这些参与应急救援行动,在日本国际航空、朝日玻璃、唯尔喜公司、鹿岛公司、东北制药公司、日本开发银行、滋贺银行、日本航空、米谷、日本制药协会、大和控股及仙台可口可乐装瓶等企业都得到了很好的实践。可见,一些日本企业界在灾害面前,反应较为迅速,共同应对巨灾带来的挑战,弥补了政府在诸方面的不足。

---

① 参见日本経済団体連合会、『東日本大震災に際しての企業の対応に関するレビュー―経団連アンケート調査結果より―』、2012 年 3 月 5 日、4 頁、https://www.mlit.go.jp/common/000193679.pdf。

② 会议从最初一个月的每日会议,逐渐减少至每周一次,最后削减成员直至解散。每个企业都经历了这样一个过程。参见駒橋恵子、『緊急時の情報行動は平時の組織文化の反映である―東日本大震災における企業のクライシス対応―』、『経済広報』2013 年 6 月 5 日。

③ 参见内閣府、『防災白書』、日経印刷 2012 年、23 頁。

第一章 参与应急管理:风险社会企业的新角色

下面以日本花王集团为个案,进一步分析日本企业是如何参与应急救援的。

日本花王集团(英文名称 Kao Corporation,以下简称"花王")始创于1887年,公司总部位于日本东京都中央区日本桥茅场町,全球员工3万多人。主要销售美国产化妆香皂以及日本国产香皂和进口文具等。作为一家连续5年被美国道德村协会评为"全球最具商业道德企业"[①]的日用消费品公司,面对"3·11"地震这样的巨灾,是如何展开救援的,又是如何参与社区紧急救援的?

1.通过及时启动公司指挥系统和建立联络制度,确保公司与员工安全,稳定后院

公司和员工的安全是参与社区救援的前提和基础。在地震摇晃平息后的半小时内,花王总部迅速成立了应急处理中心与事务部。作为地震后的初期应对体制,任命公司总经理为中心主任,建立迅速的联络机制。2011年3月11日15时15分,以中心主任的指挥为核心,并开始利用卫星电话等确认各工厂和地点的受灾情况。通过安全确认系统等确认员工及其家人、合同工、钟点工、海外员工留守家人的安全情况。之后,对企业内外的生产、供应链、物流情况进行全面核查,基于业务持续计划(BCP)实行作为生活必需品制造商的供给责任,致力于替代措施与灾后恢复等响应工作。这一系列措施不仅使花王在灾害中能够更好地进行信息沟通,提高了效率,也保障了企业业务持续及相关员工的生命安全。

尽管花王公司做了很大努力,但强烈的地震海啸仍然给公司带来了严重

---

① 至2015年,花王已连续9年被美国道德村协会评为"全球最具商业道德企业"。道德村协会(Ethisphere Institute)是美国一家知名的独立研究智库,是定义和推动合乎道德的业务实践标准的全球领导者。致力于分享企业在商业道德、企业管理方面的最佳实践。该协会于2007年开始推出"全球最具商业道德企业"榜单,致力于表彰在推行不断提高的商业道德标准和企业行为方面表现突出的组织。

损失——1人死亡,1人失踪,东北、关东地区的4个工厂(酒田、栃木、鹿岛、川崎)、2个研究所(栃木、鹿岛)因地震海啸的影响暂停业务。其中,川崎工厂于3月15日最早开始恢复生产,最晚的鹿岛工厂也于4月4日开始生产。[1]与不少其他企业一样,在巨灾面前通过展开自救保证了公司与员工的安全之后,花王也迅速投入到社区紧急救援中。

2. 通过大量的捐款与物资支援迅速参与社区救援

地震发生后,花王在第一时间慷慨捐款。花王的国内组织、国外组织以及国内外组织中员工的捐助资金共计1亿零34万日元。与此同时,花王还进行大量的物资捐助,并设法将捐助的物资及时递送到灾区。花王为灾区捐助了总额相当于1亿日元的各类救灾物资,主要包括纸尿裤、卫生用品、肥皂、牙刷等生活必需品。而为能够有效迅速地把生活必需品送到灾区,在与灾区的行政灾害对策本部及非政府组织等进行合作的同时,把握必要制品的种类和数量,进行持续性的资源供给。如为响应NPO法人"难民支援协会"的活动,在物资上与非营利组织进行合作,为在避难场所生活的女性制作并发放约5800份日常必需物品包。

3. 通过支持员工志愿活动积极参与灾害救援

地震发生后,花王并没有停留在捐款捐物上,而是鼓励员工迅速参与到巨灾救援中。在整个地震海啸期间,花王参与志愿活动的员工一共约390人[2]。如花王公司11名员工参加了日本经济团体联合会与当地志愿者中心组织的一项为灾区家庭提供救济品的活动;在受灾社区废墟清理与家具转移等工作

---

[1] 参见『東日本大震災による被災地への対応』,『Kao Sustainbility Report 2011』、http://www.kao.com/jp/corp_csr/reports_01_07.html。

[2] 参见花王、東日本大震災への対応,『花王サステナビリティレポート2012』、http://www.kao.com/jp/ja/corp_imgs/corp_csr/sustainability2012_003.pdf。

中,花王也有22名志愿者参加。此外,公司还积极响应日本支援协会组织的"小小图书馆"项目,公司员工为儿童避难所捐赠了童书与画册①。不仅如此,花王还以此次灾害为契机,加强制度建设,如为支持员工参与志愿活动,花王在当年6月实行"志愿者特别休假制度"。该制度规定,员工每年能带薪休假5天,可用于参加以贡献社会为目的的志愿活动,凡涉及灾害支援、环境保护、国际合作、社会福利四个方面的活动,均能申请休假。可见,花王公司的员工之所以能够参与各类社会志愿活动、能有效参与灾害紧急救援,除了公司员工自身良好的个人素质之外,还与公司对员工志愿行动的支持直接相关。

4. 对灾区的妇女、儿童等弱势群体展开特别援助

花王参与了NPO法人"难民支援协会"的援助活动,从物资方面与该组织进行合作,为在避难所生活的女性提供5800份生活必需品。此外,花王旗下的佳丽宝化妆品公司参与到公益集团法人CARE·International Japan推行的"心理治疗项目",以岩手县山田町的妇女为对象举办美容座谈会。在对儿童的心理治疗方面,参与"学校微笑支援项目",与其他企业合作,在受灾地区的学校举行运动会,提供活动经费及志愿者等支持。同时,为在震灾中那些心理负担较大的孩子们提供艺术表演等项目。②

5. 对公司渠道商展开有效的紧急救助

花王除了参与社区救援,还迅速投入对公司渠道商的救援工作,与渠道商一起共度危机。首先,对经营家庭用品、化妆品商店的救助在震后第二周就展开了,最先把产品送到受灾地区。在向全国商店进行说明的同时,访问个别受

---

① 参见田一:《企业参与灾害管理:从阪神到"3·11"地震的日本探索》,江苏师范大学硕士学位论文,2016年。
② 参见『東日本大震災による被災地への対応』,『Kao Sustainbility Report 2011』、http://www.kao.com/jp/corp_csr/reports_01_07.html。

灾地的店铺,帮助商店进行整理与陈列,帮助其恢复营业。其次,对化学制品交易对象的援助。作为化学制品的事务单位,由于鹿岛工厂的受灾,为防止制品的供应中断,在3月14日通知主要客户和代理商店相关情况的同时迅速进行再生产。最后,为顾客提供替代品。在花王不能提供支援时,接受和歌山工厂、海外相关企业支援,也从其他企业调用支援。对一般消费者关于核辐射造成产品污染的担忧,出于保障消费者健康的使命,与他们针对当时情况及应对方针进行真诚沟通,情况最终在4月上旬稳定下来。

虽然只是一个并未拥有相关专业性技术与装备等救灾优势的日用消费品公司,但在巨灾面前,花王并没有停留在捐款捐物层次,而是及时做出颇为娴熟的应急响应,同时有条不紊地参与到社区紧急救援中,以自己力所能及的方式,为灾害救援作出了积极贡献。可见,任何一家私营企业都可以在应急管理中发挥自身独特而重要的作用。

(三)恢复重建阶段

私营组织在灾害发生后及时提供商品和服务,并在应急响应和恢复重建阶段的物流和支持工作中也都发挥着重要作用。[①] 这些企业部门,特别是工业部门,在灾害恢复阶段通常主要会选择两种方式参与,一是直接提供资金支持,如美国波士顿马拉松爆炸事件、中国汶川地震、芦山地震、舟曲泥石流等;二是借助于慈善合作机构如红十字会或其他的国际、当地基金会等。

如在2005年的美国卡特里娜飓风应对中,除了公共捐款以外,还有很大一部分款项支出是来自私营部门。飓风发生一年后(2006年6月30日)的统计显示,私人捐献总额为35亿美元。如美国好事达基金会飓风复苏基金(The Allstate Foundation Hurricane Recovery Fund)向三家主要的社区基金会捐款120万美元现金,这些基金会为新奥尔良、密西西比州南部与得克萨斯州

---

① Fritz Institute, *Logistics and the Effective Delivery of Humanitarian Relief*, San Francisco, Calif., 2005, http://www.fritzinstitute.org/PDFs/Programs/tsunamiLogistics0605.pdf.

第一章 参与应急管理:风险社会企业的新角色

东部沿海地区的非营利组织提供服务。① 这些地区共有50家非营利组织收到了来自好事达基金会的捐助。这些组织所实施的项目覆盖了严重受灾区大约150万的民众。在中国,汶川地震800亿元的捐赠中就有60%来自民营企业②。当然,对这些捐款的实际用途和有效性,它们如何弥补政府捐款的不足,以及其具体定位等方面,都还有待进一步观察。

桑迪飓风(Hurricane Sandy)事件为我们提供了一个范例,可以说明私营部门在灾害恢复中发挥什么样的作用。联邦政府提供了大约600亿美元重建资金,私人公司捐助了1.41亿美元,非营利组织筹集了超过5亿美元的资金,用于分发给桑迪飓风受灾区的居民和社区。截至2012年12月,约有90家机构已筹集到超过4亿美元的桑迪飓风赈灾金。三分之二的企业援助采取了直接现金捐赠;它们将现金捐献给了一些慈善组织,如美国红十字会和Feeding America等。接收到企业捐款最多的组织分别为美国红十字会、救世军组织、罗宾汉基金会、联合之路组织与推动纽约建设市长基金等。其他捐款大部分给了当地组织和地方灾害援助基金会等。此处灾害中最常见的捐款数额是10万美元,其他数额从4000美元到2300万美元不等。美国康卡斯特电信公司是从一场慈善音乐会中筹集到了大部分的捐款③。大多数公司的款项都捐给了一线救灾工作,而不是长期的恢复或减灾项目。组织接收到的五种最主要的援助类型分别为捐款、非食品救济物资、食品、志愿者协调和能力建设、废墟清理。其中7%的资金用于个人、家庭和企业。④ 在中国,企业在汶川地震等灾害恢复重建中都发挥了类似作用。

---

① Business Civic Leadership Center, *Business Disaster Assistance and Recovery*, Second Report: Long-Term Recovery Issues and Case Studies, U.S. Chamber of Commerce, August 2007.
② 参见张启:《汶川地震800亿捐赠六成来自民营企业》,《南方日报》2009年4月29日。
③ 康卡斯特电信公司(Comcast Corporation)是美国最大的有线电视服务供应商。
④ 在捐款方面,有线电视公司、商业和金融机构、银行机构、保健机构、杂货零售商、汽车公司和体育组织的捐款往往最多,如棒球职业联赛、足球职业联赛、全国汽车赛车协会、全国篮球协会和国家橄榄球联盟等。

(四)合作共治:PPP中的私营部门角色

如今,公私合作参与灾害应对灾越来越成为企业参与应急管理的重要途径。在总结卡特里娜飓风应对经验的基础上,美国《国家应急响应框架》指出,灾害响应中公私部门的高度整合将使公私部门双方同时大大受益。在紧急事件中,重要的私营部门合作者应该参与当地的危机决策过程,或者至少和当地的一个危机管理者有直接联系。缺乏与私营部门的合作关系,社区无法有效应对灾害,也难以从灾害事件中恢复过来。[①] 虽然在上述案例中,公共部门和私营部门在灾害准备、应对以及长期性恢复阶段大都是各自独立运行的,但公私部门的合作却是不可或缺的,因为这样做能够提高应急管理的效率和效益。具体而言,私营部门与公共部门和接收人之间的合作伙伴关系是可以改变灾害管理当局战略部署的。例如,当政府把私营部门视为一个完整的合作伙伴时,政府会期望私营部门在突发事件发生前、发生时与发生后为自己设定一定程度的责任和义务。公私合作会使应急管理工作运转得更加灵活。在以项目为导向的工作中,可以很迅速地从私营部门,特别是从企业聘请到专业顾问,而这些人员一旦在项目结束之后也可以在短时间内迅速撤离。私营部门实际上是一种可拓展的资源,它能够弥补政府工作人员在某些灾害管理项目上的不足。

公私伙伴关系在灾害响应战术上也能发挥重要作用,成为有效提升抗逆力的有力方式。公私伙伴关系能够减轻政府在灾后即时提供特定物品和服务的压力,因而在经过一段时间后,政府就可以把主要精力放在其他重要的战略侧重点上。例如,在卡特里娜飓风救援中,沃尔玛为海岸沿线居民发放救援物品就起到了非常关键的作用。但包括沃尔玛在内的多个公司,它们所关注的都不仅仅是与自身利益相关的工作。它们在当地制定的灾害计划,使之能够

---

① U.S. Department of Homeland Security, *The National Response Framework*, Third Edtion, Washington, DC., 2016, p. 11.

比政府更为广泛地满足当地的灾后需求。在用卡车为救援人员和遭受飓风威胁的当地居民输送救援物资方面,沃尔玛总是先于联邦政府,有时甚至比它们提前好几天到达。① 总之,企业和政府之间的伙伴关系正在重塑应急管理的战略、战术和行动。

即使是在公私合作尚未出现的情况下,私营企业也能为公共部门的项目设计提供重要的示范。在新西兰的基督城地震救援中,就提供了一种私营部门制定原则影响和引导公共部门的方式。② 确切地说,通过使用以商业利益为导向的利益实现管理(BRM)战略,公共部门成功地完成了一个以公共部门投资为目标的商业项目。公共部门投资了大约2亿美元在六大信息和社区技术项目上,包括采取措施安排基督城的人口就业与建立电子版土地所有权记录等。在地震救援工作上,公共部门成立了一项地震支持补贴金,用于帮助企业运营与保留员工并为其发放工资等。它们还创建了一个地震期间在线录用支持系统,帮助雇员和雇主以一种更为便捷的方式申请财政援助;该项目的设计主要是用来消除工作招聘中的不确定性因素,但从长远来看,它在创建社会愿景和重建社区承诺等方面都发挥了非常重要的作用。通过运用私营部门的智慧,政府能够让网站运行速度更快;这同样能够降低失败率而让人们更快地进入系统。③

和新西兰大地震的案例非常相似,2008年特大洪灾发生后,美国爱荷华州锡达拉皮兹市的公共部门以企业事故管理为基础建立起灾害事故管理系统,并组建了一支团队用以支持企业开发更加高效的管理流程。该项目的目

---

① Zimmerman Ann and Valerie Bauerlein, "At Wal-Mart, Emergency Plan Has Big Payoff", *Wall Street Journal*, September 12, 2005.

② 新西兰大地震,又称基督城大地震,当地时间2011年2月22日12:51(UTC 2月21日23:51)发生在新西兰第二大城市、南岛第一大城市基督城附近的一场6.3级地震,此后又发生多次余震。此次地震是新西兰有史以来死亡人数最多的自然灾害之一,共造成181人死亡,超过200人失踪。

③ New Zealand Office of the Auditor-General, *Realising Benefits from Six Public Sector Technology Projects*, June 2012, http://www.oag.govt.nz/2012/realising-benefits/docs/realising-benefits.pdf.

标是提高小型企业的灾害响应能力,它专注于为中小型企业(如咖啡店、制造业公司等)提供用于重建和应对经济衰退所需的技术协助。经过3年(2008—2011)的实验期之后,爱荷华地区的项目报告显示,当地的企业数量已上升至1230家。在这些企业中,有565家企业接受了企业应急管理团队的协助。[1]

在中国汶川地震以来,社会力量在应急管理中的作用已经广为人知,"政府主导与社会参与相结合"已成为汶川地震以来应急救援和灾后重建的宝贵经验。芦山地震以来,形成了"政府主导、多方参与、协调联动、共同应对"的救灾工作格局。[2] 私营部门通过与政府及非政府组织的合作在应急管理中进一步发挥作用。不仅如此,近年来还出现了一些创造性举措,如在汶川地震灾后恢复重建中,成都市在确权颁证的基础上,通过产权分割,引入大量的社会资金(一共约47.3亿元人民币),实施了16581家农户的住房联建,不仅缓解了农户住房重建资金的燃眉之急,还为社会资本参与新农村建设开辟了新通道。[3]

在应急管理中,单个企业的作用或许并不明显,但众多企业在资源与技术方面形成的"合力",却是任何政府部门与其他组织无法比拟的,这些资源与技术,既是紧急救援不可或缺的,又是任何单个组织包括政府无法在灾后非常紧迫的时间里所能提供的。

---

[1] Cedar Rapids Area Chamber of Commerce, *First Business Case Management Program for a Natural Disaster*: *Cedar Rapids*, *Iowa - 2008 Flood*, January 2012. http://www.cedarrapids.org/Handler.ashx? Item_ID = 1A9EC6F9-E32A-4CAD-815F-42BDA1C6858C.

[2] 参见闪淳昌主编:《应急管理:中国特色的运行模式与实践》,北京师范大学出版社2011年版;郭虹、钟平:《2014年鲁甸抗震:政府主导社会组织协同机制发挥更大力量》;杨团主编:《慈善蓝皮书:中国慈善发展报告(2014)》,社会科学文献出版社2014年版,第246—253页。

[3] 参见姜晓萍、黄静:《还权赋能:治理制度转型的成都经验》,《公共行政评论》2011年第6期。

第一章　参与应急管理:风险社会企业的新角色

四、本章小结

自从2001年美国企业在"9·11"事件应急响应和灾后恢复中发挥积极作用之后,企业在应急管理中的作用开始引起重视。2005年沃尔玛等私营企业在卡特里娜飓风应对中的突出表现更是引起了美国政府和危机与灾害研究机构的广泛关注。推进企业参与应急管理,开始成为不少国家应急管理理论和实践的基本工作。

此后,加强私营部门参与降低灾害风险的努力在国际层面得以推进。2011年,联合国国际减灾战略(UNISDR)建立了降低灾害风险的私营部门伙伴关系工作组(DRR-PSP),让私营部门通过加强联合行动、可持续发展、企业社会责任(CSR)、公益和知识转化等核心业务制度建设来动员资源的途径参与降低灾害管理。DRR-PSP通过打造私营部门伙伴关系建立了降低灾害风险的基础。

除此之外,2010年成立了私营部门咨询小组(PSAG),由致力于促进降低灾害风险工作的企业高管组成。在2013年举行的全球降低灾害风险论坛中,一些私营企业参与组织并制定相关行动方案。论坛以打造"抗灾型共同体的私营部门"的公私合作关系为主题。在2012年全球平台的一个对话当中,UNISDR和普华永道国际会计师事务所(PwC)发布了"减低灾害风险共同行动纲领",并合作开发了一个为私营部门行动打造抗逆力的协作框架和方法。PwC正在开展提高私营部门参与抗逆力建设等方面的系列研究。其下一步工作目标是促使这些趋势和行动融合于区域和国家战略之中。有些国家邀请私营企业成为降低灾害风险国家论坛的会员。联合国第三届世界减灾大会通过的《2015—2030年仙台减轻灾害风险》(2015年3月14—18日在日本仙台召开)高度重视私营部门参与灾害管理。

然而,时至今日,在很多国家,企业的作用尚未得到充分重视。虽然在不

企业参与应急管理

少国家的很多灾害中有企业部门参与灾害管理的成功实践,但是主要集中在灾害的应对阶段,尤其表现为一次性捐款的形式,而非长期性参与。为了增强企业参与应急管理的有效性和长效性,强有力的政府领导和利益相关者的多方合作都是不可或缺的。要做到这一点,离不开学术界深入系统的研究。

第二章　企业参与应急管理的两种不同模式[①]

企业参与灾害治理已成为应急管理中的重要现象。那么,以逐利为天性的企业何以且如何参与应急治理?本章基于利益相关者理论,以其工具性和规范性两种不同视角为分析工具,将企业灾害参与和社区的抗逆力关联起来,同时基于不同企业应急参与动机的差异性,将企业应急参与抽象为公司导向与社区导向两种不同模式,以这两种模式及其演变为框架,探讨公司层面的抗逆力与社区层面的抗逆力之间的关系及其相互作用机制。

一、引　言

社区既是缩小的社会,又是家的延伸,社会治理的所有事项几乎都在社区中呈现。而社区作为联系社会、政府、企业、个人的纽带和社会治理金字塔的底座,是应急管理的最前线和主战场[②],在应急管理全过程中发挥着重要的组

[①] 参见杨安华、张伟:《公司导向与社区导向——理解企业灾害参与的两种不同模式》,《风险灾害危机研究》2018年第2期。

[②] 参见李菲菲、庞素琳:《基于治理理论视角的我国社区应急管理建设模式分析》,《管理评论》2015年第2期。

织、指挥和协调作用。① 如今,抗逆力已成为一个社区所有成员的一种共享的无形资产②,其强弱直接关系社区内组织和个人的发展乃至生死存亡,灾后第一时间的救援工作更是要立足于社区自身的资源,依靠自身的抗逆力,以一种社区自保自救的方式展开。"只有提升社区的抗逆力,才能有效提高自救能力,尽可能地最大限度地减轻灾害造成的损失"③。因此,一个社区的抗逆力直接反映了该社区抵御灾害和恢复正常发展的能力。在此环境下,抗逆力不再是一种静态的平衡,而是一个社区的利益相关者在面对灾害时共同行动的持久性能力。具有抗逆力的社区能够有效进行灾害准备、紧急响应和恢复重建,并能克服种种困难回到正常的轨道。④

在人类历史上,政府部门一直负责应对各类灾害,长期以来都是灾害应对的唯一主体。但自从非营利组织在1995年日本阪神大地震中发挥了重要作用以来,社会组织在灾害治理中的作用逐渐变得众所周知;而2001年美国"9·11"事件,尤其是2005年卡特里娜飓风发生后,私营部门在灾害应对中的作用不断凸显。在中国,自2008年汶川大地震以来,大量企业积极参与灾害救援与灾后重建。在日本,从1995年阪神大地震到2011年"3·11"地震海啸,政府和企业都在推动企业应急参与能力建设,企业灾害参与意识不断提高,灾害参与能力明显提高。⑤

---

① Kaniasty K.& F.Norris, *Response to Disaster:Psychosocial,Community and Ecological Approaches*, Paris:Taylor and Francis Philadelphia,PA,1999;Statler M.et al., *Mobilising Corporate Resources to Disasters:A Comparative Analysis of Major Initiatives*, International Journal of Technology Policy & Management, 2008,8(4):359-382.

② Kaniasty K.& F.Norris, *Response to Disaster:Psychosocial,Community and Ecological Approaches*, Paris:Taylor and Francis Philadelphia,PA,1999;Statler M.et al., *Mobilising Corporate Resources to Disasters:A Comparative Analysis of Major Initiatives*, International Journal of Technology Policy & Management, 2008,8(4):359-382.

③ [美]丹尼斯·S.米勒蒂主编:《人为的灾害》,谭徐明等译,湖北人民出版社2008年版。

④ Norris F. et al.,"Community Resilience as A Metaphor, Theory, Set of Capacities and Strategy for Disaster Readiness", *American Journal of Community Psychology*,2008,4(1-2):127-150.

⑤ 参见杨安华、田一:《企业参与灾害管理能力发展:从阪神地震到3·11地震的日本探索》,《风险灾害危机研究》2017年第1期。

第二章　企业参与应急管理的两种不同模式

随着私营部门在灾害应对中作用的凸显,该领域也开始引起学术界的关注,尽管学术界对灾害中的企业公益行为做了大量研究,但主要还停留在个案描述层面,未对企业应急参与行为进行系统性理论阐释。如何理解企业的应急参与行为——作为以营利为天性的企业,为什么会参与应急管理? 企业应急参与如何影响社区的抗逆力? 如何通过对企业应急参与的有效管理,最大限度地克服企业逐利本性而彰显其社会责任的一面? 这些问题都有待深入研究。

因为企业发展的根本目的是营利,故与非政府组织参与灾害管理不同,不同企业灾害参与的动机并不完全一样。本书将企业灾害响应和参与置于社区环境中,在探讨企业应急参与和社区抗逆力关系的基础上研究企业的灾害参与行为及其运行逻辑。首先对企业应急参与文献进行梳理,并借鉴利益相关者理论建立了一个理论框架,将企业应急参与和社区的抗逆力关联起来。基于对不同企业应急参与动机差异性的认识——企业的应急参与在专注公司内部事务和专注社区事务之间变动,由此形成了不同的应急参与行为,我们称其为公司导向与社区导向两种不同的应急参与模式。这两种模式的划分及其动态演变构成了分析企业应急参与的一种分析框架。基于这一框架,我们假设,以社区利益相关者为导向的企业,即推行社区导向应急参与模式的企业将更加积极地参与灾害治理,并直接影响到社区的抗逆力。[①] 因此,在公共政策层面如何通过有效的管理,使企业更多地克服其自利性而释放利他性的一面,促进公司导向应急参与的企业向社区导向应急参与的企业发展,既有助于提高企业自身的应急响应能力,也能提高企业的灾害参与能力,从而提高社区和国家的整体灾害治理能力。

---

① 本书所指的抗灾力(或称抗灾能力),对应的英文是 Resilience,又可称为抗逆力、复原力、恢复力与韧性等。本书关注的是社区抗灾力,指的是一种过程导向的结构,在这一过程中,反映了在灾害情境下,社区如何应对逆境,并在灾后恢复到正常运行水平。参见汪辉、徐蕴雪、卢思琪等:《恢复力、弹性或韧性?——社会—生态系统及其相关研究领域中"Resilience"一词翻译之辨析》,《国际城市规划》2017年第4期。

二、企业的危机应对和应急参与

如今,私营部门在灾害治理中发挥着重要作用,但社区应急管理与抗逆力的研究仍主要集中在政府机构尤其是应急管理与服务机构等公共部门。尽管企业的作用已经成为不少抗逆型社区所需的核心能力,但这些作用仍然很少引起学术界的关注。[①] 在企业领域,"抗逆力"一词通常被用来形容那些在危机情境下能够比其他公司更快地组织响应、更快地恢复或开发出更好的营销方法的能力。然而,公司层面与和社区层面抗逆力之间的具体关系仍然很少有人研究,而从这一角度探讨企业灾害参与行为,并借此进行企业灾害参与类型学分析的研究至今尚未出现。本书将企业抗逆力研究置于社区环境之中,在探讨公司层面与社区层面抗逆力之关系中深入研究企业的灾害参与行为。

现有的文献主要围绕如下三个方面展开:(1)业务持续管理,包括风险和灾害管理。(2)企业通过慈善捐赠参与灾害响应,以及随之而来的声誉和经济利益管理。(3)灾后企业直接参与灾害响应与重建。除此之外,也有其他研究显示,企业参与灾害响应(如数据打捞作业),并利用其他机会寻求新的业务(如灾后重建服务),提高企业信誉,并增进与现有利益相关者的关系。表 2 总结了企业对自然灾害的响应和参与。尽管这三个方面有的只是涉及企业自身灾害管理行为,但因在客观上都会对社区的应急管理能力带来影响,故我们都将其视为一种应急参与行为。

[①] 林鸿潮:《公共应急管理中的市场机制:功能、边界和运行》,《理论与改革》2015 年第 3 期。

第二章　企业参与应急管理的两种不同模式

表 2　企业的危机应对和应急参与

研究领域	关注的主要问题	主要文献
业务持续	确保公司设施运行,维持公司收入,保证员工安全	Zsidisin,Melnyk & Ragatz(2005);Herbane(2010);Herbane,Elliott & Swartz(2010);Oetzel & Oh(2014);Linnenluecke et al.(2017);王德迅(2008)
企业慈善	关注能带来盈利和提高企业声誉的策略性慈善,尤其注重能够让企业出彩的灾害响应阶段的参与	Crampton & Patten(2008);Zhang et al.(2010);Muller & Kraussl(2011);Tilcsik & Marquis(2013);陈仕华、马超(2011);张敏等(2013);王菁等(2014);资中筠(2016)
灾害响应和参与	企业提供应急产品和服务,企业及其员工参与灾害治理,包括参与抗逆型社区建设、应急救援和灾后恢复重建	McEntire et al.(2003);Rosegrant(2007);Horwitz(2009);Chen et al.(2013);Izumiand & Shaw(2015);Jerolleman & Kiefer(2016)

1.基于业务持续管理的应急参与

业务持续管理(BCM)是指"组织在灾害事件发生后继续将生产或服务维持在可接受水平的能力"[①]。换句话说,如果一个企业在遭受灾害后,仍然能够持续运转,即能够保持收入来源,提供就业机会,满足客户需求,并维护股东、客户、员工与民众的信心,那么就表明了其业务的持续性。目前学术界对业务持续管理进行了大量研究[②]。业务持续管理的核心主题是,通过识别潜在的业务中断(如技术失败、供应中断和操作错误)来降低风险。风险识别和

[①] International Organization for Standardization, *Societal Security – Business Continuity Management Systems–Requirements* (*ISO 22301:2012*), https://www.iso.org/standard/50038.html.

[②] 详细评论可参见王德迅:《业务持续管理的国际比较研究》,《世界经济与政治》2008年第6期;Herbane B.,"The Evolution of Business Continuity Management:A Historical Review of Practices and Drivers", *Business History*, 2010,52(6),pp.978-1002。

预防被视为业务持续管理的关键要素。①

业务持续管理方面的文献为我们深入了解企业如何培育其抗逆力,如企业如何管理灾害风险、降低企业脆弱性和提高生存能力等问题提供了不少真知灼见。研究表明,业务持续管理有助于灾后企业的恢复重建,因为它可以帮助企业为外部冲击做准备。业务持续管理因此也被视为风险和灾害管理工作的基础。② 然而,这些研究却未能进一步帮助我们理解企业如何参与社区层面的灾害响应和恢复重建工作。学术界对业务持续管理如何支持社区的抗逆力问题缺乏深入研究,社区抗逆力与以企业业务持续管理为基础的企业抗逆力密不可分,但很少有学者探讨这两个概念之间的关系,尽管业务持续管理和企业层面的恢复力对社区层面的恢复能力建设至关重要。

2.通过企业慈善捐赠参与灾害响应

近年来,企业慈善捐赠已成为企业社会责任(CSR)和灾害管理领域的热门话题。尽管企业从事慈善活动的直接目的并不一定在于灾害参与本身,但这一行为已经成为一种重要的企业参与灾害方式,客观上有助于国家整体灾害治理水平的提升。至今为止,灾后捐赠仍然是企业参与灾害治理的一种最主要和最常用的方式。③

企业慈善行为可以定义为将现金、现金类资源和实物捐赠给他人的行为。慈善可以是常规性活动与突发性危机应对(如企业对洪灾的捐赠)。在灾害参与中,企业慈善事业可采取多种形式。比如,灾后捐款捐物,有些企业则筹

---

① Zsidisin G. A., Melnyk S. A. & Ragatz G. L., "An Institutional Theory Perspective of Business Continuity Planning for Purchasing and Supply Management", *International Journal of Production Research*, 2005, 43(16): 3401-3420.

② Herbane B., Elliott D. & Swartz E. M., *Business Continuity Management*, Second Edition: A Crisis Management Approach, New York, NY: Routledge, 2010.

③ 参见翟富炜:《企业参与灾害管理的方式与路径研究》,江苏师范大学硕士学位论文,2017年。

办基金会。而且,不同背景的企业往往参与不同级别的慈善事业。大企业、有慈善事业历史或拥有更强企业社会责任感的公司更有可能参与灾害响应。[①] 到目前为止,不少有关企业慈善的研究都对公司参与慈善事业的动机、驱动因素和作用,以及企业管理者的政治联系与捐款的关系进行了不同程度的探讨[②],但有关企业慈善事业和社区抗逆力的关系问题,很少有学者进行专门研究。

3. 直接参与灾害响应与恢复重建

自从美国"9·11"事件尤其是卡特里娜飓风以来,企业在灾害管理中的作用日趋凸显,不少企业尤其是知名企业在社区灾害应对中开始发挥重要作用,甚至是中流砥柱的作用。如2005年,沃尔玛积极而富有成效地参与了卡特里娜飓风紧急救援,在政府救援能力严重不足的情况下,是沃尔玛而不是政府第一时间将2498车应急物资和850万美元的捐款送往灾区。沃尔玛因其卓有成效的紧急救援能力被灾区民众视为"救命稻草";美国连锁餐馆华夫阁(Waffle House)在飓风和龙卷风发生后启动移动发电机组,并通过提供简易菜单仍然坚持营业。餐馆不仅为客户与店员提供了避难场所,而且为美国灾害的主要也是专业性响应者——美国联邦应急管理署提供了避难场所;2012年,家得宝在事发之前就做好了应对桑迪飓风的准备,为社区灾害应对发挥了重要作用。中国加多宝等企业亦积极参与汶川地震以来的灾害救援与恢复重建工作。

近年来不同行业的企业开始利用自身专长提供灾害救援与重建创新的专业化解决措施。这些措施包括数据打捞、通信、存储、恢复设施、应急住宿和咨

[①] 参见 Tilcsik A. & Marquis C., "Punctuated Generosity:How Mega-Events and Natural Disasters Affect Corporate Philanthropy in U.S. Communities", *Administrative Science Quarterly*, 2013, 58 (1):111-148;张敏、马黎珺、张雯:《企业慈善捐赠的政企纽带效应——基于我国上市公司的经验证据》,《管理世界》2013年第7期。

[②] 参见张建君:《竞争—承诺—服从:中国企业慈善捐款的动机》,《管理世界》2013年第9期。

询服务等。① 这类从事救灾业务的企业在灾前、灾中、灾后为公众和其他公司提供产品与服务方面的帮助。例如,2008 年,电子快速应急系统生产商 Omnilert 公司提供的通信服务,使组织能够发布有关自然灾害或恐怖事件的信息。② 2014 年,当个人和公司在灾后进行清理和维修时,美国搬家公司 U-Haul 帮助他们保存个人物品。还有一些企业与其他大型企业订立合作合同,以确保灾害发生时能提供某些产品和服务。

显然,企业的灾害参与行为开始引起学术界的关注,但相关研究主要还停留在对个案的描述层面,企业灾害参与和社区抗逆力之间的关系尚未得到充分研究,从这二者关系的角度深入探讨企业灾害参与行为的研究,以及从学理上对企业的灾害参与行为进行系统性分析的研究尚未出现。

三、企业应急参与的两种不同模式及模式与运行逻辑

任何一家企业都是存在于社区环境中。作为企业经营发展环境的重要利益相关者,社区与企业有着天然的联系,企业发展离不开良好的社区环境。企业与社区的良性互动成为企业可持续发展的重要条件。③ 社区参与不仅成为企业社会责任的重要组成部分,也是企业实现可持续发展的基本条件。④ 尽

---

① Chamlee-Wright E. & Storr V. H., "Commercial Relationships and Spaces after Disaster", *Society*, 2014, 51 (6), pp.656-664; Shepherd D. A. & Williams T. A., "Local Venturing as Compassion Organizing in the Aftermath of a Natural Disaster:The Role of Localness and Community in Reducing Suffering", *Journal of Management Studies*, 2014,51 (6), pp.952-994.

② *Gulf Coast Region Issues SMS Text Message Alerts to Elevate Public Safety Before*, *During and after Hurricane Gusta*, https://profnet.prnewswire.com/Subscriber/ExpertProfile.aspx? ei=74080.

③ 参见张桂蓉:《企业—社区关系影响企业社区参与行为研究》,中南大学博士学位论文,2013 年;Judith M. van der Voort., "Managing Corporate Community Involvement", *Journal of Business Ethics 2009*,90,pp.311-329。

④ Brnn P. S., "Building Corporate Brands through Community Involvement:Is It Exportable? The Case of the Ronald McDonald House in Norway", *Journal of Marketing Communications*, 2006, 12 (4),pp.309-320.

管近年来企业社区参与(CCI)成为研究热点,社会力量参与灾害治理也得到了深入研究,但主要集中在非政府组织的灾害参与,企业应急参与仍然没有引起学术界的足够重视。在本节,我们基于利益相关者(Stakeholder)理论,以社区为纽带和落脚点,同时基于企业灾害参与动机的内部差异性,将种种企业灾害参与行为抽象为两种模式——公司导向的企业参与和社区导向的企业参与,并着力通过对社区抗逆力和企业应急参与的关系的分析,阐释企业不同的应急参与模式及其对社区抗逆力带来的影响。

利益相关者与社区灾害风险管理的成效存在着多种利益关系。一方面,社区灾害风险管理的政策方针、实施模式会影响利益相关者的收益;另一方面,利益相关者的角色、利益诉求和行为也会影响社区灾害风险管理的成效。[1] 正是因为如此,利益相关者已经引起了国际灾害治理政策制定者的高度重视。2015年第三届世界减灾大会通过的《2015—2030年仙台减轻灾害风险框架》提出了未来15年利益相关者在减轻灾害风险中的作用,并专门设置了《利益相关者的作用》一节,指出"虽然各国负有减少灾害风险的整体责任,但这也是政府和相关利益攸关方分担的责任"。

学术界对利益相关者的定义林林总总,我们采用弗里曼提出的经典定义。弗里曼在《战略管理:利益相关者方法》一书中指出,利益相关者是指任何"能够影响一个组织目标的实现,或在组织目标实现过程中所影响的群体或个人"[2]。按照弗里曼的观点,在灾害情境下,企业的利益相关者分为主要利益相关者和次要利益相关者,前者包括客户、员工和供应商等,后者即社区利益相关者,包括政府机构、社区成员及其他相关组织。利益相关者理论解释了企业如何有效地影响其利益相关者以及受其影响的利益相关者。利益相关者理

---

[1] 参见孙燕娜、谢恬恬、王玉海:《社区灾害风险管理中政府与社会组织的博弈与合作途径初探》,《北京师范大学学报(自然科学版)》2016年第5期。

[2] Freeman R. E., *Strategic Management: A Stakeholder Approach*, Toronto, Ontario, Canada: Pitman, 1984, p. 60.

论强调关注多元利益主体,其核心思想是以利益相关者的利益为中心。该理论为研究企业促进社区抗逆力作用的发挥,即企业应急参与行为提供了一个很好的视角,为我们理解企业与其大量利益相关者之间的关系提供了一个有用框架。在该框架下,企业通过其利益相关者的关系与受灾的社区相互合作。

利益相关者理论的一大重要理论价值在于为我们提供了从工具性和规范性两种不同角度思考企业目标的方法。其工具性视角的核心思想是,之所以要关注利益相关者的利益要求,是因为这样做将使企业有利可图,它试图解释企业如何通过对利益相关者的管理实现其营利与发展的目标。[1] 相比之下,规范性利益相关者理论强调,企业对不同利益相关者负有道德义务,应当对它们的要求做出适当的回应。[2] 此外,利益相关者理论还认为,企业通常根据自己的权力、合法性和紧迫性为利益相关者进行排序。权力是指利益相关者控制关键资源的能力,即某一群体是否拥有影响企业决策的地位、能力和手段;合法性是指利益相关者在企业的利益是否被社会接受,或者某一群体是否拥有法律上的、道义上的或特定的对于企业的索取权;紧迫性是对利益相关方的要求给予急切关注或回应的程度。[3] 但各利益相关者关系的显著性不是静态的,而是可以随着时间的推移而改变的,利益相关者的工具性视角也可能产生规范性目标。研究表明,最直接的利益相关者得到企业的更多关注。当利益相关者关注公司的活动时,公司将会从利益相关者管理中获益。[4]

利益相关者理论的主要目的是了解企业如何能够使利益相关者进一步参

---

[1] Jones T. M. & Wicks A. C., "Convergent Stakeholder Theory", *Academy of Management Review*, 1999, 24(2), pp.206-221.

[2] Thomas Donaldson and Lee E. Preston, "The Stakeholder Theory of the Corporation: Concepts, Evidence, and Implications", *Academy of Management Review*, 1995, 20(1), pp.65-91.

[3] Mitchell R. K., Agle B. R. & Wood D. J., "Toward a Theory of Stakeholder Identification and Salience: Defining the Principle of Who and What Really Counts", *Academy of Management Review*, 1997, 22(4), pp.853-886.

[4] Madsen P. M. & Rodgers Z. J., "Looking Good by Doing Good: The Antecedents and Consequences of Stakeholder Attention to Corporate Disaster Relief", *Strategic Management Journal*, 2015, 36(5), pp.776-794.

与到企业未来目标的实现中。① 然而,迄今为止,利益相关方的文献往往忽视灾害环境,并在很大程度上集中在正常时期对利益相关者参与的探讨。在下文中,我们利用利益相关者理论阐明企业应对自然灾害时采取的两种不同模式——公司导向和社区导向,并以这两种模式为分析框架,揭示企业应急参与和抗逆力结果之间的关系。

我们用"导向"一词来表示遵从对灾害的一种一致性反应。我们假定,实施业务持续管理的企业响应、企业的慈善事业和直接参与灾害响应可以表现出一种公司导向或社区导向的不同,从而构成了企业应急参与的两种基本模式。企业的这两种应急参与模式无论对其利益相关者自身的灾害参与,还是其参与应急的方式与效果等方面都是不同的(见表3)。不同灾害参与模式的运用,不仅会影响企业自身的抗逆力,而且能影响社区的抗逆力。

表3 公司导向与社区导向的应急参与

导向	业务持续管理	企业慈善	直接应急参与	关注重点	参与意愿和程度	参与结果
公司导向	确保公司持续创收。相关利益者:关键供应链伙伴与客户。参与:旨在确保得到关键供应商支持和保持竞争力的战略举措	策略性地利用机会提高声誉。相关利益者:顾客和公众。参与:向慈善机构高调进行一次性捐款	捕捉与灾害相关的商机。相关利益者:受到灾害影响的脆弱客户。参与:长期盈利的客户关系	主要利益相关者	参与意愿不强,参与程度不深,主要为企业盈利考虑	主要是为企业自身和主要利益相关者的应急管理,客观上促进了社区应急能力发展和抗逆力的提升

---

① Freeman R. E., "The Wal-Mart Effect and Business, Ethics and Society", *Academy of Management Perspectives*, 2006, 20(3), pp.38-40.

续表

导向	业务持续管理	企业慈善	直接应急参与	关注重点	参与意愿和程度	参与结果
社区导向	利用企业资源帮助有需要的社区成员。利益相关者：员工、客户、有需要的社区成员。参与：整个社区的灾后恢复	通过与社区利益相关者合作对话参与慈善捐赠。利益相关者：政府、非政府组织与企业等。参与：固定的基金关系和专业的非现金服务与产品供给	维持和修复社区的关键基础设施。利益相关者：关键基础设施的提供者和社区行动者。参与：维持和重建关键基础设施；全过程的社区应急参与，包括在平时从事与社区乃至国家应急体系相衔接的应急管理能力建设	社区利益相关者	参与意愿强，参与程度高，其中不乏深度参与的企业	改善企业形象，提高企业业绩，改进社区应急能力，提升社区抗逆力

公司导向的企业应急参与模式（简称"公司导向"或"公司导向模式"）专注于灾害响应中的企业利益。公司导向模式借鉴了利益相关者管理的工具性视角，企业将对利益相关者的管理作为提高企业绩效的手段。公司导向的企业倾向于直接通过客户或者供应商，同时通过权力对公司的利益相关者造成影响。[1] 公司导向也意味着企业专注于财富的创造，包括盈利能力和竞争优势。公司导向模式的企业还会利用利益相关者关系获得重要战略资源。[2]

相比之下，社区导向的企业应急参与模式（简称"社区导向"或"社区导向模式"）主要基于利益相关者管理的规范性视角，它不仅要考虑灾害响应的企

---

[1] Mitchell R. K., Agle B. R. & Wood D. J., "Toward a Theory of Stakeholder Identification and Salience: Defining the Principle of Who and What Really Counts", *Academy of Management Review*, 1997, 22(4), pp.853-886.

[2] Wang T., & Bansal P., "Social Responsibility in New Ventures: Profiting from a Long-Term Orientation", *Strategic Management Journal*, 2012, 33(10), pp.1135-1153.

业利益,同时也考虑社区利益及与社区利益相关者互动而带来的收益。当企业采取社区导向的应急参与模式时,不仅有助于社区抗逆力的提升,而且,一个社区良好声誉所带来的好处也将惠及这些企业,为企业发展营造良好环境。自然灾害使企业及其社区利益相关者团结一心,因为一荣俱荣,一损俱损,因为"没有社区的企业没有任何意义"①。社区导向的企业还会对利益相关者承担道德义务,且其灾害参与行为会受同情心驱动。当然,社区导向也可能有工具性目标,重视社区利益相关者对灾害恢复重建工作作出的贡献。

(一)公司导向模式与企业应急参与

公司导向的灾害参与可以适用于上述三个层面的企业灾害响应和参与。

首先,在业务持续管理方面,企业的公司导向应急参与,其业务持续管理通过管理和缓解业务中断(包括供应链中的业务中断)来满足对利益相关者的承诺。② 例如,通信公司(如中国移动公司、美国 AT&T 公司和 Verizon 公司)和电力公司通常通过采用业务持续管理的方式参与灾害响应,因为包括企业自身在内的所有利益相关者在灾后尽快恢复业务对公司发展至关重要。公司导向的业务持续管理是一种战略举措,目的在于评估一家企业在不同灾害情境下的脆弱性,提高其响应能力,从而保持在灾害环境中的竞争力。③

其次,在慈善捐赠方面,公司导向的企业应急参与注重给政府或慈善组织高调捐赠。这些组织临时性地经管本地资金和国际资金,并依据受灾害影响社区的需要筹集和发放救济资金。例如,美国桑迪飓风发生后,Gap 和 AT&T

---

① Grimm D.,"Whole Community Planning:Building Resiliency at the Local Level", *Journal of Business Continuity & Emergency Planning*, 2013,7(3),pp.253-259.
② Zsidisin G. A., Melnyk S. A. & Ragatz G. L.,"An Institutional Theory Perspective of Business Continuity Planning for Purchasing and Supply Management", *International Journal of Production Research*,2005,43,(16),pp.3401-3420.
③ Sheffi Y. & Rice J. B. Jr.,"A Supply Chain View of the Resilient Enterprise", *MIT Sloan Management Review*, 2005,47(1),pp.41-48.

捐款给临时基金,如新泽西救济基金和桑迪飓风救济基金。公司也捐赠给非营利组织,如红十字会、CARE、乐施会等,这些组织运作有方,声誉良好,长期性地筹集并发放用于灾害救助的资金。而在中国,更多的企业捐赠则是直接捐给政府,如汶川地震发生后,江苏黄埔再生资源利用有限公司高调捐款1.8亿元,芦山地震发生后,该公司董事长陈光标到地震灾区现场发钱、堆钱墙高调捐赠。公司导向企业的慈善捐赠是为了使企业达到增加客户的认可和忠诚度,提升企业声誉之目的,与政府和慈善组织保持紧密联系。公司导向的企业从事公益活动的最终目标是提高公司业绩和利润。①

最后,在直接应急参与方面,公司导向是一种策略性灾害参与,旨在从灾害参与中获利或提高知名度与美誉度。主要表现为:(1)策略性地参与那些引人注目的领域;(2)参与那些能够给公司带来商机的领域或环节;(3)通过帮助公司客户从灾害救援与恢复重建中寻求新的商机而给自身带来商机,从而从中获利。如,腾讯、联想等公司都参与了芦山地震救援和灾后重建工作,赛莱默公司(Xylem)采用移动抽水解决城市洪水②,IBM建立数据还原中心。这些企业均通过在灾后从事以营利为目的的恢复重建服务而获利。

(二)社区导向模式与企业应急参与

我们也将社区导向和上述三个层面的企业应急参与相对应。

首先,采用社区导向应急参与模式的企业,其业务持续管理关注更广泛的社区利益相关者。公司通过创造新的,或扩展现有的产品和服务来帮助社区成员。沃尔玛是提供社区导向业务持续管理的一个很好例子。在卡特里娜飓风发生时和发生后,沃尔玛力求保持开放以便满足社区的需求。沃尔玛首席

---

① Madsen P. M. & Rodgers Z. J., "Looking Good by Doing Good: The Antecedents and Consequences of Stakeholder Attention to Corporate Disaster Relief", *Strategic Management Journal*, 2015, 36(5), pp.776-794.
② 赛莱默公司(Xylem)是全球最大的水与污水处理解决方案供应商。

第二章　企业参与应急管理的两种不同模式

执行官斯科特·李在给即将受灾地区的店长的信中说明了道德义务:"你们很多人将不得不作出超出自己预想的决定。用你能得到的信息,做最好的决定,做正确的事情。"①这些建议预示了沃尔玛在灾害响应中的积极参与。卡特里娜飓风发生后,沃尔玛向当地社区做出了实质性的承诺。如承诺给灾后每一名流离失所的沃尔玛员工重新就业。通过这种方式,社区导向的业务持续保证了就业,并有助于促进灾后经济复苏和维持灾后经济发展。在严重受损的地区,沃尔玛还开设临时性"迷你"商店,以便为灾民提供基本生活用品。② 此外,为了保持业务的连续,一些沃尔玛分店的经理提出了临时性解决方案。其中有几家沃尔玛分店允许紧急救援人员和居民拿走所需物品。在路易斯安那州肯纳市,一名沃尔玛员工用铲车打开损坏的仓库大门,为灾民提供基本生活用品,并为当地养老院提供瓶装水;在路易斯安那州,一个叫马雷罗的警察将临时指挥部设在当地的沃尔玛门店。③ 可见,社区导向的企业业务持续管理能够为社区更快地提供物资,加速社区复苏。

其次,社区导向企业的慈善活动,意味着其参与会和政府机构、非政府组织进行有意义的对话。它更多地采用非现金捐赠,且通常还会在捐赠方面进行创新,从而与向社区提供满足灾后需求的产品与服务相匹配。美国通信业巨头 Verizon 公司提供通信设备,帮助协调救灾工作。社区导向的企业还会鼓励与赞助员工志愿者参与受灾社区的恢复重建,并为员工在非营利组织的培训提供资助。美国家得宝和中国加多宝定期动员公司志愿者团队帮助受灾社区。社区导向企业的慈善活动还可能带来与当地社区更深层次的互动,从而

---

① Horwitz S.,"Wal-Mart to the Rescue:Private Enterprise's Response to Hurricane Katrina", *Independent Review*, 2009,13,pp.511-528.

② Barbaro M. & Gillis J., "Wal-Mart at Forefront of Hurricane Relief", *Washington Post*, 2005, September 6.

③ Rosegrant S., *Wal-Mart's Response to Hurricane Katrina:Striving for a Public-Private Partnership*, The Kennedy School of Government Case Program C16-07-1876.0, Cambridge, MA:Kennedy School of Government Case Studies in Public Policy & Management, 2007.

提高企业应急参与的程度。

最后,在社区导向企业的应急参与中,企业积极参与应急救援并维持和修复社区在灾害中和灾害后的关键基础设施。一方面,社区导向的企业往往会在灾害发生后第一时间直接参与灾害救援。另一方面,此类企业还会致力于在社区打造具有抗逆力的基础设施系统,使社区能够最大限度地抗击自然灾害与其他极端事件的冲击。这样做将产生多方面的积极作用——不仅对企业至关重要,而且对整个社区乃至国家同样非常重要。[1] 中国加多宝公司通过对 2008 年汶川地震中仅仅以捐款(1 亿元)的方式参与地震救援进行总结与反思,从参与 2010 年舟曲泥石流救援开始,加多宝开始尝试探索新的灾害参与模式。在舟曲泥石流和玉树地震中,除了继续捐款,在灾后重建中,加多宝在支持灾后重建过程中探索出"建设型扶贫"模式,帮助灾民实现持续的经济创收。在 2013 年芦山灾后重建中,公司实施"加多宝彩虹乡村·雪山村"项目,在实施过程中由政府、企业、非政府组织共同合作,整合各方资源,发挥各自优势,积极探索政府、市场和社会组织协同合作进行灾后重建和精准扶贫的模式。[2] "3·11"地震发生后,日本吴羽化学有限公司不仅参与了社区紧急救援,而且在灾后重建中启动"一起微笑,日本东部援助计划",积极参与灾害救援与重建。[3]

在日本,随着"自己的社区,自己保护"观念的普及以及《促进减灾的国民运动基本框架——安全与安心的增值行动》的颁布,企业参与社区灾害管理越来

---

[1] McDaniels T.et al.,"Fostering Resilience to Extreme Events Within Infrastructure Systems: Characterizing Decision Contexts for Mitigation and Adaptation", *Global Environmental Change*, 2008, 18(2), pp.310-318.

[2] 所谓"建设型扶贫",就是指在扶贫救灾中,打破以往一次性捐助的局限性,而通过"合作社"等形式,为当地民众提供自主经营项目,帮助他们实现经济创收,进而从根本上促进区域经济的可持续发展。参见顾林生主编:《创新与实践——"4·20"芦山强烈地震雅安灾后恢复重建案例》,四川大学出版社 2016 年版。

[3] 该计划主要包括:(1)"宫城县油菜花计划"。(2)"福岛县农业恢复计划"。(3)"饮食生活的恢复:岩手县地区互助食品恢复计划"。详情参见杨安华、田一:《企业参与灾害管理:日本应对 3·11 地震的实践与启示》,《江海学刊》2016 年第 1 期。

越普遍。在美国,1997年美国联邦应急管理署启动"影响工程:建设抗逆型社区"项目,2001年"9·11"事件之后,美国国土安全部又积极推进"防灾型社区"建设,企业成为社区防灾减灾与应急管理的基本单元。在危机时期,社区依赖于关键基础设施供应商的抗逆力。这些相关企业——无论是关键基础设施的直接运营商,还是间接作为合作者和协作者,在整个社区的抗逆力建设中,均发挥着重要作用。[1]

四、企业不同应急参与模式对社区抗逆力的影响

(一)企业应急参与模式的发展:从公司导向到社区导向

上文对两种不同的企业应急参与模式及其运行逻辑进行了分析,但在企业应急参与实践中,公司导向与社区导向两种模式并非截然分开或固定不变的,而有可能是发展变化的。而社区层面的抗逆力效果受企业管理者选择采用不同的应急参与模式的影响。我们认为,随着时间的推移,重新诠释不同利益相关者的相对位置,企业能够从公司导向转变为社区导向。例如,多次遭受自然灾害的企业可能会对社区的利益相关者进行评估。利益相关者重要与否取决于企业对利益相关者的权力、合法性和紧迫性的评估,并可能随时间的流逝而改变,但这也由企业和利益相关者在危机时期的共同经历来决定。利益相关者的显著性也可以通过利益相关者的企图来影响公司。[2]

如前文提及的美国连锁餐馆华夫阁(Waffle House)就是一家发生了这种

---

[1] Chen J.et al.,"Public-Private Partnerships for the Development of Disaster Resilient Communities", *Journal of Contingencies and Crisis Management*,2013, 21(3),pp.130-143.

[2] Frooman J.,"Stakeholder Influence Strategies", *Academy of Management Review*,1999,24(2),pp.191-205.

转变的企业。华夫阁最初的灾害应对是公司导向的,其业务持续计划(BCP)包括提供简易菜单,启动移动发电机和对员工进行灾害培训。但这样的灾害响应也为美国联邦应急管理署提供了理想的条件,作为第一响应者的美国联邦应急管理署能够在华夫阁的基础上展开应急救援行动。后来,华夫阁和美国联邦应急管理署开始将对方视为更合法的利益相关者。正如华夫阁一名高管所指出的那样,"在过去的几年里,为使社区在灾害后重新站立起来,已经出现向私营部门和公共部门共同努力的转变"①。最终,美国联邦应急管理署和华夫阁订立了正式协议,华夫阁向美国联邦应急管理署报告其运行状态。美国联邦应急管理署因此从中提出了"华夫阁指数",以支持应急规划编制。该指数为灾害响应提供了非常宝贵的当地信息。② 这样,华夫阁的业务持续计划开始从以前的企业导向向社区导向转变。公司前 CEO 伯特·桑顿指出了这种转变:"飓风发生后,封闭的华夫阁不会带来好结果,对我们是这样,对社区是这样,对所有相关者都是这样"③。几乎所有社区导向的企业都是由公司导向发展而来的。

(二)两种应急参与模式对社区抗逆力的不同影响

公司导向的企业在灾害中只重视少数主要利益相关者。其灾害响应和参与的目的是为了使企业自身及其重要利益相关者及时地从灾害中恢复,或者通过参与应急管理提高企业知名度。例如,公司导向的业务持续管理最大限

---

① Dillow C., "Comfort Food: How Waffle House Became a Disaster Indicator for FEMA", *Popular Science*, November 11, 2013.

② 华夫阁以灾后几小时内就能够恢复营业而著称。正因为如此,在私下里,FEMA 用"华夫阁指数"来判断一个社区灾后的受损害程度。"你去的那里华夫阁关门了吗?"正如美国联邦应急管理署署长富盖特(Craig Fugate)所说的那样:"如果真是这样,情况就已经十分糟糕,你也就得在这里好好干了。"参见 Bauerlein V., "How to Measure a Storm's Fury one Breakfast at a Time", *Wall Street Journal*, September 1, 2011。

③ Ergun O., Stamm J. L. H., Keskinocak P. & Swann J. L., "Waffle House Restaurants Hurricane Response: A Case Study", *International Journal of Production Economics*, 2010, 126(1), pp. 111-120.

度地减轻灾害的负面影响,并确保企业能够在经历重大危机影响的情况下继续运营。公司导向企业的慈善响应的主要目的在于提高声誉,加强与核心利益相关者的关系。相关研究表明,慈善事业与企业资源之间的关系在危机中是极其重要的。[1] 不少企业用灾后慈善捐赠修复它们过去的负面社会表现,通过这种方式,慈善事业有助于企业在灾后渡过难关,并使之获得灾后恢复所需的资源。即便是策略性慈善往往也能达到这样的效果。

公司导向的应急参与还会针对易受自然灾害影响的客户开发并出售灾害应对方案。这些企业从帮助客户做好应急准备和灾后恢复中获利。公司导向的灾害响应是从工具性的角度发挥作用,主要目的是提升企业的抗逆力,加快灾害恢复;或通过应急参与提高企业的声誉,改善或塑造企业形象。可见,公司导向的企业应急参与模式有利于增强企业层面的抗逆力,提高自身的灾后恢复重建效率,但并不一定能直接提高社区的抗逆力和恢复重建效果。

相反,社区导向的企业则通过提高社会资本、社区能力和经济资本直接提升社区的抗逆力,从而参与社区乃至国家层面的灾害治理。这类企业通过建立与企业、政府、非政府人员和社区利益相关者之间的信任关系做到这一点,例如,与长期的合作伙伴分享信息或资源。当企业以社区导向模式参与灾害响应时,能吸引利益相关者的积极关注,其结果也会使企业自身受益。[2] 例如,沃尔玛、华夫阁和沃尔格林[3],已各自改善了社区的社会资本,这主要是通过它们同当地政府部门分享自己的灾害状态和物流信息而实现的。沃尔玛通过发放应急物资从事人道主义救援工作,并邀请红十字会一名高级官员坐镇

---

[1] Godfrey P. C.,"The Relationship Between Corporate Philanthropy and Shareholder Wealth: A Risk Management Perspective", *Academy of Management Review 2005*, 30(4), pp.777-798.

[2] Madsen P. M. & Rodgers Z.J.,"Looking Good By Doing Good:The Antecedents and Consequences of Stakeholder Attention to Corporate Disaster Relief", *Strategic Management Journal*, 2015, 36(5), pp.776-794.

[3] 沃尔格林(Walgreens)是美国的一家全国性大型药房连锁店,目前其经营规模仅次于CVS连锁药房。

公司的应急管理中心。① 中国的加多宝在芦山地震援建中将重点放在灾区民众生计恢复与经济可持续发展方面,致力于帮助灾区人民创造就业机会,通过正确引导与激发,推动灾区民众的自我发展,最终实现脱贫致富而走出灾害困境,因而加速了灾区恢复重建的进程。

当企业帮助社区集体决策应对灾害时,其社区导向的灾害响应能够提升社区的抗逆力。社区导向的企业倾向于对社区利益相关者的问题进行更深入的了解。因此,它们可以更好地将公司的灾害响应和社区的需要联系起来。社区导向的企业能够直接提高社区层面的资本,这与公司导向的企业应急参与相比,能够提高社区的抗逆力。可见,与采用公司导向应急参与模式的企业相比,社区导向的应急参与会更积极地影响社区的抗逆力。

(三)不同层面抗逆力的关系及其相互作用机制

基于前文的论述,至此,我们可以进一步对公司层面的抗逆力与社区层面的抗逆力之间的关系及其相互作用机制做出分析。首先,公司层面抗逆力的提高并不必然提高社区层面的抗逆力,但是,当提高与社会资本相关的社区层面的能力时,改进后的公司层面的抗逆力能够积极影响社区的抗逆力。更强大的企业层面的抗逆力能够在诸多方面提高社区的抗逆力,这有助于民众和政府更好地提升社区抗逆力②。灾害发生后,抗逆力强的企业可以通过向社区提供商品和服务,以及在灾害发生后保持就业率而使社区趋于稳定;而企业作为社区的重要成员,其灾害响应能力最终将为社区的抗逆力创造有利条件。③

---

① 参见杨安华、许珂玮:《风险社会企业如何参与灾害管理——基于沃尔玛公司参与应对卡崔娜飓风的分析》,《吉首大学学报(社会科学版)》2016年第1期。
② Federal Emergency Management Agency (2011, December 1), *A Whole Community Approach to Emergency Management:Principles*, *Themes*, *and Pathways for Action*, http://www.fema.gov/media-library-data/20130726-1813-25045-0649/whole_community_dec2011__2_.pdf
③ Boin A. & McConnell A., "Preparing for Critical Infrastructure Breakdowns:The Limits of Crisis Management and the Need for Resilience", *Journal of Contingencies and Crisis Management*, 2007,15(1),pp.50-59.

第二章 企业参与应急管理的两种不同模式

这将使社区成员在这方面能够更加自力更生和自给自足,尤其是在正常的政府职能陷入瘫痪时。如卡特里娜飓风发生后,在美国各级政府全面失败的情况下,沃尔玛、家得宝等企业发挥了重要作用,利用其物流优势,在第一时间将大量救灾物资源源不断地运往灾区。

其次,公司层面的抗逆力和社区层面的抗逆力之间并不是一对一的关系。这是因为,一方面,即使企业在灾后无法恢复,社区也可能复原并继续发展。如统计显示,1990年至2000年间,受灾的美国公司中有55%在灾害发生时倒闭,剩余45%的企业中,有29%的企业在两年之内便会倒闭。[①] 但另一方面,企业层面的抗逆力并不能保证其经营范围内社区的抗逆力。因为公司导向的企业往往只关心公司自身及其主要利益相关者的抗逆力建设。尽管如此,在客观上,企业层面的抗逆力也能够促进社区抗逆力的提升,因为虽然此类企业的应急参与不直接提高社区抗逆力,但这些企业乃至受其帮助的企业(主要为利益相关者)的正常发展使当地民众得以就业,并为社区成员提供了可以正常生活的环境。而且,当一个企业规模较大,并在社区中有一定的经济地位时,或者它运营着关键基础设施时,该企业的恢复力和社区的恢复力有着较为明显的正相关关系。此外,一个社区中大量具有抗逆力的企业能够提升社区的抗逆力。当企业受灾害和弱抗逆力影响时,将会面临真正的风险,即社区将永远不可能完全恢复,相反,会导致社区民众长期的收入下降和企业的高倒闭率。[②] 因此,作为社区重要经济力量的企业,强(弱)企业层面的抗逆力会提高(削弱)社区抗逆力;而当一个社区有大量(少数)抗逆力强的企业时,强(弱)公司层面的抗逆力会提高(削弱)社区抗逆力。

同样,一个社区的抗逆力会影响当地企业的抗逆力。具有抗逆力的社区

[①] 参见韩冰、杨安华:《业务持续管理与传统应急管理:企业灾害管理的不同模式及效率差异——基于东汽和沃尔玛的比较分析》,《安徽行政学院学报》2015年第6期。

[②] G. R. Webb, Tierney K. T. & Dahlhamer J. M., "Predicting Long-Term Business Recovery from Disaster: A Comparison of the Loma Prieta Earthquake and Hurricane Andrew", *Environmental Hazards*, 2002, 4(2), pp.45-58.

能够稳定被破坏的企业环境,使企业具有更强的灾害承受能力,缓解企业因灾害带来的困境。具有抗逆力的社区拥有更多的资源并具有利用这些资源减轻灾害对其带来负面影响的能力。相反,弱社区抗逆力则加剧了因员工、客户和供应商不足而造成的不利状况。① 在这些情况下,弱社区抗逆力会削弱公众和投资者的信心,因而可能延缓经济复苏。可见,具有更强(弱)抗逆力的社区能改善(降低)社区内企业的抗逆力。

著名战略管理学者迈克尔·波特在研究企业社会责任与社区的关系时发现,一个伟大的企业通过战略型社会责任(而非一般意义上的社会责任)而建立起企业与社区的共生共荣关系——企业越成功,社区越繁荣;反之,社区越繁荣,企业就越成功。② 从上述分析我们可以看出,在灾害治理方面,企业抗逆力与社区抗逆力之间虽然存在相互加强的关系,但企业的抗逆力也并非天然就能转化为社区抗逆力,而只有采用社区导向应急参与模式的企业才能更加有效地促进社区抗逆力的提高。公司层面的抗逆力和社区层面的抗逆力之间的这种关系表明,虽然采用不同应急参与模式的企业有多重途径同时改善公司与社区层面的抗逆力,但要更多地将公司层面的抗逆力转变为社区层面的抗逆力,必须采用社区导向的应急参与模式,使企业在加强自身灾害能力建设的同时,促进社区抗逆力建设,从而真正提高社区抗逆力。而对于一个国家而言,如果每一个社区的抗逆力提高了,整个国家的抗逆力自然就增强了。

五、本章小结

基于"市场失灵"、"政府失灵"与"志愿失灵"理论,新公共管理理论提出

---

① A. Boin & McConnell A.,"Preparing for Critical Infrastructure Breakdowns:The Limits of Crisis Management and the Need for Resilience", *Journal of Contingencies and Crisis Management*, 2007,15(1),pp.50-59.

② M. E. Porter and Mark R. Kramer,"Strategy and Society:The Link between Competitive Advantage and Corporate Social Responsibility", *Harvard Business Review*,2006(12),pp.78-92.

第二章　企业参与应急管理的两种不同模式

了"三部门合作模式",即政府、非政府组织与企业各有所长,各有所短,任何单个部门都无法包打天下,只有三方合作,取长补短,优势互补,才能有效满足人类需求。在灾害治理方面尤其如此。政府部门已经难以成功应对接踵而来的各类灾害,如今政府灾害响应与应急服务失败已成常态。要克服政府的这一短板,必须加强社区更广范围各利益相关者的合作。[1] 近年来不少企业积极参与灾害应对,利用其资金、技术与装备等方面具有的强大优势弥补了政府、非政府组织的不足。但学术界对企业的应急参与却缺乏充分关注。如何理解企业的应急参与行为? 也就是说,以逐利为天性的企业,何以与如何参与应急管理? 企业的抗灾力又是如何影响社区的抗灾力的?

马克斯·韦伯指出,社会科学不应当仅仅局限于发现支配社会行动的一般规则,还应当去理解行动者的主观意向和动机,通过对社会行动意义的理解,达到一种有关其过程和结果的因果说明。韦伯还认为,社会现象不可能与个人的动机、态度和行为相分离,只有通过了解个人的行为,才能更好地理解社会[2]。相对于非政府组织主要服务于公共利益,企业主要服务于私人利益。而且,企业与非政府组织最本质的差别,不在于行动的结果,而在于行动的目的。非政府组织行动的目的主要是"利他",以提供公共福祉、造福他人为目的,企业行动的目的则是"利己",以为自己盈利为目标。因此,在灾害参与方面,与非政府组织相对单纯的动机相比,企业参与应急管理的动机是多样的,从而导致了企业应急参与行为的不同和模式的差异,而不同的应急参与模式会带来不同的灾害治理结果:公司导向的企业应急参与并不必然提高社区层面的抗逆力,而社区导向的灾害参与则直接促进了社区层面抗逆力的提升。不过,事物的发展往往又是复杂的,企业不同的行动目的

---

[1] Demiroz F. and Kapucu N., "Cross-Sector Partnerships in Managing Disasters: Experiences from the United States", in Izumi T. and Shaw R. (Eds.), *Disaster Management and Private Sectors*, Springer, Tokyo, 2015, pp. 169–186.

[2] 参见[德]马克斯·韦伯:《社会科学方法论》,韩水法、莫茜译,中央编译出版社1999年版。

很可能发生转化:企业行动中的"利己"目的也可能在客观上产生"利他"结果,即企业自身应急管理能力建设与策略性灾害参与[①]在客观上都可能提高社区的应急管理能力,进而提高社区层面的抗逆力,也就是说,工具性利益相关者管理也可能导致规范性目标。

正是基于对企业应急参与动机差异性的认识,本书借此对企业应急参与行为做了类型学分析——提出了公司导向与社区导向两种不同的企业应急参与模式。不仅如此,本书有关企业应急参与的类型划分还整合了业务持续管理、企业的救灾慈善事业和企业的灾害响应的研究。通过讨论三种不同的企业应急参与行为,更清晰而完整地对灾害情境下企业如何对其利益相关者进行回应做了学理分析,并以此形成了一个整合了企业应急参与和社区抗逆力关系的研究框架,由此不仅解释了以营利为目标的企业为什么会参与灾害治理这一基本问题,而且清晰地揭示了企业改变传统应急参与模式(即公司导向模式)而采取社区导向模式,实现由公司导向向社区导向应急参与模式转变对企业、社区乃至国家应急管理能力建设的至关重要性,从而为公共政策层面的企业应急参与管理指明了方向。

近年来,我国政府进一步将企业参与应急管理上升为国家战略。《国家突发事件应急体系建设"十三五"规划》、《国家综合防灾减灾规划(2016—2020年)》和《国家"十三五"规划纲要》均强调,应"积极引入市场力量参与灾害治理,培育和提高市场主体参与灾害治理的能力","到2020年,建成与有效应对公共安全风险挑战相匹配、与全面建成小康社会要求相适应、全社会共同参与的灾害治理体系"。党的十九大报告提出了"打造共建共治共享的社会治理格局"的重大决策,打造共建共治共享的社会治理格局是党和国家根

---

① "策略性灾害参与"是一种含有利己目的的企业灾害参与方式。现实中存在两种策略性参与:第一种,主观目的,既利他,又利己;客观效果,既利他,又利己。主观上追求双赢,客观上实现了双赢。第二种,主观目的,只有利己,没有利他;客观效果,既利他,又利己。主观上追求利己,客观上实现了双赢。

据新时代中国主要矛盾变化的新特征和社会发展新目标做出的重大判断,其本质上是强调政府、社会与市场共同参与社会治理。党的二十大报告指出,坚持安全第一、预防为主,建立大安全大应急框架,完善公共安全体系,推动公共安全治理模式向事前预防转型。健全共建共治共享的社会治理制度,提升社会治理效能。

我国自古就有"穷则独善其身,达则兼善天下"的儒商传统。马斯洛的需求理论告诉我们,人类发展的过程"就是低级需求不断满足的过程,就是需求层次不断提升的过程,就是利他精神逐步丰盈的过程,就是利他精神越来越有力地约束、征服利己之心的过程"[①]。这也是人类发展最核心的内涵与本质。党的十九大报告指出,"中国特色社会主义进入新时代,我国社会主要矛盾已经转化为人民日益增长的美好生活需要和不平衡不充分的发展之间的矛盾"。在新时代,中国人民对发展质量要求更高,公共安全需求日益成为人们的重要需求。因此,不断吸收包括企业在内的社会力量参与灾害治理,打造共建共治共享的灾害治理格局,成为新时代中国灾害治理的重要使命。该研究为这一灾害治理格局的打造,进一步提供了理论基础。

除了构建一种解释企业的应急参与行为的理论框架,本部分内容还为企业参与灾害治理实践及其管理提供了思路与方法。首先,我们整合了现有三种主要不同企业应急参与行为的研究,以利益相关者理论工具性与规范性视角为理论基础,深入分析了企业的应急参与行为,让复杂的企业灾害参与动机与行为变得清晰可见,从而使企业应急参与管理变得可操作化。其次,本书提出的两种不同的企业应急参与模式,以及由公司导向向社区导向转变的可能性与路径,不仅为企业自身应急管理能力建设提供了明确目标,有助于提高企业的抗逆力,更为重要的是,在公共政策上为国家层面的应急管理提供了思路与方法——通过制度建设克服企业逐利本性而最大限度地激发企业利他性的

---

① 引自康晓光:《义利之辨:基于人性的关于公益与商业关系的理论思考》,《公共管理与政策评论》2018年第3期。

一面,使企业的利他精神越来越有力地约束利己之心,进而使企业在自身抗逆力建设进程中同时兼顾社区层面的抗逆力建设,让更多的企业实现由公司导向的应急参与模式向社区导向的灾害参与模式发展与转变。

第三章 美国卡特里娜飓风应对中的企业参与

一、引 言

美国幅员辽阔,所处广阔的太平洋沿岸,是全球自然灾害频发的三大地带之一,从而导致美国也是灾害频发的国家。美国历史上遭受了多次地震、海啸、龙卷风、飓风与滑坡等自然灾害的侵袭[①]。统计显示,20世纪60年代以来,美国自然灾害呈明显增长趋势。如图7所示,相对于20世纪60年代之前,2000年以来美国的自然灾害数量已经增长了几十倍之多。继2005年卡特里娜飓风(Hurricane Katrina)之后,2017年,美国又遭受了历史上最为严重的灾害侵袭。这一年,美国发生损失超过10亿美元以上的灾害多达16次,总损失约为3060亿美元,打破了2005年造成损失2150亿美元的纪录。美国历史上危害最严重的飓风中有三个是2017年创下的。哈维飓风(Hurricane Harvey)造成得克萨斯州大规模洪水的损失高达1250亿美元,仅次于2005年的卡特里娜飓风;而玛丽亚飓风(Hurricane Maria)造成的损失达到了900亿

[①] 参见王宏伟:《美国应急管理的发展与演变》,《国外社会科学》2007年第2期。

美元;厄玛飓风(Hurricane Irma)横扫佛罗里达州,也造成了500亿美元的损失。由高温引发的西部野火造成的损失高达180亿美元,超过历史纪录3倍。2017年美国各类灾害一共造成至少362人死亡。[①] 同时,美国的人为灾难与技术事故也时有发生。

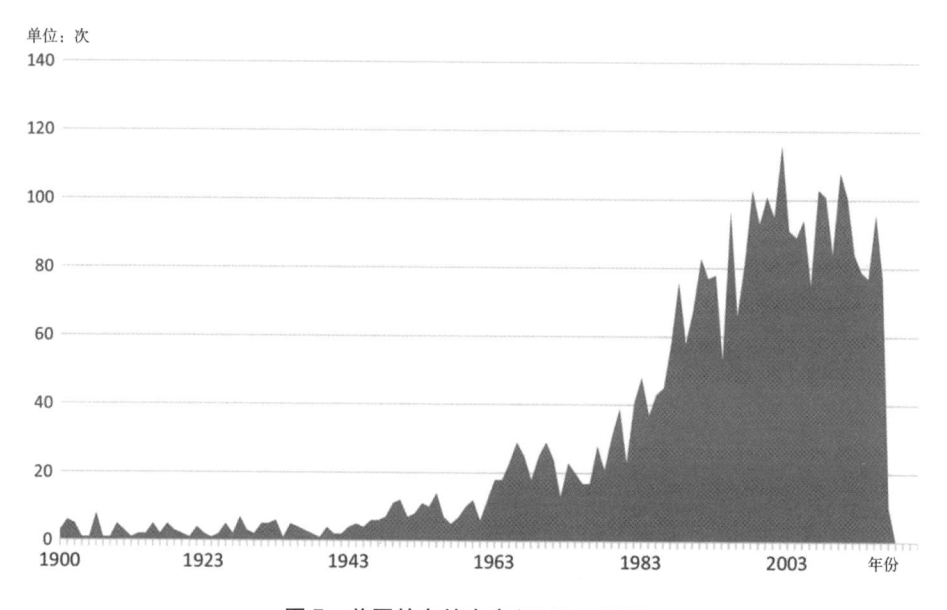

图7 美国的自然灾害(1900—2015)

资料来源:International Disaster Database.www.emdat.be。

美国作为世界上综合国力最强的发达国家,相对更加重视应急管理,建立了较为完善的应急管理体系,通过近几十年的努力,形成了较强的应急管理能力。但是,在卡特里娜飓风响应过程中,美国各级政府因其低效而被指责为全面失败。而与此形成鲜明对比的是,在整个卡特里娜飓风应急响应过程中,政府之外的多类组织表现出不凡的灾害应对能力,尤其是非政府组织、宗教组织

---

① Chris Mooney and Brady Dennis,"Extreme Hurricanes and Wildfires Made 2017 the Most Costly U.S. Disaster Year on Record", *The Washington Post*,January 8,2018.

第三章 美国卡特里娜飓风应对中的企业参与

与私人部门等作出了重要贡献。① 尤其是私营企业,如沃尔玛,被灾区民众视为救命稻草。因为卡特里娜飓风发生后,第一响应者是沃尔玛,而不是政府和相关执法部门!是沃尔玛在第一时间为灾区民众源源不断地送去了2498卡车应急物资,并为灾区捐赠850万美元。新奥尔良市市长Jefferson Parish在卡特里娜飓风发生之后的全国电视讲话中说:"如果美国政府能够像沃尔玛公司那样应对灾害,我们就不至于陷入如此严重的危机旋涡。"《财富》杂志更是将沃尔玛称为危机期间"唯一的生命线"。

正是因为如此,总结卡特里娜飓风教训的权威报告《联邦政府对卡特里娜飓风的响应:经验与教训》指出:"私营部门必须成为所有各级政府的直接合作伙伴并与政府应急工作完全整合在一起。"②2008年发布的美国《国家应急响应框架》也指出:"私营部门在突发事件发生前、发生时、发生后都发挥着关键作用。"美国知名灾害学者McEntire等对"9·11"事件企业的作为进行深入研究之后曾指出:"毫无疑问,私营部门在应急管理中发挥着极其重要而多方面的作用。事实上,毫不夸张地说,企业在防灾、备灾、响应和恢复重建整个应急管理过程中所作的贡献被严重低估了。"③

本章以沃尔玛为研究对象,以危机生命周期理论为工具,着力从应急管理全过程对沃尔玛参与卡特里娜飓风应对做了深入考察,分析美国企业是如何参与应急管理的。

---

① 参见《美国政府对卡特里娜飓风的调查报告·联邦政府对卡特里娜飓风的响应:经验与教训(三)》,孙亮、顾建华译,《世界地震译丛》2008年第3期。
② 《美国政府对卡特里娜飓风的调查报告·联邦政府对卡特里娜飓风的响应:经验与教训(四)》,孙亮、顾建华译,《世界地震译丛》2008年第4期。
③ McEntire David A., Robie J. Robinson and Richard T. Weber, "Business Responses to the World Trade Center Disaster: A Study of Corporate Roles, Functions and Interaction with the Public Sector", *An Account of Post-Disaster Research*, J. Monday, Ed., University of Colorado: Boulder, CO. 2003.

二、卡特里娜飓风的发生与受灾情况[①]

(一)卡特里娜飓风的发生

2005年发生的卡特里娜飓风(Hurricane Katrina)是美国历史上最严重的自然灾害之一。卡特里娜飓风于2005年8月29日在美国路易斯安那州的布拉斯登陆,影响范围包括亚拉巴马、密西西比沿海以及路易斯安那州东南部,肆虐面积达9万平方英里,导致150多万居民受灾,1800多人死亡,超过80万人流离失所。[②]

2005年8月23日,美国国家飓风中心(NHC)发布信息,第12号热带低压已在巴哈马东南方海域上形成。8月24日,该热带低压增强为热带风暴,NHC命名其为卡特里娜。次日增强为飓风。当天18:30,卡特里娜以每小时130公里的风速在佛罗里达州哈伦代尔海滩和阿文图拉之间登陆。8月28日,抵达美国墨西哥湾沿岸地区附近。

卡特里娜穿越佛罗里达州南部后进入墨西哥湾,并迅速增强为五级飓风。当卡特里娜再次靠近美国后,于8月29日6:10(北美中部时区)以每小时205公里的强度在路易斯安那州比勒斯再次登陆。当日10:00(北美中部时区),卡特里娜以每小时195公里的风速在路易斯安那州和密西西比州之间第三次登陆。

[①] 该部分数据主要来源于孙亮、顾建华译:《美国政府对卡特里娜飓风的调查报告·联邦政府对卡特里娜飓风的响应:经验与教训(一)》,《世界地震译丛》2008年第1期;《美国政府对卡特里娜飓风的调查报告·联邦政府对卡特里娜飓风的响应:经验与教训(四)》,《世界地震译丛》2008年第4期。该报告中译本分四期分别发表于《世界地震译丛》2008年第1、2、3、4期。如未作说明,数据均出自该报告。

[②] George D. Haddow, J. A. Bullock & D. P. Coppola, *Introduction to Emergency Management* (4th Edtion), Burlington MA: Elsevier, 2014, pp. 18-20.

第三章　美国卡特里娜飓风应对中的企业参与

图8　卡特里娜飓风

卡特里娜在密西西比州默里迪恩减弱为热带风暴,之后加速向东北移动,于8月31日在田纳西州克拉克斯维尔减弱为热带低压,随后在俄亥俄州转化为温带气旋,加拿大飓风中心亦于当日下午7时对卡特里娜的残余发布最后一则消息。同日下午10时,美国国家海洋暨大气总署水文气象预报中心(HPC)发布最后一次关于卡特里娜残余的报告。

卡特里娜飓风掀起的巨浪高达8米。猛烈的飓风给墨西哥湾沿岸一带的居民房屋与工商业带来了致命打击。飓风引发的海潮冲破了密西西比河沿岸和庞恰特雷恩湖岸的防洪堤,严重冲击了新奥尔良地区。新奥尔良市的英特斯雀人工渠、第17街人工渠与伦敦街人工渠防洪堤出现重大决口,导致该市约80%的区域淹没在洪水之中,损失惨重。卡特里娜飓风的影响远不限于新奥尔良地区。此次飓风所带来的最严重问题在于危害的地理分布广泛,除了

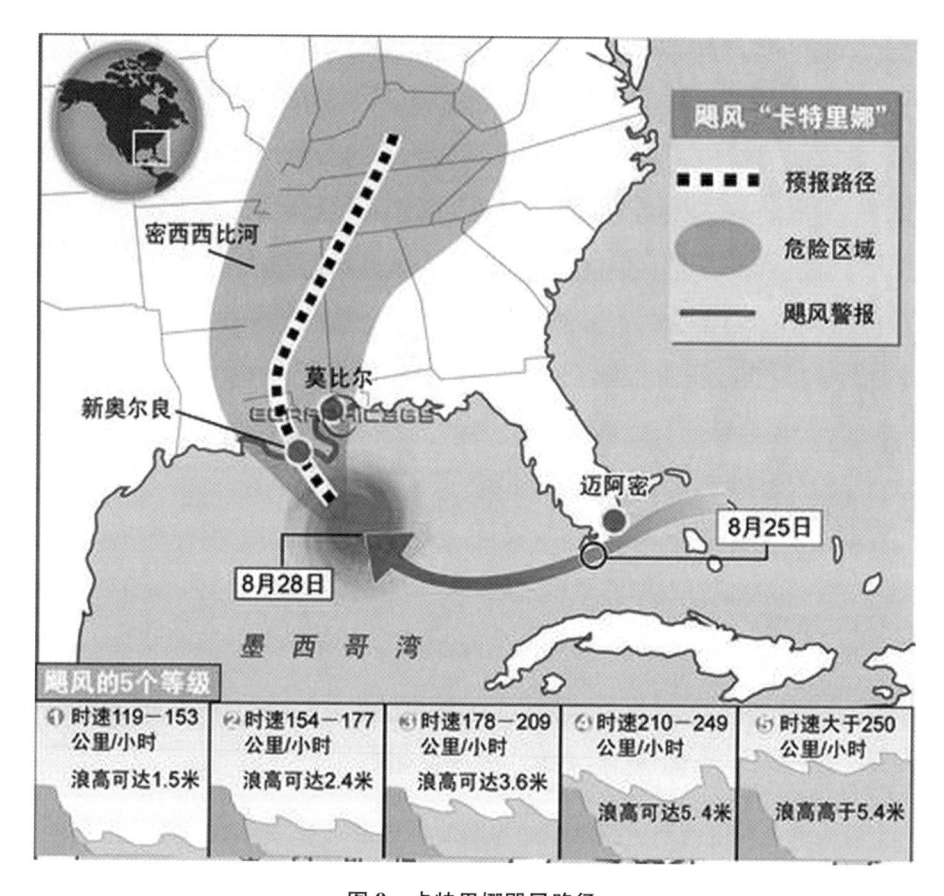

图 9 卡特里娜飓风路径

资料来源:http://news.sina.com.cn/w/p/2005-08-31/13227642931.shtml。

墨西哥湾沿岸,其附近内陆地区的大量城镇也被毁坏殆尽或严重破坏。如卡特里娜飓风的强风暴雨和大潮摧毁了密西西比州的比洛克西市、路易斯安那州的摩根市与亚拉巴马州的墨比尔市等地的大量房屋、工商业建筑和基础设施。其中密西西比州沿海 80 英里地区严重损毁,尤其是维夫兰特等城镇居民住宅和工商业设施几乎被夷为平地,荡然无存。[1]

---

[1] 《美国政府对卡特里娜飓风的调查报告·联邦政府对卡特里娜飓风的响应:经验与教训(一)》,孙亮、顾建华译,《世界地震译丛》2008 年第 1 期。

图 10 卡特里娜飓风导致决堤,大量洪水涌入市区

表 4　1900—2005 年美国严重自然灾害导致的人员死亡和财产损失①

(损失额已换算到 2005 年第三季度)

灾害名称	死亡人数	估计损失(亿美元)
加尔维斯顿飓风(1900 年)	8000	<10
旧金山地震及大火(1906 年)	5000	60
大西洋—墨西哥湾飓风(1919 年)	600	<10
密西西比河大洪水(1927 年)	246	20
圣菲利普飓风及奥基乔比洪水(1928 年)	2750	<10
新英格兰飓风(1938 年)	600	40
东北部飓风(1944 年)	390	<10
黛安娜飓风(1955 年)	184	50

---

① 《美国政府对卡特里娜飓风的调查报告·联邦政府对卡特里娜飓风的响应:经验与教训(一)》,孙亮、顾建华译,《世界地震译丛》2008 年第 1 期。

续表

灾害名称	死亡人数	估计损失（亿美元）
奥德丽飓风（1957年）	390	<10
伊丽莎白飓风（1965年）	75	70
卡米尔飓风（1969年）	335	60
艾格尼丝飓风（1972年）	122	80
雨果飓风（1989年）	86	110
安德鲁飓风（1992年）	61	330
东海岸暴风雪（1993年）	270	40
2004年4次飓风	167	460
卡特里娜飓风（2005年）	1330	960

资料来源：《美国政府对卡特里娜飓风的调查报告·联邦政府对卡特里娜飓风的响应：经验与教训（一）》，孙亮、顾建华译，《世界地震译丛》2008年第1期。

卡特里娜飓风给美国带来的影响十分深远，它打破了近一个世纪以来美国灾害损失的一大规律，即美国最严重的自然灾害损失出现了一个显著规律——死亡率降低但财产损失（损失额已按通胀率调整）增加。而卡特里娜飓风却明显打破了这一规律：不仅是自1928年圣菲利普飓风以来死亡人数最多的自然灾害，造成的财产损失也远比以前任何其他自然灾害更大。[①]

（二）卡特里娜飓风造成的损失

经评估，仅仅在财产损失方面，卡特里娜飓风所造成的损失就位居美国有史以来所有自然灾害或人为灾害之首，接近1000亿美元（具体损失情况见表4和表5）。

[①] U.S. Department of Commerce, "National Oceanic and Atmospheric Administration, National Weather Service Tropical Prediction Center and National Hurricane Center", *Hurricane Katrina Discussion Number 9*, August 25, 2005.

第三章 美国卡特里娜飓风应对中的企业参与

表5 卡特里娜飓风和新奥尔良水灾的评估损失

损失项目	估计损失（亿美元）
住房	670
耐用消费品	70
商业资产	200
政府资产	30
总计	960

资料来源：《美国政府对卡特里娜飓风的调查报告·联邦政府对卡特里娜飓风的响应：经验与教训（一）》，孙亮、顾建华译，《世界地震译丛》2008年第1期。

卡特里娜飓风对民众造成的财产损失远远大于以前的飓风。据估计，卡特里娜飓风彻底毁坏或造成无法居住的房屋多达约30万栋，这一损毁数据远远超过了1992年安德鲁飓风的损毁数据，安德鲁飓风摧毁或损坏的房屋约8万栋，也大大超过了2004年查理飓风、弗朗西斯飓风、伊万飓风和珍妮飓风4次飓风的破坏力之和，这4次飓风总共摧毁或损坏的房屋约为8.5万栋[①]。卡特里娜飓风造成的损失很大，几乎无所不包。飓风摧毁了大量房屋、建筑物、森林和绿地，留下了数量惊人的碎片与残余物，总计达1.18亿立方码（约9000万立方米），相比之下，安德鲁飓风产生的碎片垃圾大约为2000万立方码（1500多万立方米）。

卡特里娜飓风对经济的影响也是深远而广泛的，其最严重的影响发生在受飓风影响的区域。当年8月至9月，路易斯安那州和密西西比州受灾最严重的地区的失业率增长了一倍，从6%上升到12%。在路易斯安那州、密西西比州和亚拉巴马州，2005年第三季度的职工薪金收入减少约12亿美元。短期内，汽油价格上涨带来的经济波动波及全国。飓风逼近导致墨西哥湾多数原油和天然气暂时停产。卡特里娜飓风过后，全国汽油价格立即大幅上涨。

[①] U.S. Department of Homeland Security, *Hurricane Katrina DHS SITREP # 1*, August 25, 2005.

企业参与应急管理

如果把此后于2005年9月24日在得克萨斯州与路易斯安那州交界处登陆的丽达飓风所造成的影响一起考虑在内,从2005年8月26日到2006年1月11日,1.14亿桶石油产能闲置,相当于墨西哥湾年产量的五分之一以上。[1]

卡特里娜飓风摧毁了该地区的电力基础设施。在路易斯安那州、密西西比州和亚拉巴马州,约250万用户停电[2]。通信也受到了影响。卡特里娜飓风导致38个911呼叫中心瘫痪,打断了当地的紧急服务,并摧毁了路易斯安那州、密西西比州和亚拉巴马州300多万条客户电话线,38条广播通信也因此受到了严重影响,受灾地区50%的广播电台和44%的电视台因中断而停播。

与其他飓风相比,卡特里娜飓风的杀伤力远远超出了普通风灾和水灾造成的破坏。事实上,卡特里娜飓风导致至少10次漏油,释放的石油数量接近美国历史上最严重的漏油事件。据路易斯安那州报告,至少有6起重大漏油事件达到10万加仑以上,4起中等泄漏事件超过1万加仑。总计达740万加仑以上的石油涌入墨西哥湾沿岸地区河道,破坏力超过了1989年美国最严重的石油灾难——埃克森—瓦尔迪兹(Exxon Valdez)油轮在阿拉斯加海岸破裂——石油泄漏总量的三分之二以上[3]。

卡特里娜飓风还导致了整个受影响地区的环境和健康危害,包括死水、石油污染、污水、家用和工业化学品,以及人和动物遗骸。飓风袭击了466个处理大量危险化学品的设施,31家危险废物处理场,以及16家有毒废物处理场,其中多处被洪水淹没。还摧毁或破坏了170个饮用水设施和数十个废水

---

[1] U.S. Department of Commerce, National Oceanic and Atmospheric Administration, National Hurricane Center, *Hurricane Katrina Forecast Timeline*, N.D., Ca, 2005.

[2] Brigadier General David L. Johnson (USAF, Ret.), Director of the National Weather Service, National Oceanic and Atmospheric Administration, U.S. Department of Commerce, *Written Statement for a Hearing on NOAA Hurricane Forecasting*, on October 7, 2005, Submitted to the House Committee on Science, 109th Congress, 1st Session, 2.

[3] Louisiana National Guard, Task Force Pelican, *Hurricane Katrina Overview of Significant Events*, November 28, 2005, 4.

处理设施。①

然而,最令人担忧和最难以估量的则是这场飓风给人造成的负面影响。②

(三)人员伤亡情况

据统计,卡特里娜飓风一共造成1836人死亡,700人失踪③,其中80%的死者为新奥尔良市中心区域的居民。其次为密西西比州的居民。死亡人员大多数为年老体弱者。在路易斯安那州,大约71%的死亡人员年龄超过60岁,其中47%超过75岁。有报告称,到2006年2月17日,墨西哥湾沿岸地区仍有失踪人员2096人。④ 对于幸存者来说,卡特里娜飓风的后果是悲痛、焦虑和沮丧交织在一起的。大约77万人流离失所——这是自20世纪30年代大平原南部地区沙尘暴移民以来最大的一次。卡特里娜飓风过后,住房进展过于缓慢,这给那些无法返回被摧毁的家园的灾民带来了很大的麻烦;到当年的10月底,仍有4500多人尚未完全安顿好。直到第二年1月,居住在临时紧急避难所的疏散人数才大幅下降,灾区家庭开始慢慢找到了各自的永久性住所。⑤

此外,飓风还给灾区民众带来了生活上的种种不便,这些不便导致他们难以恢复以往的生活。丢失保险信息、出生证明和结婚证等重建生活所必需的

---

① State of Alabama, "Office of the Governor", *Executive Order No. 939*, August 26, 2005.
② 如飓风除了带来近2000人死亡之外,数不清的人身体、心灵受到创伤,灾后的前6个月有2385人因精神错乱、心理压力、贫穷等原因死亡,还导致上百万人流离失所,骨肉分离。参见温宪、张朋辉:《新奥尔良:卡特里娜飓风十年之后的诉说》,http://pic.people.com.cn/n/2015/0723/c1016-27346727.html。
③ 参见温宪、张朋辉:《新奥尔良:卡特里娜飓风十年之后的诉说》,http://pic.people.com.cn/n/2015/0723/c1016-27346727.html。
④ U.S. Department of Homeland Security, Federal Emergency Management Agency, National Response Coordination Center, *Video Teleconference*, August 27, 2005.
⑤ Louisiana Office of the Governor, *Response to U.S. Senate Committee on Homeland Security and Governmental Affairs and Information Request Dated*, October 7, 2005 (Baton Rouge, December 2005), p.4.

信息的情况非常普遍,这导致大多数被转移的灾民无法获得医疗记录,从而增加了此后就医的风险。对于那些返回海湾地区家园的人来说,基本服务仍然匮乏。截至2006年1月,奥尔良教区85%的公立学校仍未开学;在市中心地区,约三分之二的零售食品店、一半的公交线路和一半的主要医院仍处于关闭状态。对于受卡特里娜飓风影响的民众来说,"回归正常"似乎仍然遥不可及。

卡特里娜飓风还导致灾区大量民众失业。尤其是对于没有返回家园的被转移人员来说,就业机会更加稀缺。他们的失业率在11月略低于28%,当年12月仍然超过20%。但那些返回海湾地区家园的被转移人员就业机会相对略好,11月失业率为12.5%,12月降至5.6%。而在卡特里娜飓风来袭之前的7月,路易斯安那州和密西西比州受影响最严重地区的失业率为6%。

无论以什么标准衡量,卡特里娜飓风都是一场全国性的巨大灾难。对美国与美国人民产生了深远影响,灾害所造成的悲惨、痛苦的景象,堪比2001年的"9·11"事件。飓风发生后的数个星期之内,大量灾民不得不待在体育场、高速路入口处甚至屋顶等待救援。[1] 成千上万的人失去了家园,与亲人失散。飓风后的数月之内,混乱与无序使灾民苦不堪言。

飓风虽然在9月初消散,但是造成的巨大人员伤亡和财产损失是美国人民所无法承受的,各级政府对灾害的应对不力遭到了各方的强烈谴责。因为卡特里娜飓风应对的失败不仅是美国各级政府应急准备和危机应对失败所致[2],更是美国联邦、州和各级地方领导的全面失败。[3]

---

[1]《美国政府对卡特里娜飓风的调查报告·联邦政府对卡特里娜飓风的响应:经验与教训(一)》,孙亮、顾建华译,《世界地震译丛》2008年第1期。

[2] George D. Haddow, J. A. Bullock & D. P. Coppola, *Introduction to Emergency Management* (*4th*), Burlington MA: Elsevier, 2011; A. M. Eikenberry, V. Arroyave & T. Cooper, "Administrative Failure and the International NGO Response to Hurricane Katrina", *Public Administration Review*, 2007, 67(s1).

[3] Select Bipartisan Committee to Investigate the Preparation for and Response to Hurricane Katrina, *A Failure of Initiative: Final Report of the Special Bipartisan Committee to Investigate the Preparation for and Response to Hurricane Katrina*, Government Printing Office, February 15, 2006, p.5.

与美国各级政府及其民选官员的蹩脚表现形成鲜明对比的是,工商业界、志愿者组织与非政府组织站出来向灾民提供了卓越的服务[①]。尤其值得关注的是,在这次巨灾中,一些企业反应迅速,应对得当,在第一时间参与到灾害救援中,给予灾区民众和当地政府很大的帮助,显示了企业强大的灾害响应能力和潜能。其中,美国沃尔玛公司所表现出的未雨绸缪、从容不迫,以及在整个应急救援过程中所表现出的高效性、前瞻性,与布什政府的迟缓、低效率形成鲜明对比。这不仅极大地提升了沃尔玛的形象,也使人们认识到,在当今风险社会,私营企业有能力也有责任成为灾害管理的主要力量之一,参与灾害管理能力理应成为当代企业管理能力的重要组成部分。

三、卡特里娜飓风中的企业响应:以沃尔玛为中心的考察[②]

(一)沃尔玛公司简况

沃尔玛公司是美国的一家世界性连锁企业,以营业额计算是全球最大的公司。总部位于美国阿肯色州的本顿维尔。主要涉足零售业,在24个国家拥有48个品牌下的10500多家分店以及电子商务网站。沃尔玛2021财年全球营收达到5592亿美元,全球员工总数超220万名。包括购物广场、山姆会员店、沃尔玛商店与沃尔玛社区店四种营业方式。以"为顾客节省每一分钱"为宗旨,并秉持"使人们生活得更美好"的使命。作为全球最知名的企业之一,沃尔玛不仅拥有先进的经营管理技术,同时具有强烈的社会责任与危机意识。

---

① George D. Haddow, J. A. Bullock, & D. P. Coppola, *Introduction to Emergency Management* (4th), Burlington MA:Elsevier,2011.p.290.
② 本节主要内容来源于杨安华、许珂玮:《风险社会企业如何参与灾害管理——基于沃尔玛公司参与应对卡崔娜飓风的分析》,《吉首大学学报(社会科学版)》2016年第1期。

其在2005年卡特里娜飓风中的卓越表现被视为企业救灾的经典案例,被哈佛大学肯尼迪政府学院录入《公共政策与管理案例库》。

在应急管理方面,沃尔玛十分重视灾害应对工作。2003年,沃尔玛在其本顿维尔总部组建了应急管理部。应急管理部的规划分部主要负责制定详细的应急程序。应急准备小组负责组织培训管理人员、应急响应人员和工作伙伴,以便执行他们所制定的计划。在预警中心,由6—8个人组成的全天"看门狗"小组,则坐在一整排计算机前监测全国所有3218家零售店和555家山姆俱乐部的火灾和防盗警报情况;该小组同时还观看美国有线电视新闻网、福克斯新闻和天气频道,以便洞察可能会影响商店运营的世界时事和气候变化发展情况。

不仅如此,沃尔玛之所以在卡特里娜飓风中成功参与灾害救援,是与其平时有效的灾害管理能力建设分不开的。学术界通常依据危机生命周期(Crisis Lifecycle)将灾害管理分为防灾减灾、应急准备、应急响应和恢复重建四个循环往复的过程,每一个阶段的工作都是灾害管理不可或缺的组成部分。下面我们以此为理论工具,分析沃尔玛强大的应急响应能力,以及这一能力是如何练成的。

(二)沃尔玛与卡特里娜飓风救援

1.防灾减灾:平时完善的应急管理体系建设

作为灾害管理生命周期的第一个环节,防灾减灾是"任何减轻和消除危害生命或财产的风险的长效性与永久性行动方案"[1]。沃尔玛之所以能够在卡特里娜飓风中迅速反应和从容应对,根本原因在于平时对防灾减灾工作的高度重视。

---

[1] FEMA, *Introduction to Mitigation*, IS-393, FEMA Emergency Management Institute, 1998, p.9.

(1) 建立了常设的且与政府对接的灾害管理机构

2003年,沃尔玛除了在其本顿维尔总部成立了应急管理部之外,还组建了应急处理中心(EOC),专门负责公司对龙卷风、恐怖事件和传染病等突发事件的协调、响应与恢复重建工作。该中心拥有270平方米的办公室,有48名员工,主要充任通信枢纽的角色,负责监测灾难的破坏情况并进行应急动员。

该中心的应急启动分为三个等级(见图11),其中最高级别针对可能会破坏数百家店铺的极端灾害。中心运营也由三个层次构成,杰克逊和他的小组在办公桌前就可以处理一些小事件。如果5—50家沃尔玛零售店或者山姆俱乐部受到影响,例如受到火灾或小型飓风的袭击,杰克逊称之为三级响应,同时会"激活"EOC。二级响应通常涉及6—12名从功能区域来的高层代表,其中包括紧急货物区、运输区、物流区和企业捐赠区,他们会来到EOC并密切协调响应杰克逊的小组。一级响应是指大的飓风或其他重大事件,需要涉及的代表多达60人,其中包括来自不同部门的35—40名代表。

从2004年开始,中心举办一年一次的"飓风应对班"。在卡特里娜飓风发生之前,就已对100多名管理人员作了培训。难能可贵的是,沃尔玛的应急响应机制建设不是封闭的,其每一级应急管理机构都实现了与政府的对接(见图11)。这就极大地加强了公司与当地政府部门在灾害管理方面的沟通与合作,提高了效率。同时,沃尔玛还积极建设自己的业务持续部门,负责危机事件的处置。该部门平时处理企业遇到的各种紧急事件,如恐怖袭击、洪水、地震以及飓风等等,设在每一个有沃尔玛商店的社区,并对当地店铺的情况进行全程监控。当灾害来临时,拥有6—10名办公人员的办公室将汇集各个地区不同分部的高级代表,共同商讨灾害应对方案。

(2) 制定了专业且被熟练演练、模拟过的应急预案

沃尔玛不仅精心制定了灾害应急预案与协议,更为重要的是,沃尔玛所有商店经常对这些预案进行演练并能熟练地模拟,一旦发生紧急情况,各分店便

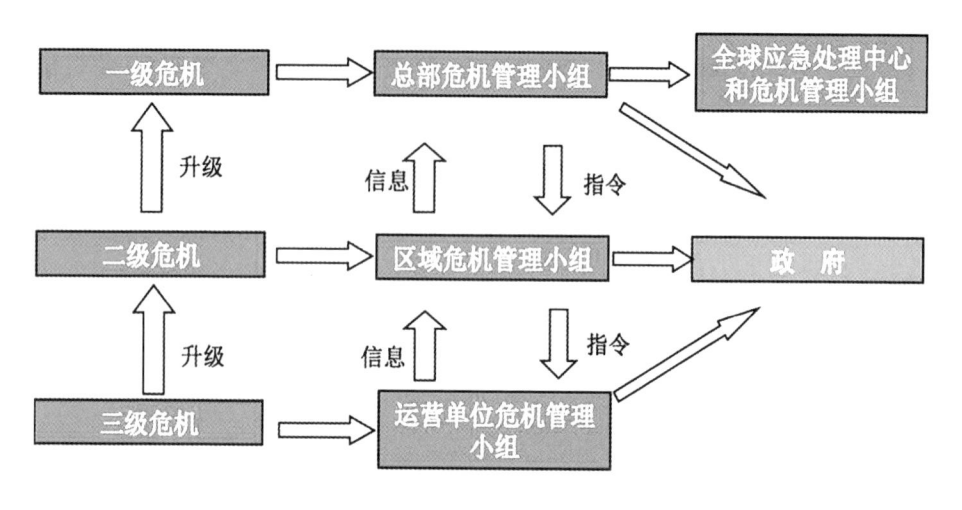

图 11 沃尔玛三级灾害响应机制

会根据事先拟定的应急预案与处理协议,通过庞大的计算机系统将信息汇集起来并传递给总部的业务持续部门总指挥办公室,而总部的服务器将会对这些信息进行进一步的处理,以帮助总部做出正确决策。

(3)配备了先进的防灾设备

沃尔玛拥有堪称全球企业最庞大的计算机数量,先进的服务器时刻为总部及各个分部提供大数据的处理。不仅如此,沃尔玛还开发了飓风追踪软件,公司自己的预测员能够对新的数据进行实时对比。2005 年 8 月 24 日,即在飓风登陆的前 5 天,应急处理中心就进入备战状态。在 9 月 1 日飓风肆虐之前,沃尔玛已经派出了 120 辆卡车的应急物资前去补充商店物资供应和提供救助,这些物资包括水、食品和其他应急物品。[①] 在卡特里娜飓风发生之后,沃尔玛先于美国联邦应急管理署(FEMA)及美国政府的其他部门来到灾区,并且及时提供了紧急物资。当美国联邦应急管理署被指责做事严重"拖拖拉拉"时,沃尔玛却被新奥尔良地区科纳市市长坎比坦诺(Joseph Capitano)赞誉

---

① 参见彭韧:《超越支票本式的履责方式》,《21 世纪商业评论》2008 年第 6 期。

为"科纳市唯一的生命线"。因为沃尔玛为科纳市灾民提供的大量食物和饮用水,使很多人在巨灾中得以存活。①

(4)建立了强有力的灾害监测系统

沃尔玛能通过灾害监测系统对灾害进行严密监测。在卡特里娜飓风发生之前,沃尔玛密切关注着卡特里娜的进展。8月24日,当卡特里娜从热带低气压转成飓风时,杰克逊(Jason Jackson)作为沃尔玛业务持续部负责人,开始进驻公司的应急处理中心。当卡特里娜到达佛罗里达州时,应急处理中心的50名管理与支持人员都已进入备战状态。人员不仅包括应急管理专家,还包括损失专家和货运专家等专业人士。接着,杰克逊就开始全面部署应急工作,包括要求沃尔玛的各大仓库增加饮用水、干冰、干粮与发电机等应急物资库存,而且要放在指定、方便取货的地方②。为后面的灾害应对提供了极大便利。

2. 应急准备:灾前充分的准备工作

沃尔玛耗费大量时间和资金让公司员工做好灾害准备工作。沃尔玛在全国有100多家配送中心,其中有8个配送中心为专门的灾害配送中心,预留出的空间可以囤积约470万美元的紧急货物。这样的组成也需要取决于配送中心向国家提供部分服务的内容。但是在东南部,应急商品焦点是飓风,包括水、电池、照明设备和即食食品,如罐装饺子——所有包装在保鲜容器里面的物品很容易寄送并且到达客户面前。配送中心为突发事件储备了足够的物品,以应对各种紧急情况,尽管有些物品如饮用水会因为长时间贮藏而变质。如果应急商品在飓风季节没有被用完,沃尔玛会将未使用的产品回转到系统之中,并与供应商共同承担损失。相反,如果应急商品在飓风活跃的季节被耗尽,系统将会有次序地通过供应链来提供物品填补需求。

---

① Devin Leonard,"The Only Lifeline was the Wal-Mart", *Fortune*, October 3,2005.
② 参见艾叶:《重视灾难管理》,《医药经济报》2008年5月26日。

不仅如此,沃尔玛还在个人存储层面做足了准备。首先,管理者通过应急处理中心(EOC)提供飓风应急指南和店铺关闭程序,关闭程序需要用6个小时——用胶合板铺在窗户上,把松动的购物车收起来(这样大风就不会把它们变成炮弹),预置沙袋和污水泵;其次,员工把所有冷冻食品放进装有特别订购的干冰托盘的冰柜里密封冷藏,保持食品冷冻48—72小时;最后,管理者把人事档案存放在高处,确保安全,然后带走办公电脑硬盘以及联系所有员工的信息。沃尔玛店铺经理需要给当地执法部门提供相关数据以表明在店铺关闭之后他们能够到达指定的安全位置。

另外,沃尔玛在规划方面做了大量工作,主要包括:应急程序、活动挂图、业务持续计划和普遍性计划。准备措施包括:管理人员和基层员工的预备训练、演习、店铺关闭程序和灾难通信协议。

正是因为平时有了充分的演练,飓风来临之前,一切准备工作紧张有序地进行。

第一,做好应急物资的库存准备。当得知卡特里娜从热带低气压转变成飓风时,沃尔玛就在其仓库增加了饮用水、干粮、干冰与发电机等应急物资库存,并将其放在指定的易取位置,以方便灾时迅速取货与补货[1]。同时,基于全国气象信息和沃尔玛店销售记录的分析,沃尔玛还对飓风来临前后那些销售较佳的商品做了研判,以预先做好这些商品的库存准备。此后,当沃尔玛从气象预报中得知飓风会呈扇面形向新奥尔良地区推进时,则又将饮用水、燃料等应急物资转移到该地区的5个大型配送中心。之所以这样做,是为了防止任何一个物流中心覆盖的区域发生严重灾害而其他物流中心不能及时对其进行商品补给。而这样布置之后,万一其中一个物流中心覆盖的区域发生灾害,就能及时将其他4个物流中心的商品向该区域输送,从而确保让这些物资在当天就能到达最需要的地方。[2]

---

[1] 参见艾叶:《重视灾难管理》,《医药经济报》2008年5月26日。
[2] 参见郭德勇、厉林:《向沃尔玛学灾难管理》,《经营管理者》2008年第9期。

第三章　美国卡特里娜飓风应对中的企业参与

第二,进入紧急备战状态。2005年8月23日,美国国家飓风中心发布了第12号热带低压气旋的警报。而仅不到24小时的时间,该气旋便于24日上午增强为卡特里娜热带风暴,并于当天傍晚时分在佛罗里达州登陆。沃尔玛加紧自身业务部门的备战工作,以应对即将来临的灾害。紧急启动了平时用于应对紧急业务问题的"业务持续指挥办公室",商讨应对飓风的策略。沃尔玛平时就有针对飓风的熟练演习。演习的目标是飓风来临时高级管理层的信息能够快速传达到沃尔玛分店所在地区及其管理人员。而当卡特里娜飓风抵达墨西哥湾沿岸,并对新奥尔良及其他地区造成潜在威胁时,沃尔玛启动了这一预案。公司将紧急救援物资如发电机、干冰、瓶装水等从当地运往事先选定的战略区域,使商店能够在灾后迅速重新营业。他们将这些战略性据点有选择地设在可能遭受重大灾害打击的地区,如在布鲁克哈文以及密西西比地区,共有45辆卡车,严阵以待飓风的来临。[1]

3.灾害响应:灾中迅速有效的紧急救援

飓风不期而至。飓风的来临摧毁了当地的电话设施以及电脑设备,沃尔玛不得不使用卫星电话作为联络工具。根据新奥尔良当地两名高管的信息,公司总指挥办公室很快便掌握了灾害的大致区域范围与灾区所需的应急物资。飓风到来的第二天,沃尔玛便使用卡车将救援物资运往新奥尔良地区。当新奥尔良地区全面遭遇洪水的侵袭,沃尔玛的首席执行官斯科特·李(Scott Lee)召开了公司最高层人员的紧急会议,强调他不希望采取一般性的应对方式,"我希望我们能够针对各地沃尔玛的不同规模及其所遭受影响的不同程度,找出最合适的应对方法"。与此同时,沃尔玛及时启动了200万美元的资金用于救援工作。在之后的几天里,沃尔玛捐赠了近200万美元的现金、1500辆卡车的免费物资、1万份食物,并且给所有因飓风而失去工作的沃尔玛员工

---

[1] Ann Zimmerman and Valerie Bauerlein, "At Wal-Mart, Emergency Plan Has Big Payoff", *Wall Street Journal*, September 12, 2005.

找到新的工作①。这一系列措施使沃尔玛成为卡特里娜飓风中最重要的生命线保障。

图 12　沃尔玛将物资源源不断地运往灾区

尽管如此,在卡特里娜这样的极端灾害面前,新奥尔良地区的沃尔玛还是遭受了严重损失。新奥尔良共有 126 家商店受到飓风影响被迫停业,只有近 20 家商场未受到强烈冲击和损毁。② 但是,因沃尔玛在灾害来临之前已经做了大量准备工作,灾害发生之后,沃尔玛迅速启动了应急预案,组织开展自救工作,同时及时启动了灾害响应机制,积极投入到整个社区的灾害救援中,给灾区带来了极大帮助。主要体现在以下两个方面。

(1)迅速的救援行动。巨灾面前,时间就是生命。飓风在登陆路易斯安

---

① Justine Chen et al., "Public-Private Partnerships for the Development of Disaster Resilient Communities", *Journal of Contingencies and Crisis Management*, 2013, 21(3), pp.130-143.

② Michael Barbaro and Justin Gillis, "Wal-Mart at Forefront of Hurricane Relief", *Washington Post*, September 6, 2005.

那州之前,沃尔玛便要求将救援物资调往可能成为重灾区的区域,而平时各个社区所建立的救灾物资暂存区,也在第一时间启动:一方面用于向灾区居民提供物资,另一方面用于帮助当地店铺重新开张。几乎是在飓风到达的同时,沃尔玛便将准备好的救援物资运往灾区,而不是像政府那样在几周之后才启动灾害应对机制。当飓风席卷新奥尔良时,沃尔玛立即启动了用于减缓灾害的应急资金,并迅速调遣救灾物资。

图 13　灾民看到沃尔玛救灾物资而欢呼

(2)大量的物资与设备供给。在灾害中,沃尔玛尽其所能,将自身拥有的资源开放给灾区的民众,并且向灾区人民提供了大量免费物资。沃尔玛的物资援助主要有五种形式:①直接提供救援物资。例如,飓风即将登陆之前,沃尔玛将45辆卡车部署在布鲁克哈文及密西西比地区,随时准备参与救援行动;在飓风登陆后的3周中,沃尔玛向灾区的居民及社会组织运送了2450车的应急物资,包括发电机、水、食物等。① ②以最快的速度将被迫关闭的商店重新开业。在飓风影响下,沃尔玛当时所在灾区的店面也都不同程度地受到了影响,其中126家分店以及发货中心都因停电、淹水等冲击而被迫停业关门,但是就在卡特里娜飓风登陆的48小时内,在墨西哥湾沿岸各州,66%的沃尔玛商店恢复了营业,及时为公民、小企业和政府机构的恢复提供了重要的物资。它们向灾区居民提供了大量可购买的救灾物品,其中包含处方药等。② ③通过开设"迷你沃尔玛"等方式救灾。飓风袭击后,沃尔玛还在一些附近没有商店的受灾地区展开多种形式的救援,其中包括用卡车、帐篷和其他简易设施搭建"迷你沃尔玛"商店,向受灾民众免费发放食品、被褥与牙刷等生活必需用品。④建立移动救灾中心。沃尔玛在受灾最为严重的区域组建了移动救灾中心,为警察、消防员、紧急医务人员及其他应急救援人员烹饪并提供基本食物。⑤将自己的仓库及店铺当作避难所与收容所提供给灾民。沃尔玛将商场腾出场地,作为栖息地提供给灾区的民众,使其在没有政府引导的情况下同样知道去哪里寻求庇护。更重要的是,在高层的授权下,重灾区的商店允许免费向灾民提供物资,使灾区民众在最困难的时刻得到了基本物资供应,帮助灾民渡过了难关。

4.恢复重建:灾后积极投入恢复重建工作

对于卡特里娜飓风这样的巨灾而言,灾后的重建工作是异常艰巨的。沃尔玛不仅在救灾过程中表现突出,被灾民们视为救命索和救命英雄。卡特里娜飓风过后,沃尔玛仍然积极投入灾后恢复重建工作。主要做法是,让商店快速恢复营业,供应链迅速重组,以及积极参与灾后社区的恢复及防灾减灾工作。如前文所述,沃尔玛在飓风发生之后以惊人的速度将大量被迫关闭的店

---

① Steven Horwitz,"Hurricane Recovery Comes Out of a Box", *Local Knowledge*, 2008,25(1).
② Susan Rosegrant, *Wal-Mart's Response to Hurricane Katrina:Striving for a Public-Private Partnership*,The Kennedy School of Government Case Program C16-07-1876.0, Kennedy School of Government Case Studies in Public Policy & Management, 2007.

图14 沃尔玛员工为灾民发放物资

面重新开张。三个月后,除了遭到毁灭性打击的少数商店,沃尔玛在灾区的其他商店全部重新开业,给社区的恢复工作提供了有力的支持。沃尔玛承诺为所有因风暴而流离失所的人提供工作。自那以后,沃尔玛和沃尔玛基金会继续支持墨西哥湾沿岸,在过去十年投入了1亿6800万美元。[①]

卡特里娜飓风过去三年后的2008年,沃尔玛还配合路易斯安那州当地的社区,建立了防灾减灾训练营,在飓风季节来临之前制定了针对小学生的应急准备计划,并且在自己商店的收银机屏幕上播放政府防灾服务的广告。不仅如此,沃尔玛还和路易斯安那州国土安全和备灾办公室(GOHSEP)建立起该

---

① Jennifer Larino,"Should Wal-Mart Step in During Disaster Recovery?" *The Times-Picayune*, August 21, 2015.

企业参与应急管理

州的第一个备灾训练营。曾经在路易斯安那州应急管理部门工作过20年,后来被聘为沃尔玛全球应急管理高级总监的马克·库珀(Mark Cooper)再次当选为该州国土安全和备灾办公室主任。这不仅为沃尔玛公司进一步参与灾区恢复重建提供了良好条件,也为沃尔玛与当地政府在灾害管理领域的通力合作创造了条件。

在路易斯安那州,沃尔玛店铺由飓风前的83家增加到130家,员工也增加到了35000名。飓风发生之后,Tchoupitoulas街道的店铺重新开张,并且在Bullard大街和Gentilly开了一家新的店铺。在卡特里娜飓风十周年纪念日之际,沃尔玛与沃尔玛基金会承诺将会投资2500万美元用于全球范围内的灾后重建和恢复工作,其中包括新奥尔良地区的St. Bernard项目、Evacuteer和Way Maker Ministries等在内的海湾沿岸组织的50万美元赠款,主要用于资助墨西哥湾沿岸地区的非营利组织。

在新奥尔良,召集包括新奥尔良市市长Mitch Landrieu、密西西比州前州长Haley Barbour以及Harry Connick Jr在内的政府、企业和非营利组织的领导人会议,反思从卡特里娜飓风应对中取得的经验与教训,并且期望对未来的救灾活动有所指导。

四、本章结论与启示

卡特里娜飓风发生后,美国联邦应急管理署署长富盖特指出:"政府中心的灾害解决之道已经失灵"。沃尔玛全球应急管理高级总监马克·库珀进一步指出,"卡特里娜飓风改变了应急管理的一切,尤其是私营部门在应急处置中的作用"[1]。如今,"私营组织在紧急事件之前、之中和之后均发挥

---

[1] Steven Horwitz, "Wal-Mart to the Rescue: Private Enterprise's Response to Hurricane Katrina", *The Indepengdent Review*, 2009, 13(4), pp.511-528.

着关键性作用"①。通过上述分析,我们可以得出如下结论。

首先,参与应急管理是风险社会企业健康发展的客观要求,不仅能增强灾害管理能力,减少自身损失,而且能塑造企业良好形象,取得良好的社会效益。在卡特里娜飓风这样的巨灾冲击面前,沃尔玛不仅有条不紊地展开自救,将自身的损失降到了最低,难能可贵的是,作为企业界巨头的沃尔玛,在巨灾面前,并未停留在自救上,也没有停留在简单的捐款捐物上,而是在有效开展自救的同时,积极投入到社区灾害救援中,弥补了政府的诸多不足,为灾民与政府的救援工作提供了极大帮助。既降低了自身损失,提高了企业形象,同时为社区灾害救援工作作出了积极贡献。

其次,树立强烈的灾害意识并积极参与应急管理,已成为企业社会责任的集中体现和重要组成部分,成为当代企业应该具备的重要品质。沃尔玛在抗击巨灾中的作为体现了一个当代企业应该具备的重要品质,发挥了一个优秀企业应该发挥的作用。

最后,沃尔玛之所以能够在卡特里娜飓风中成功展开自救,并积极有力地参与社区应急救援,关键在于平时完善的应急管理体系建设与灾前充分的应急准备工作。有效的灾害管理能力建设成为沃尔玛成功参与卡特里娜飓风应对的有力保障。

沃尔玛在参与应急管理及卡特里娜飓风中的表现在所有企业中堪称典范。对该案例的深度剖析,无论对企业还是政府应急管理能力与体系建设,都具有重要现实意义。就企业参与应急管理方面而言,它给未来企业参与应急管理指明了方向(见图15)。

---

① U. S. Department of Homeland Security, *The National Response Framework*, Washington, DC., 2008, p. 18.

企业参与应急管理

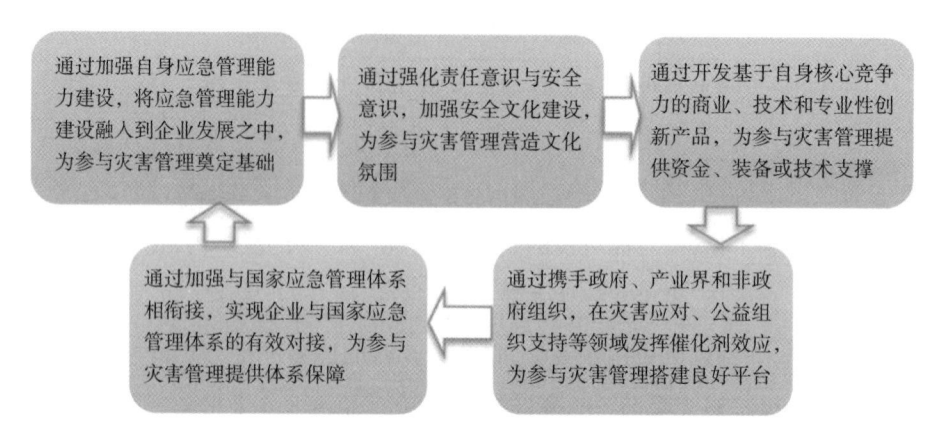

图15 企业参与灾害管理的路线图

（一）通过加强自身的应急管理能力建设,将应急管理能力建设融入到企业发展之中,为参与灾害管理奠定基础

基于对企业在应急管理中重要作用的认识,在20世纪初的"9·11"事件之后,一方面,沃尔玛在阿肯色州本顿维尔的公司总部建立了应急处理中心（EOC）。此后,一些沃尔玛分店也陆续建立了自己的应急处理中心,并与总部的应急处理中心合作。另一方面,除了日常配送中心,沃尔玛还建立了灾害配送中心,大部分都位于灾难高风险地区。沃尔玛还有一个自己的气象学家,负责处理由政府机构（如国家气象局、国家海洋和大气管理局）提供的气象数据,所以公司有最新信息来指导其危机决策。在灾害已经常态化的当今,企业须深知,对于企业来说,应急管理并非可有可无之事。企业要持续发展,就必须加强应急管理能力建设,而且还需要将应急预案管理等纳入到企业日常经营管理之中,把应急预案管理等所需相关成本纳入到管理成本中。[①] 具体而言,包括建立健全应急管理机构,开展常规性风险灾害排查,制定灾害应急预案,组织常规性应急培训和演练,建设应急避灾场所,加强应急物资储备工作,

---

[①] 参见张龙:《将灾害管理纳入企业战略》,《中国企业报》2011年6月7日。

制定业务持续计划(BCP)①,从而真正提高企业的抗风险能力和应急管理能力,为参与应急管理奠定坚实基础。

(二)通过强化责任意识与安全意识,加强安全文化建设,为参与应急管理营造文化氛围

尽管近年来企业的责任意识和安全意识得到了很大程度的提高,参与应急管理的积极性也在不断提高,但总体而言,目前企业整体上安全意识不强,不仅缺乏基本的灾害参与意识和能力,而且部分企业为了追求利润而忽略了社会责任,甚至生产假冒伪劣产品,修建了一些豆腐渣工程,严重违背职业道德,对人们的身体健康甚至生命安全造成巨大隐患。这种企业不仅谈不上参与灾害管理,本身就是危机与灾害的制造者。因此,需要从根本上解决这一问题。基本途径就是强化企业自身的责任意识和安全意识,做到安全生产和为社会生产安全的产品,降低自身事故灾害发生的概率。

(三)通过开发基于企业自身核心竞争力的商业、技术和专业性创新产品,为参与应急管理提供资金、装备或技术支撑

每一个企业都拥有一定的资源,如交通工具、特种机械、应急物资,或具备一定的专业性能力,如通信能力、应急物资生产能力,或掌握灾损的信息。②灾害管理的各个阶段都离不开技术与装备,尤其是灾害发生之后的救援工作,更是需要大量的专业性救援设备和技术。而在应急管理中发挥着特殊作用的保险行业,也应该研发更加适合本国国情的产品,充分发挥灾害管理"减震

---

① 业务持续计划(BCP)是业务持续管理(BCM)的核心内容,指的是"在灾害发生时保证特定的重要业务活动不被中断,而万一出现业务活动的中断也应在设想恢复时间内重新启动重要功能,以保证企业不受业务中断所带来的损害的经营战略",是一种谋求企业持续经营的计划。参见[日]竹中平藏、船桥洋一编著:《日本"3·11"大地震的启示:复合型灾害与危机管理》,林光江等译,新华出版社2012年版,第106页。
② 参见黄建发:《企业的应急管理和社会责任》,《中国应急救援》2010年第1期。

器"和"稳定器"作用。灾害尤其是巨灾发生后,单靠政府部门的力量难以在非常有限的时间内提供如此海量的装备与技术,无法满足强震巨灾所需要的巨大救援需求。[1] 如果企业能够依托各自的专业与技术优势,在平时有意识地做好这方面的准备,以备急用,一旦灾害发生,这些资金、信息和资源与政府的应急资源结合起来,就能形成强大的救灾合力,从而极大地提高灾害救援能力,将灾害损失降到最低。

(四)通过携手政府、产业界和非政府组织,在灾害应对、公益组织支持等领域发挥催化剂效应,为参与应急管理搭建良好平台

全球应急管理发展的重要趋势是建立政府、市场与非政府组织伙伴关系的灾害管理体系[2]。企业应该充分把握这一重要趋势,主动和当地政府建立伙伴关系。不仅如此,企业还要注重与基金会、非政府组织之间深化战略伙伴关系。因为很多专业的社会组织在需求调研、灾害救助、心理抚慰、社区融合与重建,特别是社区个性化的满足和长期陪伴上具有企业缺乏的专业优势,而企业则可以发挥自身经济实力方面的优势,通过支持这些社会组织在灾后重建过程中的工作,形成有效的伙伴关系。这种与政府、社会组织伙伴关系的建立,将形成催化剂效应,为企业参与应急管理搭建良好平台,多方面发挥自身在应急管理方面的作用。

(五)通过将企业应急管理体系与国家应急管理体系相衔接,实现企业与国家应急管理体系的有效对接,为参与应急管理提供体系保障

在制度建设层面,美国重视非政府组织、企业和个人在应急管理中的作

---

[1] 参见张强、陆奇斌、张秀兰:《汶川地震应对经验与应急管理中国模式的建构路径——基于强政府与强社会的互动视角》,《中国行政管理》2011年第5期。

[2] Guo X., Kapucu N., "Examining Collaborative Disaster Response in China: Network Perspectives", *Natural Hazards*, 2015, 79(3), pp.1773–1789.

用,于1950年颁布的《灾害救助法》对此做了相应规定:"通过签署合同和协议让私人组织、企业或个人从事清理废墟、分配物资、重建或者其他救灾和紧急援助工作,他们的这些工作可以从联邦基金中获得补偿"①。自从克雷格·富盖特受命于美国联邦应急管理署以来,其战略之一就是让私营部门参与到每一次危机事件的整个生命周期中。为此专门成立了一个部门负责应急管理中的公私合作。而在每个区域的办事处,也至少有一个专门人员负责区域性私营部门的联络工作。②

卡特里娜飓风应对的经验表明,在灾害管理上,政府虽然需要大力向私营部门学习,但政府也有值得私营部门学习的地方。③ 企业参与灾害管理是对政府应急管理体系形成的必要和有效的补充,需要企业将自身应急管理纳入到国家灾害管理体系之中,与国家应急管理体系相衔接,实现企业与国家应急管理体系的对接,从而提高国家整体灾害管理能力。

美国知名灾害管理学者麦克伊泰(David McEntire)对"9·11"事件应急救援中企业的作为进行深入研究之后指出:"毫无疑问,私营部门在应急管理中发挥着极其重要且多种多样的作用。事实上,毫不夸张地说,企业在防灾、备灾、响应和恢复重建整个应急管理过程中所作的贡献被严重低估了。"④在自然灾害已呈常态化的今天,企业尤其是大型企业如何通过参与灾害管理而"兼善天下"、回馈社会? 如今,政府应将推进国家治理体系和治理能力现代

---

① 靳尔刚、王振耀主编:《国外救灾救助法规汇编》,中国社会出版社2004年版,第74—81页。

② Atyia Martin and Jim Williams, "Public-Private Partnership from Theory to Practice: Walgreens and the Boston Public Health Commission Supporting Each Other before and after the Boston Bombings", *Journal of Business Continuity & Emergency Planning*, Spring, 2014(3), pp.205-220.

③ Daniel Gross, *What FEMA Could Learn from Wal-Mart:Less Than You Think*, http://www.slate.com/id/2126832.

④ David A. McEntire et al., *Business Responses to the World Trade Center Disaster:A Study of Corporate Roles, Functions and Interaction with the Public Sector*, pp. 431-457, in Beyond September 11th:An Account of Post-Disaster Research, J. Monday, Ed., University of Colorado:Boulder, CO. 2003.

企业参与应急管理

化作为全面深化改革的总目标,积极探索自然灾害与公共安全管理中的政府与社会合作机制。作为最具活力和经济实力的社会力量,企业应该充分把握这一时机,努力加强参与灾害管理能力建设,为推动应急管理体系现代化贡献力量。

第四章　日本企业的应急参与能力发展

日本是岛国，再加上其所处的地理位置以及地形、地质、气象等自然条件的特殊性，是一个地震、台风、暴雨、火山活动等自然灾害频发的国家。根据日本内阁府的统计资料，日本平均每年发生有感地震大约1300次，有活火山86座，年平均台风登陆数高达2.8次。虽然日本的国土面积仅占世界陆地面积的0.25%，但在灾害损失中，日本的灾害损失占了全球的18%左右（1980—1999年统计数据），同时，日本6级与6级以上地震发生的次数超过了全球地震总数的五分之一，为20.8%，而其他各种类型的自然灾害也占全世界的五分之一。[①] 并且经常遭受台风以及暴风雪灾害。据日本内阁府统计，自2001年以来的20年，日本的受灾额占世界总受灾额的16%。全球7%的活火山集中在日本。除了地震、火山活动、台风、集中型暴雨、雪灾等自然灾害外，日本也经常发生泥石流等因地形原因所造成的灾害以及大型的城市火灾等，因此，日本面临着几乎所有种类灾害的高危险性。

在地震方面，由于日本列岛位于太平洋板块、菲律宾海板块、北美洲板块、欧亚大陆板块四个板块的交界处，因此包含了海沟型地震与内陆型

[①] 参见［日］滕五晓、加滕孝明、小出治编著：《日本灾害对策体制》，中国建筑工业出版社2003年版，第22页。

地震。① 据统计,从有历史记录以来(公元416年后)至2005年,日本一共发生了433次(震级超过M5.0或有死亡人数记录的)大地震(国立天文台,2005)。②

从20世纪以来,日本不断发生造成重大损失的重量级地震,其中震级7级以上的大地震就发生了18次,主要包括1923年9月1日的关东大地震(8.3级,造成142800人死亡),1933年3月3日的昭和三陆地震(8.4级,造成3000多人死亡),1944年12月7日的东南海地震(8.1级),1946年12月21日的南海地震(8.1级,造成3000多人死亡),1952年3月4日的十胜近海地震(8.1级),1995年1月17日的阪神大地震(7.3级,造成6432人死亡),2011年3月11日的"3·11"大地震(9.1级,造成18000多人死亡),2016年的熊本地震、2021年的福岛地震和宫城地震,震级也都超过了7.0级。③ 可见,灾害已成为日本社会发展中必须面对的挑战。人类有历史记载的灾害中,造成经济损失最大的两次都发生在日本,即1995年的阪神大地震和2011年的"3·11"地震,这两次灾害造成的直接经济损失分别高达2000亿美元和3000亿美元。在与各类灾害的长期斗争中,日本人积累了丰富的应急管理经验。自从阪神大地震发生之后,日本开始重视社会力量在应急管理中的作用,不断吸收社会力量参与灾害治理,其中包括对企业灾害参与能力的培养。本章以阪神大地震和"3·11"地震为重点研究对象,尝试对日本企业灾害参与能力的发展进行专门探讨。

---

① 参见[日]梶秀树、冢越功:《城市防灾学:日本地震对策的理论与实践(修订版)》,杜菲、王忠融译,电子工业出版社2016年版,第1页。
② 参见国立天文台编:《理科年表 平成17年》,丸善,2005年。
③ 数据根据维基百科《日本地震列表》整理而成,https://zh.wikipedia.org/wiki/日本地震列表。

第四章　日本企业的应急参与能力发展

一、阪神大地震与"3·11"地震中的企业参与

(一)日本企业在阪神大地震中的应急参与[①]

1. 阪神大地震基本情况

1995年1月17日当地时间凌晨5时46分,日本兵库县南部受到7.3级地震的袭击,震源在兵库县首府神户市和淡路岛之间的海底。这次地震的震源浅、震级大,发震断层穿城而过(日本称之为"直下型"地震),给神户市及其附近的芦屋市、西宫市、淡路岛等地区造成了极其严重的灾害:房屋倒塌,交通中断,城市一时瘫痪,大量居民被困埋在倒塌的房屋中。紧接着发生的大火更加剧了人员伤亡和财产损失——造成的损失达9.9万亿日元(从规模上来说,占当时国家预算的10%)。在人员伤亡方面,死亡人数为5502人,间接死亡人数为932人,下落不明者3人;在住宅建筑方面,完全倒塌的房屋达110457栋(198800户),被烧毁的房屋达7467栋(13400户)。另外,地震给大厦与港口、公路、铁路等社会基础设施造成的损失也很大,并突显出在长田区等人口密集的市区火势容易蔓延的问题。同时,JR西日本、阪急、阪神等铁路系统硬件受损。[②] 这是日本自1923年关东大地震以来损失最为严重的一次地震,直接经济损失的绝对值超过了关东大地震。

面对突如其来的大地震,日本政府陷入一片混乱之中。地震发生的当天上午,内阁召开紧急会议,但当时内阁收到的信息是,京都发生了地震。事实上,实际震中距离京都还有50英里之遥。地震发生半小时后,气象厅

[①] 本节部分内容参见田一:《企业参与灾害管理:从阪神到"3·11"地震的日本探索》,江苏师范大学硕士学位论文,2016年。

[②] 参见[日]竹中平藏、船桥洋一编著:《日本"3·11"大地震的启示:复合型灾害与危机管理》,林光江等译,新华出版社2012年版,第50页。

才发出了神户发生6级地震的信息。国土厅的人看到该信息的传真时,离地震发生已经1个多小时了。而地震发生5小时后,国土厅的报告才送达首相手中①。地震导致通信瘫痪,而通信的瘫痪,进一步加大了信息传递难度,阻滞了紧急救援工作的有效展开,整个救援非常不力②。与政府的应急失灵形成鲜明对比的是,民间组织反应迅速,在此次灾害救援中发挥了重要作用。

地震导致数万人被倒塌的房屋活埋。这些人大都是通过自救与互救的方式而得救。值得高度关注的是,大量的志愿者从全国各地赶来,参与到这场灾害救援中,而且其反应速度大大超过了政府及其相关部门。据统计,参加阪神大地震救援的志愿者数量一共超过167万人。他们不仅积极捐款捐物(捐助金额达到1787亿日元),而且,来自大学与企业等组织的志愿者直接参与灾害救援③。从此之后,志愿者组织开始广泛参与到灾害援救与地域福利等各种领域,尤其是开始成为日本灾害救援的重要力量。

2. 日本企业的受灾情况及影响

这次地震给不少日本企业,尤其是给灾区企业造成了严重打击。调查显示,当地大约20%的企业遭到了毁灭性打击(全毁或半毁状态),另有50%的企业受到部分损害,有近75%的企业受到灾害影响,详情如表6、表7、表8所示。

---

① 参见姚国章:《日本灾害管理体系:研究与借鉴》,北京大学出版社2009年版,第149页。
② 神户减灾机构的吉信福泽在2005年阪神地震10周年时对政府的灾害响应做了这样的评价:"(本地)公共部门没有做好准备,民众没有做好准备,中央政府的准备更糟"。参见David Pilling:《日本从阪神大地震中学到了什么》,http://www.ftchinese.com/story/001037429。
③ 1995年也因此被称作日本的"志愿者元年"。参见北京日本学研究中心、神户大学编:《日本阪神大地震研究》,宋金文、邵建国译,北京大学出版社2009年版,第2—3页。

第四章 日本企业的应急参与能力发展

表6 公司本部事务所的受灾情况

规模业种	全毁	半毁	部分损坏	基本没有损坏	合计
全体	51(11.3%)	45(9.9%)	238(52.5%)	119(26.3%)	453(100%)
大企业	11(8.8%)	11(8.8%)	66(52.8%)	37(29.6%)	125(100%)
中小企业	40(12.2%)	34(10.4%)	172(52.6%)	61(24.8%)	307(100%)
制造业	19(12.7%)	9(6.0%)	80(53.3%)	42(28.0%)	150(100%)
非制造业	32(10.6%)	36(11.9%)	158(52.1%)	77(25.4%)	303(100%)

表7 工场、营业场所的受灾情况

规模业种	全毁	半毁	部分损坏	基本没有损坏	合计
全体	36(9.7%)	38(10.2%)	206(55.5%)	91(24.5%)	371(100%)
大企业	13(11.6%)	14(12.5%)	62(55.4%)	23(20.5%)	112(100%)
中小企业	23(8.9%)	24(9.3%)	144(55.8%)	67(26.0%)	258(100%)
制造业	13(8.8%)	10(6.8%)	93(63.3%)	31(21.1%)	147(100%)
非制造业	23(10.3%)	28(12.5%)	113(50.4%)	60(26.8%)	224(100%)

资料来源:《兵库县南部地震受灾状况调查结果》(概要),1995年3月。

表8 兵库县(商工会议所调查)

	总数	重大损害(%)	较大损害(%)	稍微受到损害(%)	没有损害/损害较轻(%)
全体	509	11.2	21.4	38.9	28.5
神户市	258	19.4	31.4	36.4	12.8
阪神淡路受灾地	94	6.4	24.5	55.3	13.8
其他(县内)	157	0.6	3.2	33.1	63.1
大企业	160	15.0	23.1	45.6	16.3
中小企业	349	9.5	20.6	35.8	34.1
制造业	272	9.6	16.9	39.7	33.8
非制造业	267	13.1	26.2	37.9	22.4

资料来源:关于阪神大地震的影响的调查,《第91次经营经济动向调查》及附带调查,1995年4月。

企业参与应急管理

这些调查数据只是对受调查公司造成的直接损失的记录,更加全面的计算方法应该加上其他利益相关者的受灾情况及对生活基础设施等所造成的间接损失。1995年2月的一项权威调查显示,灾害发生后,大量企业被迫转移或倒闭,其中公司本部等事务所超过四分之一的企业在灾害冲击下倒闭,全部恢复的约占三分之一(见表9)。

表9 受灾企业的恢复情况

公司本部等事务所

规模业种	全部恢复	正在恢复	恢复计划中	放弃恢复	合计
全体	147(33.2%)	157(35.4%)	113(25.5%)	26(5.9%)	443(100%)
大企业	47(37.9%)	49(39.5%)	20(16.1%)	8(6.5%)	124(100%)
中小企业	99(31.1%)	108(34.0%)	93(29.2%)	18(5.7%)	318(100%)
制造业	59(39.6%)	46(30.9%)	36(24.2%)	8(5.4%)	149(100%)
非制造业	88(30.0%)	111(37.8%)	77(26.2%)	18(6.1%)	294(100%)

工场、营业场所

规模业种	全部恢复	正在恢复	恢复计划中	放弃恢复	合计
全体	102(28.8%)	150(42.4%)	86(24.3%)	16(4.5%)	354(100%)
大企业	26(23.6%)	57(51.8%)	20(18.2%)	7(6.4%)	110(100%)
中小企业	75(30.9%)	93(38.3%)	66(27.2%)	9(3.7%)	243(100%)
制造业	44(31.7%)	69(49.6%)	21(15.1%)	5(3.6%)	139(100%)
非制造业	58(27.0%)	81(37.7)	65(30.2%)	11(5.1%)	215(100%)

资料来源:神户市经济局产业对策室调查。

此外,阪神大地震严重影响了生产和销售量。当年第一季度生产和销售量同期下降的企业占66%。1995年2月之后,尽管产业基础与生产设备方面恢复迅速,但26%的企业需要一年以上才能够使销售额恢复到地震发生之前的水准,而在重灾区神户市,这一数据高达37%[1]。正因为大量企业受灾害

---

[1] 参见神户商工会议所、兵库县商工会议所联合会:《第91次经营经济动向调查》,1995年。

冲击,造成效益大幅下降,从而导致从业人员过剩问题严重。神户市的一项调查显示,该市大约有12%的企业因受灾而裁员。

由此可见,这次大地震不仅导致6000多人死伤,同时造成了重大的经济损失,大量企业受灾害影响严重,并由此带来了比较严重的社会影响,不少员工失业,就业率下降,因而严重影响了灾区民众的生活,恢复重建工作困难重重。不过,由于日本企业基础普遍较好,再加上政府创造的良好环境以及所提供的多种优惠的恢复政策,不少企业尤其是大企业都在灾后恢复阶段实现了重建,在震灾发生后的一年半已经大致恢复到了震灾之前的水平。如神户市化纤布鞋行业的1680家企业,80%被完全或部分摧毁,遭受了毁灭性的损失,但在地震发生2个半月之后,也就是在1995年4月,约70%的企业实现了重新开业。但当地中小企业的恢复难度较大,恢复时间持续得更长。[1]

3. 阪神大地震中的企业参与

应急响应的关键是灾害发生之后迅速、有效地开展应急救援。应急响应是应急管理的核心问题[2],也是检验应急管理能力高低的关键。企业也是如此。但灾害发生之后,并非所有的企业都能及时有效地开展救援工作。神户大学一项针对企业的问卷调查[3]显示,就企业自身的应急响应来说,阪神大地震发生后大约有50%(192家)的企业设立了灾害对策本部。其中仅有2.6%的企业能在震后1小时以内设立灾害对策本部[4],灾后3小时内设立对策本

---

[1] 参见北京日本学研究中心、神户大学编:《日本阪神大地震研究》,宋金文、邵建国译,北京大学出版社2009年版,第214页。

[2] 参见樊博、詹华:《基于利益相关者理论的应急响应协同研究》,《理论探讨》2013年第5期。

[3] 此问卷调查在1995年4月24日至5月9日以2238家上市企业及生命保险公司为对象,使用邮寄的方法实施调查,有效回收378份(19%),主要包括商业相关企业57家、建设相关企业34家、化学相关企业32家、机械相关企业30家、银行相关企业27家、输送机器相关企业24家、电器机器相关企业21家、服务相关企业20家等。调查项目主要包括受灾实态、灾后响应、事前对策、支援实态以及今后的对策等。

[4] 灾害对策本部相当于应急管理中心。

部的企业不到四分之一。灾害尤其是巨灾发生后,对受灾情况迅速做出正确把握与评估是企业有效开展应急响应的关键。该调查显示,有88%的企业能在震后当日准确把握公司的受灾情况,有70%的企业能掌握电脑系统和其他通信网络的受灾害影响情况①。尽管对企业员工及其家属受灾害影响情况的了解相对迟缓,但企业能为员工提供力所能及的帮助,主要包括,为无家可归的员工提供公司的职工宿舍,同时为受灾员工提供食物、水等生活必需品,以及贷款、抚慰金、灾后重建资金,从而解决受灾员工的住房、生活必需品和资金问题。

阪神大地震发生后,大量日本企业不仅为员工提供帮助,也有部分企业参与社区救援。面对震后各避难所人满为患的情况②,不少企业发挥自身优势,主要从人力、物力等方面开展救援。《神户报》对此进行了不完全统计(见表10)。据该报统计,企业救援活动主要包括以下方面。

表10 阪神大地震中企业的救援活动

企　业	救援活动
贸易公司A	将受灾员工和其他市民共150人安置到公司西宫市的宿舍,并提供米饭、蔬菜、水等生活必需品
贸易公司B	为避难所的灾民提供内衣、毛巾等生活必需品
超　市	用卡车与直升机等向避难所无偿发放水和饭菜等
电力公司A	作为对被取消入职内定毕业生的救援措施,企业做出在春季前录用几十名毕业生的计划
电力公司B	企业将职员的志愿者活动参与视为出勤
仓库公司	将公司总经理以下全体员工252人一个月工资数额的1%捐作抚慰金
机械公司	在企业内部招募希望参与志愿者活动的职员

资料来源:中浜慎司、西垣太郎:《阪神淡路大震災における企業の震後対応について》,*Papers of the Annual Conference of the Institute of Social Safety Science*,1995,pp.135-139。

---

① 参见室崎益辉、岩見達也:《阪神淡路大震災と企業の防災対応》,*Papers of the Annual Conference of the Institute of Social Safety Science*,1995(11),pp.129-134.

② 因在此次地震中木质建筑坍塌,各避难所都聚集了大量的避难者,峰值一度达到30万人,就连震灾发生一个月后的2月15日都有21万人生活在避难所中。

首先,提供水、食物与其他生活必需品。地震的强烈破坏力造成了大量灾民无家可归,避难所人满为患,再加上商店倒塌,粮食等食物供给严重不足。因此,有能力的企业就可以在这方面发挥作用。在表10中,不同的企业向避难所灾民分发各种不同的物资。但由于此次地震破坏力更大,导致灾害周期更长,避难灾民的需求跟灾害初期会出现不同。因此,企业需要了解灾民的需求变化,在此基础上尽其所能地参与救援,以提高救援效率。

其次,筹集善款。地震发生后,日本全国各地慷慨解囊,纷纷为灾区民众寄来善款,到2月19日,捐款数额高达850亿日元。这些善款需要分发到灾区14万户受灾家庭中。这个工作量巨大,极大地超出了当地政府部门的预期,也超出了它们的能力。如何将这些善款尽快分发给灾区急需资金的各个家庭,成为当时的紧迫工作。除了政府的努力之外,不少企业利用自身技术优势,参与善款的发放,提高了效率,为政府和灾民解了燃眉之急。

最后,参与避难所的志愿活动。阪神大地震发生后,不仅大量企业通过捐款捐物等方式提供物资援助,一些企业的员工还奔赴灾区,在灾区避难所参加志愿活动,提供支援。虽然当时因避难人群过多而导致场面混乱,再加上避难所运营、与避难者的关系等方面出现了不少问题,但灾区出现包括企业员工在内的大规模志愿者的活动,是日本救灾史上从未出现过的,具有非常重要的积极作用。虽然主要是非营利组织等组织的成员,但企业员工志愿者也不在少数,初次展露了企业在日本应急管理中的作用,值得关注。

(二)企业在"3·11"大地震中的应急参与

1.地震基本情况

当地时间2011年3月11日14时46分,日本东北地方太平洋海上约130公里附近,北纬38.1度、东经142.6度、震源深度20公里、发生了Mw9.0的强烈地震。这次地震是在太平洋板块和大陆板块交界处发生的海沟型地震。

企业参与应急管理

震源区域的破坏程度被推算为从岩手县外海到茨城县外海,长度450公里以上、宽度约200公里的断层,最大滑动量规模达到20—30米。断层的破坏从宫城县海上开始,向岩手县、福岛县和茨城县海域方向延伸,持续了约3分钟。震中所在地三路冲,位于日本本州岛仙台市以东130公里的太平洋海域,距离福岛177公里、东京373公里。此次地震破坏导致震源正上方的海底水平位移达24米,垂直方向隆起3米。这是日本地震观测史上规模最大的一次地震,也是自1900年运用现代科学技术观测地震以来,全球范围内放出能量第4强的地震,破坏力堪比2004年的印度洋海啸。地震所释放出的巨大能量,相当于阪神大地震释放能量的1000倍以上[1]。

地震很快引发了大规模的海啸。3月11日14时46分地震发生后3分钟,大海啸警报发布,38分钟后,海啸到达高田市,海啸到达5分钟后街道被水淹没。据当天防灾无线广播称,15时25分海啸越过了防波堤的水闸。仅仅2分钟后,海啸到达市政府,建筑物依次被推倒,15时29分市区几乎全部被吞没。[2] 最高海浪达40.1米,波及太平洋沿岸多个国家,远至美国加利福尼亚州沿岸。在地震和海啸的双重影响下,日本福岛第一核电站和第二核电站发生核泄漏事故,成为七级的最高级别核事故。在东日本各地地质较软、地下水位较高的区域广泛发生了液态化现象。另外,还多次发生了强烈的余震:3月11日15时8分7.4级、15时15分7.7级、15时25分7.5级、4月7日23时32分7.1级、4月11日17时16分7.0级。地震还引发了震源区以外其他地区的地震,3月12日在长野县北部发生了6.7级的地震,3月15日在静冈县东部发生了6.4级的地震。

地震海啸还引发严重的火灾、长时间断电、交通瘫痪、生产中断等一系列

---

[1] [日]竹中平藏、船桥洋一编著:《日本"3·11"大地震的启示:复合型灾害与危机管理》,林光江等译,新华出版社2012年版,第95—106页。

[2] 参见《岩手日报》2011年7月20日,[日]竹中平藏、船桥洋一编著:《日本"3·11"大地震的启示:复合型灾害与危机管理》,林光江等译,新华出版社2012年版,第32页。

次生灾害,导致大量的人员伤亡与巨大的经济财产损失,据2016年3月日本警察厅公布的数据显示,地震共造成15894人死亡,2561人失踪,地震灾害相关死亡3407人。其中90%的人死于海啸;107261栋房屋完全倒塌。① 在经济损失方面,估算造成的经济损失多达19万亿日元,约合2350亿美元,超过阪神大地震的9.9万亿日元。因此,这次灾害是集地震、海啸、福岛第一核电站放射能污染组成的复合型巨灾,被日本学者称为"复合连锁型危机"②。

日本政府在地震发生之后的4分钟开始组织应对,首先在首相官邸的危机处置中心设置灾害对策室,下达抗震救灾指示:包括确认地震级别和灾情、出台避难措施、确保生命线、恢复交通网、畅通灾害信息。接着成立了由首相担任部长的紧急灾害对策本部,全面开展抗震救灾工作。尽管迅速启动了抗震救灾机制,但此时更为重要的是能否迅速有效地开展各项灾害救援工作。从接下来的表现看,菅直人政府缺乏应对巨灾,尤其是"3·11"地震这种"复合连锁型危机"的准备,菅直人本人也缺乏这样的经验和领导能力。在整个灾害处置,尤其是在核泄漏事故上反应迟缓与处置措施的接连失当,引起了日本民众的严重不满。日本媒体《每日新闻》做的一项全国性舆论调查显示,绝大多数日本民众认为菅直人未能在抗震救灾中有效发挥领导作用,占78%;而民众对政府抗震救灾的负面评价也高达68%。民众因此失去了对政府的信任,一半以上(58%)的民众不相信政府发布的核电站放射性物质泄漏信息③。整体上,菅直人政府在"3·11"地震海啸应急响应中"决策部署迟缓"、"救援行动拖延"与"指挥系统不灵"④。

---

① 其中,90%以上的房屋是因为遭遇海啸而完全倒塌或被冲毁的,其他建筑物则是被相继发生的火灾烧毁的。

② 不仅如此,这次巨灾的发生,正好与过去20年来日本人口减少、通货紧缩、财政危机、地方凋敝等纵向复合连锁型危机交织在一起。参见[日]竹中平藏、船桥洋一编著:《日本"3·11"大地震的启示:复合型灾害与危机管理》,林光江等译,新华出版社2012年版。

③ 《每日新闻》2011年4月17日。

④ 谷村和彦、吉川健多郎:《大規模災害に備えル危機管理システム》,《日立評論》第96卷第3号。

此外,与1995年发生的阪神大地震相比,企业在参与灾害救援方面表现得更加成熟,大量企业参与此次地震救援,弥补了政府应急响应的不足,展示了企业在灾害救援中的作用与企业参与应急管理的至关重要性。

2. 企业受灾情况与影响

作为"复合连锁型危机",超越了单纯的地震、海啸的自然灾害,其经济影响也是空前的,直接导致地震后日本GDP呈现大幅度负增长。这次灾害给日本经济尤其是灾区经济带来的打击是毁灭性的,这种影响涉及工业、农业、水产加工业、贸易及旅游业等几乎所有行业。地震发生约2个月后的2011年5月中旬,日本第一季度GDP增长率(第一次速报)公布,为-3.9%,呈大幅度负增长(后修正为-3.7%)。该季度受这次大地震影响的只有后三周,尽管如此,却创下大规模负增长的纪录。

这次灾害的一个直接影响就是导致灾区大量企业停产,企业停产不仅导致一批企业无法重新开业因而倒闭,进而影响上下游企业的正常运转,从而导致影响进一步向全国扩散。2012年3月的一项调查显示,直到现在,在受灾害冲击最严重的地区,如福岛、宫城、岩手三县的工商业发展仍处于低迷状态:受调查的27149家企业中,还有5947家无法正常开业,无望重新开业的企业有1754家。因此,这次地震导致日本企业生产活动大大衰退[①]。这种影响还超越了日本国内。作为全球工业制造业大国,这次地震灾害的影响波及全球产业链。尽管作为灾害中心的东北部并非日本最核心的工业区,但这里集中了石化、汽车、钢铁和半导体等众多生产企业。如富士康、东芝、索尼等众多重量级的电子产品生产企业都集中于此。

---

① 2011年3月的矿工业生产(季节调整后)与大地震之前相比大幅度减少,为-15.5%。生产的衰退幅度尤其大的是汽车产业,其中最大的原因是供应链崩溃导致零部件供给停滞。具体来看,4月份的产量比上一个月减少54.2%,创下新低。参见[日]竹中平藏、船桥洋一编著:《日本"3·11"大地震的启示:复合型灾害与危机管理》,林光江等译,新华出版社2012年版,第81页。

虽然"3·11"地震导致日本受灾企业众多,造成了巨大损失,但由于日本总体上重视防灾减灾工作,尤其是经历了1995年阪神大地震的严重冲击之后,日本企业加强了灾害管理工作。在这次地震发生后,不少日本企业不仅能快速恢复,还有组织地参与地震灾害救援,在此次灾害救援中发挥了重要作用。灾害发生后,不少企业在确认自身灾害状况并展开自救的基础上,很快建立了相应的支援体制,积极参与国家灾害救援。为了解地震海啸发生后至当年9月期间日本企业灾害支援情况,2011年10月,日本经济团体联合会开展了一项问卷调查,调查结果显示,截至当时,日本企业捐款捐物总额已达到986亿日元(约合人民币80亿元)①,达到了日本灾害捐助史上的新高。除了捐款捐物,不少企业开展了形式多样的支援行动,积极参与灾害救援工作。这表明,日本企业在灾害中不断成长。

3. "3·11"地震救援与重建中的企业参与

企业规模性地参与地震救援成为这次"3·11"地震抗震救灾的一大特征。与1995年的阪神大地震相比,日本企业参与"3·11"地震救援的规模更大,援助力度更大,参与方式更多样,参与水平更高,因此作用也就更加突出。具体表现在以下方面。

第一,迅速建立应急指挥和联络体制。作为检验整个应急管理系统有效性的关键阶段,如何在灾难发生后及时、有效地完成应急救援,是应急管理的核心问题。② 近一半的日本企业在地震发生后3小时内成立了应急救援中心(日本称"紧急对策本部"),由公司总经理任中心主任(本部长)负责指挥应急救援工作。而不少正在国外出差的公司总经理,大部分也于第二天紧急回

---

① 参见《日本企业提供的"3·11"大地震灾后援助总额接近千亿日元》,http://japan.people.com.cn/35463/7674826.html。
② 参见樊博、詹华:《基于利益相关者理论的应急响应协同研究》,《理论探讨》2013年第5期。

国,并立刻投身于灾害应对之中,实现了在一天内对公司员工的生命安全确认,此后便开展全面的灾害应对①。其中,超过60%的企业有效发挥了应急救援中心的救灾功能②。应急救援中心以各部门领导级员工为中心,队伍规模通常在20—30人之间,其主要职责包括:受灾情况确认、员工安全确认、商品供给与质量保证、受灾救援决策制定等各阶段的紧急救助内容。中心成员通过召开会议部署和执行灾害救援工作③。另外,各企业的内部网也在灾害救援中发挥了关键性作用。不少企业开设了内部网络的专用网址,用于刊登公司受灾情况以及与灾害相关的各类信息,也有企业将员工的意见、提案与员工的志愿活动状况总结成完整的新闻通稿或报告,发挥了企业内部网的迅速性、双向性优势,不仅有助于消除员工的不安和不满,也能为社会提供有价值的信息,从而实现与政府、非政府组织的信息共享。

第二,根据需求开展大量的物资支援与多样化的援助活动。2011年10月至11月,日本经济团体联合会对其所有会员单位做了问卷调查,以全面了解地震发生至9月企业的援助活动。结果表明,包括捐款和救援物资等在内的捐助总额已达到986亿日元(约合人民币80亿元),达到了日本灾害捐助史上的新高④。同时,不少日本企业还积极投入到社区紧急救援中。地震发生后,除了积极捐款捐物,不少企业直接投入到灾害紧急救援中,它们迅速开

---

① 参见『事業継続計画(BCP)に関するアンケート調査結果について』、http://www.kpmg.com/jp/ja/knowledge/pages/news20110418.aspx。

② 日本経済団体連合会,『東日本大震災に際しての企業の対応に関するレビュー－経団連アンケート調査結果より－』,2012年3月5日、4頁,http://www.mlit.go.jp/common/000193679.pdf。

③ 会议从最初一个月的每日会议,逐渐减少至每周一次,最后削减成员直至解散。每个企业都经历了这样一个过程。参见驹桥惠子,『緊急時の情報行動は平時の組織文化の反映である－東日本大震災における企業のクライシス対応－』,『経済広報』2013年6月5日。

④ 参见《日本企业提供的"3·11"大地震灾后援助总额接近千亿日元》,http://japan.people.com.cn/35463/7674826.html。其中,捐款和对志愿者团体的援助金等现金捐款为712亿日元(约合人民币58亿元)左右,食品、衣物、日用品等救援物资为144亿日元(约合人民币12亿元)左右。

展了形式多样的灾害参与行动,充分运用公司的资源与优势,包括通过对公司人才、技术、技能等各种要素的有效整合,结合受灾地区的需求有序地开展形式各异、灵活多样的救援活动。主要包括开放设施、提供服务和其他的一些立足于本地区的救援方式与活动。如松下公司,在捐赠3亿日元的同时,根据受灾民众需求捐出1万支手电筒、1万台收音机,以及用于受灾地区通信设备电力供给的50万只太阳能蓄电池与干电池。大量的日用品企业也根据灾区不同群体的不同需求捐出不同的生活必需品。除此之外,在开展具体支援活动时,企业注重与各级政府与非营利组织等开展广泛合作,同时,还在捐款捐物与提供救援物资时同这些组织进行信息的共享与交换,以确保应急物资能及时送到灾区民众手上。

第三,对企业员工参与志愿者活动提供制度性支持。在此次"3·11"地震海啸救援中,日本企业通过制度建设鼓励与支持员工参与灾害志愿活动。包括规划公司志愿项目、鼓励员工参与救灾活动,以及政府部门与其他社会组织支持公司员工合作开展灾害救援行动等。在这一过程中,一些企业还制定与完善了志愿者休假制度,根据业务操作形成更加完善的志愿者制度,从而在灾害发生后派遣志愿者参与灾害救援活动。此外,一些企业也主动与国家和非政府组织等合作开展志愿活动。[1] 如日本花王公司,有约390人参加了这次地震救援的志愿活动[2]。花王公司11名员工参加了日本经济团体联合会与当地志愿者中心组织的一项为灾区家庭提供救济品的活动;在受灾社区废墟清理与家具转移等工作中,花王也有22名志愿者参加。此外,公司还积极响应日本支援协会组织的"小小图书馆"项目,公司员工为儿童避难所捐赠了童书与画册[3]。不仅如此,花王还以此次灾害为契机,加强制度建设,如为支

---

[1] 内閣府、『防災白書』、日経印刷2012年、23頁。
[2] 花王、東日本大震災への対応、『花王サステナビリティレポート2012』、http://www.kao.com/jp/ja/corp_imgs/corp_csr/sustainability2012_003.pdf。
[3] 参见田一:《企业参与灾害管理:从阪神到"3·11"地震的日本探索》,江苏师范大学硕士学位论文,2016年。

持员工参与志愿活动,花王在当年 6 月实行"志愿者特别休假制度"。该制度规定,员工每年能带薪休假五天,可用于参加以贡献社会为目的的志愿活动,凡涉及灾害支援、环境保护、国际合作、社会福利四个方面的活动,均能申请休假[①]。此外,日本企业在开展和参与志愿活动的过程中,还与各级政府部门与非政府组织等进行合作[②]。不过,在参与地震救援中,大企业的作用更加突出,因为无论是资金与技术等实力,还是在防灾减灾与应急准备等应急管理方面,都更具优势。

二、日本企业应急参与能力发展:从阪神大地震到"3·11"地震的探索[③]

(一)企业应急参与能力评价:应急管理全过程的分析框架

尽管非政府组织参与应急管理已经成为学术界的热点问题,但相关研究主要集中在参与应急响应阶段。非政府组织参与灾害救援的这种能力,即为参与应急救援能力。这一研究取向的不足在于难以看到非政府组织参与灾害救援背后的能力提升,即让人只看到非政府组织在灾害发生之后的努力和作用,而忽略了平时在应急管理各个环节中所做的工作。为克服这一不足,本书有关企业参与灾害活动的研究,在逻辑起点上,强调参与的全过程性,即从应急管理全过程的视野中审视企业的灾害参与行动。尽管如此,已有大量关于非政府组织参与灾害救援和少数有关企业参与灾害应对的研究,仍然为本书提供了重要参考。

---

① 参见花王株式会社、『ボランティア特別休暇、私傷病特別休暇』、http://www.kyuukaseido.jp/introduction/pdf/141215_jirei_p10-11_kao.pdf。
② 参见内阁府、『防災白書平成 24 年版』、日経印刷、2012 年。
③ 本节主要内容来源于杨安华、田一:《企业参与灾害管理能力发展:从阪神地震到"3·11"地震的日本探索》,《风险灾害危机研究》2017 年第 1 期。

第四章　日本企业的应急参与能力发展

在概念上,本章所说的"灾害参与能力"等同于"应急参与能力",意思是参与应急管理的能力。企业的应急参与能力是基于其自身灾害管理能力之上的。要对这一能力进行分析与评价,首先需要对灾害管理能力做出界定。学术界有关这一问题的说法主要有"应急能力"[①]、"应急管理能力"[②]、"灾害管理能力"[③]、"灾害风险管理能力"等不同概念[④]。不过,学者们对这些概念并未特别区分,如有关"应急能力"的研究中,往往也包含了减灾、备灾和恢复各环节的能力。"应急管理能力"与"灾害管理能力"也相互替代使用,以致于有学者指出,这些概念"在研究内容上并没有本质上的差别"[⑤]。

目前国际学界通常将应急管理分为防灾减灾、灾害准备、灾害响应与恢复重建四个循环往复的过程,这四个环节所需要的能力,也就构成了应急管理的主要能力,为表达上的简洁,我们将其分别称为防灾参与能力、备灾参与能力、应急参与能力和参与重建能力(见表11)。而且,企业的应急参与能力,是建立在企业自身灾害管理能力之上的,因为只有企业自身具备了一定的灾害管

[①] 主要研究有张海波:《农村应急能力评估——基于江苏省的实证研究》,《学海》2015年第5期;刘德海、于倩:《基于最小偏差组合权重的突发事件应急能力评价模型》,《中国管理科学》2014年第11期;陈升、孟庆国、胡鞍钢:《政府应急能力及应急管理绩效实证研究——以汶川特大地震地方县市政府为例》,《中国软科学》2010年第2期。

[②] 田军、邹沁、汪应洛:《政府应急管理能力成熟度评估研究》,《管理科学学报》2014年第11期;凌学武:《三维立体的政府应急管理能力评估指标体系研究》,《武汉理工大学学报(社会科学版)》2010年第3期;杨安华、张伟、梁宏志:《民族地区社会结构变化与应急管理能力建设》,《西南民族大学学报(人文社会科学版)》2010年第6期。

[③] 朱正威、胡增基:《我国地方政府灾害管理能力评估体系的构建——以美国、日本为鉴》,《学术论坛》2006年第5期;韦红:《提升政府自然灾害管理能力的"五个转变":一种非结构性路径——基于亚洲国家的经验教训》,《社会主义研究》2013年第6期;Zhang Qiang et al., "What Constrained Disaster Management Capacity in the Township Level of China? Case Studies of Wenchuan and Lushan Earthquakes", *Natural Hazards*, 2015(3), pp.1915-1938。

[④] 张继权、冈田宪夫、多多纳裕一:《综合自然灾害风险管理——全面整合的模式与中国的战略选择》,《自然灾害学报》2006年第1期;王绍玉、唐桂娟:《综合自然灾害风险管理理论依据探析》,《自然灾害学报》2009年第2期;周洪建、张卫星:《社区灾害风险管理模式的对比研究——以中国综合减灾示范社区与国外社区为例》,《灾害学》2013年第2期。

[⑤] 唐桂娟、王绍玉:《城市自然灾害应急能力综合评价研究》,上海财经大学出版社2011年版,第9页。

理能力,才可能有较强的灾害参与能力。故企业灾害管理能力与参与能力之和即构成了企业的灾害参与能力。当然,有灾害管理能力的企业并不必然具备灾害参与能力,还需要有参与应急管理的意愿。一个企业只有具备一定的灾害管理能力,同时又有较强的灾害参与意愿,才可能有较强的灾害参与能力。因此,这种参与能力既要求企业有参与意愿,同时还要有参与行动,需要企业在自身灾害管理能力建设中主动融入社区、地方与国家应急管理的元素,实现与社区、地方和国家应急管理体系的有效对接。

基于上述认识,结合国内外相关研究成果,同时为了表达的便利,我们将企业参与灾害管理能力设计为16大具体能力(见图16)。

表11 企业灾害参与能力构成①

能力构成	主要构成
防灾参与能力	防灾制度建立,防灾物资储备,灾害救援配备,灾害管理体系建设,防灾型社区的建立等,以及参与所在社区、地方政府与国家防灾减灾工作的能力
备灾参与能力	应急预案制定、培训和演练,主动参与和融入所在社区、地方政府与国家应急预案、灾害培训与应急演练的能力
应急参与能力	应急机构建设、应急协同(即为灾害管理过程中同政府、非政府组织与其他企业合作)、资源调配、信息发布和沟通能力,自身生命财产安全确保与救援能力,捐款捐物及其发放与监管能力,以及参与紧急救援的能力
参与重建能力	自身业务的恢复与重建能力,以及参与灾区恢复重建的能力,包括资源提供和服务提供能力,资助(专业组织)能力

(二)日本企业应急参与能力发展:从阪神大地震到"3·11"地震的考察

基于上述框架,我们对从阪神大地震到"3·11"地震日本企业灾害参与

---

① 参见田一:《企业参与灾害管理:从阪神大地震到"3·11"地震的日本探索》,江苏师范大学硕士学位论文,2016年。

第四章　日本企业的应急参与能力发展

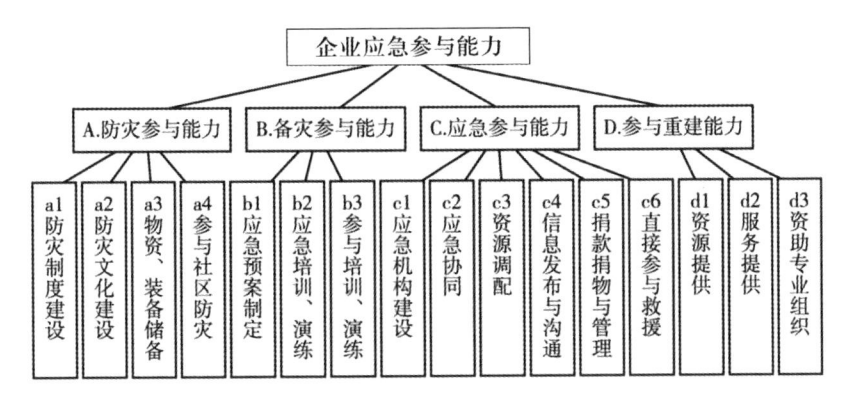

图 16　企业应急参与能力框架

资料来源：作者自制。

能力进行考察和分析。

国土面积仅占全球总面积四百分之一的日本,却集中了整个地壳运动能量的十分之一,承受了全球五分之一以上的6级地震。[①] 应急参与能力是企业应急管理能力的重要体现。日本企业在面对这两次地震中的应急能力都能从其灾害参与情况中体现出来。虽然"3·11"地震的破坏力远远超过了阪神大地震,但企业的灾害参与能力揭示了阪神大地震发生以来日本企业对应急管理能力建设的重视,以及在此基础上形成的灾害参与总体水平的提高。下面我们将对日本企业的防灾参与能力、备灾参与能力、应急参与能力和参与重建能力逐一进行分析。

1. 防灾参与能力：从传统防灾向参与防灾型社区建设发展

防灾减灾是应急管理的基础性环节,是一种能"在灾害发生时提供被动性保护的灾前行动方案"[②]。对防灾工作的高度重视是日本灾害文化的

[①] 就地震灾害而言,日本自1995年阪神大地震以来,就有2003年5月和9月本州岛、北海道分别发生7级和8级地震,2004年、2007年新潟先后发生6.8级地震,2011年3月11日东北地区发生9级地震,2016年4月熊本县发生6.5级地震。

[②] Ronald W. Perry, Michael K. Lindell, *Wiley Pathways Emergency Planning*, John Wiley & Sons, 2006, p.126.

重要特点①。而企业防灾是日本防灾体系的重要组成部分。②但在阪神大地震发生之前,日本企业防灾减灾的主要方式是进行一定水平的应急物资储备。显然,仅仅依靠应急物资储备并不足以应对巨灾。在阪神大地震的冲击下,灾区很多企业遭受毁灭性打击,而且,企业的灾害恢复力不强,一年半之后灾区受影响的企业才恢复到震前的八成水平。好在经过阪神大地震冲击,日本企业吸取了教训,开始注重防灾减灾工作,以减少灾害对企业业务的影响。

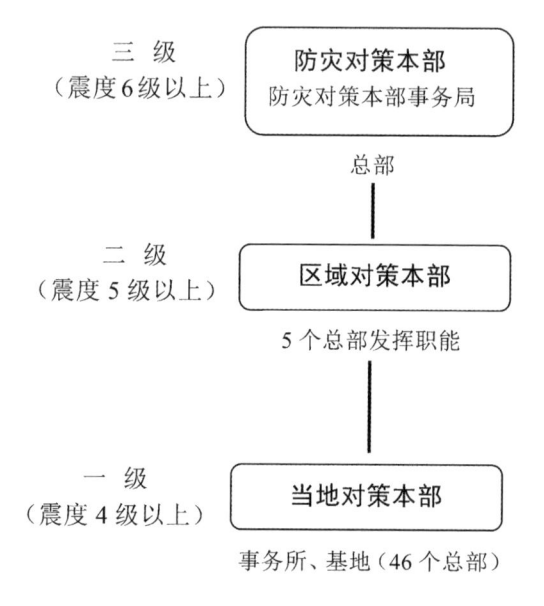

```
三 级              防灾对策本部
(震度 6 级以上)   防灾对策本部事务局
                      总部

二 级              区域对策本部
(震度 5 级以上)
                  5 个总部发挥职能

一 级              当地对策本部
(震度 4 级以上)
                  事务所、基地(46 个总部)
```

图 17　三级应对体制

首先,设立有效运行的灾害防范与应对体系。基于阪神大地震的深刻教训,很多日本企业意识到了加强灾害管理的重要性,在企业内部设立了灾害对策本部、风险管理委员会等应急管理组织。这些组织一方面用于地震与水害

---

① 早在 1960 年,日本政府就将每年的 9 月 1 日定为"防灾日",后来又将每年的 8 月 30 日到 9 月 5 日定为"防灾周"。依据《灾害对策基本法》,日本在内阁设置了以首相担任会长的中央防灾委员会,作为防灾的最高权力机关。

② 参见崔健:《论日本企业防灾的两面性——基于国际比较的方法》,《日本学刊》2011 年第 5 期。

等自然灾害的应对,另一方面也用于应对包括火灾、危化品等在内的各种技术与人为灾害。如为了强化风险与应急管理,日本工营公司建立了企业行动会议,董事长亲自担任会议主任。为强化风险与灾害管理功能,在企业行动会议中建立风险管理委员会,由董事长任委员长,在遵从企业行动会议基本方针的基础上,针对业务活动相关的风险,制定了使灾害影响最小化的相关政策。各部门根据灾害规划开展各类风险与应急管理工作,并定期(每个季度)向委员会报告工作进展与本季度已经出现或可能存在的风险及应对措施。

其次,建立自主防灾组织,并针对各灾种制定相应的防灾计划。阪神大地震后,日本企业开始大量设置自主防灾组织,到2009年4月,日本已设置了2304个自主防灾组织。[1] 此类组织的设置虽然原本是为了保护企业自身及联盟企业的安全,但当大规模灾害发生时,一方面能够发挥防灾功能,另一方面它们往往会主动参与应急救援,发挥出巨大的社会功能。同时,日本企业开始重视防灾计划[2]的制定。公司通常将灾害分为全公司灾害和部门级灾害,同时根据灾害的不同规模划分应对层级,明确灾害应对主体,以便在灾害发生时能够从容应对。例如,为应对地震灾害,日本花王公司设置了三级应对体制(见图17):该体制按照地震震级的不同而设置不同层级的灾害对策本部。花王公司这一分级灾害应对体制的设立,形成了公司应对灾害的制度化,一旦发生地震等灾害,其应对变得有章可循,而不至于临阵磨枪。这些防灾体制的建立,对减轻日本企业在"3·11"地震中的直接损失发挥了基础性而又十分重要的作用。[3]

---

[1] 参见公益财团法人兵库震灾纪念21世纪研究机构编撰编译:《灾害对策全书》,四川省社会科学院、四川震灾研究中心监译,四川人民出版社2013年版,第40页。

[2] 日语中的"防灾体制""灾害对策体制",相当于汉语的灾害管理体制。参见王德迅:《日本灾害管理体制改革研究——以"3·11东日本大地震"为视角》,《南开学报(哲学社会科学版)》2016年第6期。

[3] 参见顾林生:《日本"3·11"大地震后国家减灾政策的反思与走向》,《中国减灾》2013年第6期。

企业参与应急管理

再次,日本企业在结构性防灾措施上做出了改进,同时加强了灾害物资储备。以阪神大地震为契机,日本对震级在6级以上的地震实施防灾对策的企业从17%增加到35%,其中近畿地区达到79%。阪神大地震发生后,当年内,几乎所有企业都针对6级以上的地震灾害制定了相应的防范与应对措施。另外,日本企业高度重视应急物资储备,以备灾时之需。不仅各公司都做了充足的应急物资储备,还为每位员工免费配置了一个专业的防灾应急箱,防灾减灾水平不断提高。例如,三井不动产公司就常备约60万份食物和水,足够管理大楼全部员工1天量的食物和饮水需要,同时还包括简易卫生间、医药品、救护器材等防灾必需品的储备。这样的防灾活动不仅确保了"3·11"地震发生后员工及受灾人员的生活需求,同时缓解了企业内人员的紧张情绪,保障了员工的生命安全。[1]

最后,通过与地方政府等签订防灾协议参与区域防灾。企业还与地方政府、自治体、居民团体等签订地域防灾协议,通过公私协作,实施共同防灾项目。日本内阁府对达到20万以上人口的市和特别区的企业协定情况做了专门调查,结果显示,这些协定主要包括专门物资、技术、空间、信息服务和出租车无线电的灵活运用等方面。[2] 通过这些协议,企业既可以为自身开展防灾工作提供便利,也可以参与到社区、地方甚至国家层面的防灾工程中。

这些方面的防灾能力建设,一方面大幅度提升了日本企业的防灾减灾能力,另一方面也为提高广大企业的防灾参与能力奠定了重要基础,进而为"3·11"地震中人员伤亡的减少与财产损失的降低发挥了重要作用。

此外,随着企业自身防灾能力的提高,日本企业开始超越传统防灾体系建设而投入到防灾型社区建设中。企业作为防灾型社区的重要主体,在当地防

---

[1] 如距震中不远一家公司地震时的实况录像显示,公司员工在晃震强烈的办公室中,尽管显得有些惊愕,却极其镇定、有序地躲避和疏散。参见张永春:《日本大地震应急救援启示录》,《中国应急救援》2012年第4期。

[2] 参见内閣府防災担当、『平成15年版防災白書』、http://www.bousai.go.jp/kaigirep/hakusho/h15/BOUSAI_2003/html/honmon/hm130204.htm.

第四章 日本企业的应急参与能力发展

灾减灾方面发挥着重要作用。相关法律法规对此做了明确规定。例如,《宇治田原町地域防灾计划》规定,由地方政府、社区居民和社区企业共同推进社区防灾对策的建设,同时,社区居民和企业之间相互提供信息,建立自主性防灾组织,形成共建型防灾社区①。如日本的大金工业公司,在 2000 年 7 月,以草加事务所为对象,与草加市及周边的 5 个乡镇签订《地区防灾协定》。基于这项协定,在事务所合作范围内,在灾害发生时提供避难所、重型机械等机械材料、直升机紧急起降场所等。在平时也要提供防灾训练的合作以及防灾储备仓库等。不仅参与到了社区防灾中,也对灾害发生后的响应工作做出了明确规定。② 如东京燃气公司从 2005 年开始,在首都圈各地举办地区行政、消防、警察、灾害志愿者团体、社区居民等为一体的普及、启发活动——"防灾博览会"。如运用移动式燃气装置提供赈济食品、微型仪器的恢复操作训练等,同时主动参与各自治体的综合防灾训练。③

随着"自己的社区,自己保护"观念的普及,企业参与社区防灾活动愈发普遍。如在名古屋,根据《名古屋防灾安心城市建设 2010》的规定,基层应急管理以学区为单位,自主防灾组织、消防队和灾害救助地区本部委员会三方合作,共同从事社区的防灾减灾工作④。作为社区的重要成员,日本的企业往往会主动参与到防灾组织、消防队和灾害救助地区本部委员会,与社区政府、非政府组织等共同承担防灾减灾与灾害救援等应急管理任务。2006 年,日本中央防灾委员会发布了《促进减灾的国民运动基本框架——安全与安心的增值行动》,目的在于推动包括企业在内的社区所有力量参与的持续防灾减灾国

---

① 参见田一:《企业参与灾害管理:从阪神到"3·11"地震的日本探索》,江苏师范大学硕士学位论文,2016 年。
② 参见『企業による自治体及び住民団体との「地域防災協定」』,http://www.bousai.go.jp/kyoiku/keigen/torikumi/tsh19006.html。
③ 参见『企業と地域の連携による「防災フェア」』,http://www.bousai.go.jp/kyoiku/keigen/torikumi/rkh19002.html。
④ 参见伍国春:《日本社区防灾减灾体制与应急能力建设模式》,《城市与减灾》2010 年第 2 期。

民运动。日本企业则通过展览、研讨会与灾害管理宣称海报设计比赛等各种方式积极响应。至此,日本企业参与社区防灾成为防灾国民运动的重要内容而深入到各公司的日常管理与公司员工的日常生活中,企业与社区居民相互提供灾害与应急信息,广泛建立各种形式不同而又灵活多样的自主性防灾减灾组织,形成共建型防灾抗灾型社区。

2. 备灾参与能力:从常规计划向业务持续计划发展

应急准备是一种应对所处环境威胁的有准备的状态。它是这样一个过程的结果——调查所在社区所有致灾因子(脆弱性分析),确定应对这些威胁的现有人力和物力资源(能力评价),在此基础上建立协调应对威胁的组织结构(预案编制)。[1] 由于灾害的普遍性影响与危害,要想成功应对它,所有私人、公共和政府组织都必须考虑事发之前的充分准备工作。好的灾害准备旨在为组织建立可预见风险和应对的能力。而这种能力的建立需要通过规划、培训和演练方能形成。在灾害准备方面,核心工作是做好灾害规划与应急预案,并针对应急规划与预案进行灾害培训和应急演练。[2] 企业也不例外。充分的灾害准备与灾害响应能力密切相关,以更为有效地提高灾害应对能力为主要目的[3]。备灾能力的强弱事关企业在灾害来临时能否持续运营和开展救援工作,更决定着在巨灾面前是否有能力自救和参与社区灾害救援。

在灾害准备方面,在阪神大地震发生后,当时的绝大多数企业并未做灾前准备工作,虽然有些企业在危险物的安全对策与物资准备方面做了一定的工作,但极少有企业制定了与阪神大地震等级相应的灾害应对策略,从而导致绝大多数企业

---

[1] Ronald W. Perry, Michael K. Lindell, "Preparedness for Emergency Response: Guidelines for the Emergency Planning Process", *Disasters* 2003(4), pp.336-350.

[2] George D., Haddow, J. Bullock and D. P. Coppola, *Introduction to Emergency Management*, 5th Edition, Butterworth-Heinemann, 2014, p101.

[3] Arjen Boin & Paul't Hart, "Organising for Effective Emergency Management: Lessons from Research", *Australian Journal of Public Administration*, 2010(4), pp.357-371.

灾前的防灾投入几乎完全失效,灾害救援方案失灵。据调查,在阪神大地震发生时,日本有近一半的企业没有制定应急预案、灾害规划与应急手册。而在少数制定了应急手册的企业中,其作用大都十分有限,甚至完全没能发挥作用①。

在逐渐认识到企业防灾减灾重要性的过程中,基于政府的推动,日本企业加强了对灾害规划工作的重视,而更为重要的是,开始进行从防灾计划到业务持续计划的转变,开始着手以业务持续计划为基础的灾害管理体系建设。所谓业务持续计划(Business Continuity Plan,简称BCP),是指"在灾害发生时确保特定的重要业务活动不被中断,而万一出现业务活动的中断也应在设想恢复时间内重新启动重要功能,以保证企业不受业务中断而受损的经营战略"②。其本质是为了让商业活动受到灾害威胁时能够得以持续,而在事前做出规划和准备,并持续维护的一连串活动。不同于传统的备灾计划,业务持续计划是在传统备灾措施的基础上,分析灾害发生时"应该优先恢复哪些关键业务"的措施,并对这些关键业务"在多长时间内可以恢复到什么程度"进行系统评估,有针对性地制定具体对策。③

与阪神大地震相比,日本企业在"3·11"地震发生时业务持续计划的制定更为全面有效,几乎所有的企业都制定了灾害规划和应急预案,近50%的大型企业已制定业务持续计划。不仅如此,各企业还将地震等灾害进行分类分级,并有针对性地分别制定相应防范与应对方案。可见,阪神大地震之后的十多年时间,日本企业已经充分认识到灾害规划的重要性,并将灾害规划列入企业的运营与管理中。如2009年内阁府实施的《关于企业持续经营级防灾措施实际情况的调查》显示,超过一半(55%)的大企业已制定防灾计划,四分之一的大企业正在制定防灾计划;关于业务持续计划,已制定业务持续计划和正

---

① 参见田一:《企业参与灾害管理:从阪神到"3·11"地震的日本探索》,江苏师范大学硕士学位论文,2016年。
② [日]竹中平藏、船桥洋一编著:《日本"3·11"大地震的启示:复合型灾害与危机管理》,林光江等译,新华出版社2012年版,第106页。其中业务持续计划一般包含在防灾计划之中。
③ 参见游志斌:《日本政府巨灾应急准备的经验及借鉴》,《行政管理改革》2011年第5期。

在制定业务持续计划的大企业分别占28%与31%①。正是通过对防灾规划尤其是业务持续计划工作的重视,大大减轻了灾害对企业的影响。据有关机构对日本制造业的调查显示,"3·11"地震后的4个月,企业硬件已100%恢复正常,90%受灾企业恢复正常运营。面对巨灾显示出如此强大的恢复能力,正是业务持续计划发挥重要作用的结果。②

除了制定灾害计划与业务持续计划之外,注重对员工进行灾害培训与应急演练也是日本企业强化应急管理的重要内容,在"3·11"地震发生之前,不少日本企业就已经开展了这两个方面的工作。日本企业针对地震灾害的应急演练主要包括诸如灭火演练、逃生与救援体验这样的基本工作演练。通过对这类基本应急内容的演练,增强了企业员工的灾害意识,也提高了防灾与救灾认知和能力。另外,随着灾害危害的不断加大,对灾后无法回家或无家可归的人的收容工作也开始成为一些企业应急演练的内容之一。"3·11"地震的发生让日本企业进一步增强了对灾害管理的重视。这次地震之后,日本企业开始制定更加全面的防灾计划,业务持续计划也引起更多企业的重视,得到了更加普遍的推广。同时,日本企业应急演练的频率也很高,真正保证了企业在面对灾害时能够熟练应对。据统计,东京迪士尼度假村每年进行180次防灾演练,相当于每2天就举行一次灾害应急演练。在演练过程中,公司员工轮流参加演练。园内备有专用消防车,与此相配套的是一些工作人员(被称为"Fire

---

① 参见[日]竹中平藏、船桥洋一编著:《日本"3·11"大地震的启示:复合型灾害与危机管理》,林光江等译,新华出版社2012年版,第108页。

② 参见顾林生:《日本"3·11"大地震后国家减灾政策的反思与走向》,《中国减灾》2013年第6期;浅野宪周:《業務継続計画(BCP)再考——大震災から企業は 何を学ふへきか》,《知的资产创造》2012第2期。例如,地震发生后,位于东京的富士通公司总部立即启动了业务持续计划机制,迅速通过各种方式掌握灾区工厂信息。当得知福岛工厂"台式机生产线严重受损、难以复产"的信息后,执行董事斋藤邦彰立即依据业务持续计划做出决定,将台式机生产功能转移到千里之外的岛根工厂——专门生产笔记本电脑的生产基地。在此期间,公司总部的事业连续中心研发部门以及质量保证部门与岛根公司遥相呼应、密切配合、共同协作,仅用10天时间就完成了生产转移。参见张玉来、陈欢:《"3·11"大地震与日本产业复兴的新趋势》,载李卓主编:《南开日本研究·2014》,天津人民出版社2014年版。

Cast")24小时待命。东京迪士尼度假村对应急管理的重视,在关键时刻发挥了作用:"3·11"地震发生后,园内有序高效地组织应急响应,确保了7万余名园内游客的生命安全。

3. 应急参与能力:从捐款捐物向全面参与救援发展

作为检验整个应急管理系统有效性的关键阶段,如何在灾难发生后及时、有效地开展应急救援,是应急管理的核心问题。① 在阪神大地震发生后,灾区大量企业面对巨灾,响应能力严重不足,损失惨重。非受灾企业主要是以捐款捐物的方式参与灾害援助,企业捐款金额为300亿日元。"3·11"地震中,由于日本企业的灾害管理能力普遍提高,面对灾害,一方面,灾区的广大企业迅速启动应急机制,展开自救;另一方面,不少企业还能主动参与社区紧急救援。如神户大学组织的一项调查显示,近半数企业在地震发生后3小时内成立了以公司总经理作为本部长的灾害对策本部,并在一天内就完成了企业员工的生命安全确认。② 其中,超过一半(60%)的企业灾害对策本部的职能都得到了有效发挥③。灾害对策本部以各部门的部长级员工为主要成员,规模大约为20—30人,全面负责灾害应对工作。从最开始一个月的每日例会,逐步减少至每周一次例会,再逐步削减参会成员,直至最终解散。④

而且,此时企业的捐助能力也大大提高,地震灾害发生后,大量企业纷纷

---

① 参见樊博、詹华:《基于利益相关者理论的应急响应协同研究》,《理论探讨》2013年第5期。

② 该调查还发现,面对巨灾,日本企业总体上表现出很强的响应能力,能够在地震当日掌握受灾情况的企业为88%,能够掌握计算机系统和通信网络受灾情况的企业为70%。参见『事業継続計画(BCP)に関するアンケート調査結果について』,http://www.kpmg.com/jp/ja/knowledge/pages/news20110418.aspx。

③ 日本経済団体連合会,『東日本大震災に際しての企業の対応に関するレビュー-経団連アンケート調査結果より-』,2012 年 3 月 5 日、4 頁,http://www.mlit.go.jp/common/000193679.pdf。

④ 駒橋恵子,『緊急時の情報行動は平時の組織文化の反映である—東日本大震災における企業のクライシス対応—』,『経済広報』2013 年 6 月 5 日。

企业参与应急管理

捐款捐物。如日本著名的企业松下公司,不仅捐赠了3亿日元,而且发挥自身业务优势,根据受灾者需求捐出50万只太阳能蓄电池和干电池、1万支手电筒与1万台收音机,为灾区通信的快速恢复发挥了积极作用。

表12　阪神大地震与"3·11"地震企业的应急能力和参与能力比较

	阪神大地震	"3·11"地震
地震造成的损失及企业受灾情况	约9.6兆日元。20%的企业遭受全毁或半毁性打击,另有50%属于部分损害,受灾企业约占75%。①	约16—25兆日元。日本77.9%的企业受地震海啸影响②,大量位于东京的企业也受到严重影响。③
捐款捐物	共收到1800亿日元的捐款。④ 从各地寄来善款大约850亿日元,其中来自企业的捐款为300亿日元。	截至地震发生当年的9月,企业一共捐款1200亿日元。⑤ 一些企业利用自身技术优势参与善款与救灾物资发放,对所捐钱物的管理能力明显提高。
灾害对策本部	地震发生之后,超过一半(50.8%)的企业设立了灾害对策本部,另有2.6%和不到25%的企业分别于震后1小时内、3小时内设立灾害对策本部。	大约90%的企业于灾害发生后设立了灾害对策本部⑥,另有几乎半数企业在震后3小时内成立了紧急对策本部。
确认员工生命安全	对员工生命安全的确认行动迟缓,不少企业完成这一工作的时间为3天以上。	近一半企业在1天之内就完成了对企业员工及其家属的生命安全确认工作。⑦

---

①　参见北京日本学研究中心、神户大学编:《日本阪神大地震研究》,宋金文、邵建国监译,北京大学出版社2009年版,第202页。

②　参见张玉来等:《黑色3·11——日本大地震与危机应对》,中国财政经济出版社2011年版,第134页。

③　参见[日]竹中平藏、船桥洋一编著:《日本"3·11"大地震的启示:复合型灾害与危机管理》,林光江等译,新华出版社2012年版,第102页。

④　参见公益财团法人兵库震灾纪念21世纪研究机构编撰编译:《灾害对策全书》,四川省社会科学院、四川震灾研究中心监译,四川人民出版社2013年版,第167页。

⑤　参见《日媒:311大地震企业捐款1200亿日元》,http://cjkeizai.j.people.com.cn/98732/7748428.html。

⑥　参见《東日本大震災に際しての企業の対応に関するレビュー:経団連アンケート調査結果より》,http://www.bousai.go.jp/jishin/syuto/kitaku/3/pdf/d02.pdf#page=1。

⑦　参见《事業継続計画(BCP)に関するアンケート調査結果について》,http://www.kpmg.com/jp/ja/knowledge/pages/news20110418.aspx。

续表

	阪神大地震	"3·11"地震
为员工提供支持与保障	解决员工住房问题,并提供物资支持,为员工的志愿者活动提供便利与支持。	在为员工解决基本生活需求的基础上,重视员工意见、提案,消除员工的不安和不满,一些企业开始建立志愿者休假制度。
灾害参与活动	少数企业员工奔赴灾区,实施人力支援。	共约18万名企业员工参与志愿者活动; 在直接参与救援的基础上,开始为灾区民众提供心理疏导; 提供服务,开放设施,与政府、非政府组织等进行合作,积极参与救援,形成了较强的协同能力。

在阪神大地震与"3·11"地震的救援与重建中,日本的一大重要进步表现为,"3·11"地震发生后,企业参与救援方式发生变化。阪神大地震中企业响应主要是捐款捐物。而"3·11"地震发生后,不仅大量企业迅速启动紧急响应程序,参与到了紧急救援中,而且在参与方式上,已经从以前的捐款捐物向包括捐款捐物在内的多样化与专业化方向发展,除了公司及其员工捐款捐物之外,还包括派员工直接参与现场搜救,灵活运用企业资源与优势,整合公司的人力、物力,结合受灾地需求开展各类救援和支持活动。如开放企业设施、提供服务、派遣企业员工志愿者,以及派出员工参与紧急救援行动等。例如,IBM日本公司在地震海啸发生后充分利用企业优势——云计算环境,经与IBM总部协商,为当地政府及参与救援的非政府组织等提供免费服务。同时将其参与开发的信息共享工具Sahana[①]用于此次地震紧急救援。但由英语到日语的转换却出现了问题。为了克服这一困难,IBM日本公司组织50名员工用了一周的时间为Sahana安装300个平板电脑的计算机环境。Sahana在

[①] 在2004年苏门答腊安达曼地震和印度洋海啸发生后,Sahana作为一个开源软件被开发出来。IBM员工与来自世界各地的软件开发商,作为志愿者参与了Sahana的开发。Sahana已经被应用于海地、智利和中国四川的灾后救援中,IBM公司对上述地区都提供了免费的软件工程师和信息系统平台。

企业参与应急管理

岩手县沿海地区的124个疏散中心成功部署,不仅将物资更为快捷地提供给避难者,而且有助于地方政府掌握避难者数量和供给的总体情况。①

在灾害支援方面,日本企业参与阪神大地震救助的最主要方式是物资捐助,只有少数企业组织去灾害现场展开救援工作,"3·11"地震中也是如此。但有所进步的是,与阪神大地震相比,在参与"3·11"地震海啸的救援过程中,此时的企业更注重与各级政府、非营利组织等开展广泛合作,同时,还在捐款捐物与提供救援物资时与这些组织进行信息的共享与交换,以确保应急物资能及时送到灾区民众手上②,从而提高了参与效率与水平,即对所捐钱物的管理能力明显提高了;另外,一些企业不仅支援员工从事志愿者活动,还规划企业自身的志愿项目,积极参与灾害救援活动。据统计,截至当年9月,总计约有18万名日本公司的员工参与志愿者活动。③ 此外,在参与"3·11"地震海啸救援过程中,企业志愿者注重对灾区民众的心理疏导,通过企业志愿行动,让不少灾区民众,尤其是老人、儿童等弱势群体走出了灾害阴影。企业与政府、非政府组织等各类组织的深入合作,已成为"3·11"地震不同于阪神大地震的重要特征,这种协同能力也成为灾害支援有效性、提高灾害救援能力的重要保障。

在"3·11"地震应急救援中,大量企业如花王日化公司、日本国际航空、日本航空、唯尔喜公司、朝日玻璃、日本开发银行、滋贺银行、鹿岛公司、东北制药公司、日本制药协会、米谷、仙台可口可乐装瓶与大和控股等企业都表现出很强的参与能力,表明了阪神大地震以来日本企业应急参与水平的显著提高,逐步形成了自助、共助、公助三位一体的灾害应对策略,即灾害发生时日本国民与企业的自我救助(自助),国民与企业之间的互助(共助),地方公共团体等与政府灾害应对策略(公助)责任的合理分割,即对与国民、企业、社区、公

---

① 参见杨安华、田一:《企业参与灾害管理:日本应对3·11地震的实践与启示》,《江海学刊》2016年第1期。
② 参见内阁府:《防災白書》,日经印刷2012年版,第23页。
③ 参见《日媒:311大地震企业捐款1200亿日元》,http://cjkeizai.j.people.com.cn/98732/7748428.html。

共团体及行政单位等相对应的责任进行分割①。这种三位一体的灾害应对机制的形成,不仅提高了企业参与灾害救援的水平,同时极大地提高了日本整体灾害应对能力。

4. 参与重建能力:从捐助到全方位参与灾区重建

在阪神大地震中,地震对日本经济与企业带来的巨大的冲击,导致大量企业倒闭,企业极力投入到产业的重建中。同时,不少经济团体对当地企业要求做了汇总后汇报给政府,与政府行政部门进行有效沟通,从而发挥了积极作用,对灾区产业复兴作出了一定的贡献②。虽然不少受灾企业通过自身重建与复兴,从而起到带动社区恢复重建的作用,但总体而言,阪神大地震后日本企业的复原能力有限,企业复兴艰难,不少企业直到震灾一年半后才恢复到震前八成的水平。在整个地震灾区,一直到两年多后才差不多恢复到震前的水平。

与阪神大地震相比,"3·11"地震形成了一种超越地震、海啸等自然灾害的复合连锁型危机,对经济社会造成了极为严重的冲击,因此,企业受灾害打击与影响程度更加广泛,也更加深远,大批企业在这种严重冲击下相继停业与倒闭,企业重建一直在持续进行。但与阪神大地震相比,"3·11"地震中,日本企业的灾后恢复显得更为迅速,也更加有效,至当年8月,80%以上的日本企业已经恢复了震前生产能力③,这是阪神大地震后的企业没法相比的。同时,不少企业通过自身修复、战略创新与生产转移等多种途径参与社区乃至国家的灾后恢复重建工作,加速了整个国家的灾后恢复重建进程。2013年组织的

---

① 参见陶书毅:《日本防灾减灾的社区参与机制》,《中国社会报》2015年7月17日。
② 参见北京日本学研究中心、神户大学编:《日本阪神大地震研究》,宋金文、邵建国监译,北京大学出版社2009年版,第254—262页。
③ Rajib Shaw, Ed., *Tohoku Recovery Challenges, Potentials and Future*, Springer Publications, 2015, p.28.

一次针对企业的调查中,一半以上的企业参加了这次地震灾后重建工作,比例达到了调查企业的58.3%,在此之前参与过灾后重建工作的企业占41.6%,而之前参与过并正在参与"3·11"地震灾后重建的企业比例高达70%。①

如日本吴羽化学有限公司虽然也被迫关闭了距震中不远的磐城市工厂②,但其不仅积极参与了社区紧急救援,而且在灾后重建中还启动"一起微笑,日本东部援助计划",具体包括:(1)"宫城县油菜花计划"。该计划用于资助东北大学与当地组织进行合作,改造因海啸致使宫城县境内盐分过高、作物无法生长的一万多公顷水田。具体做法是种植除盐性很强的油菜花来改造田地,从而达到了既改良了土地,又收获了菜油的良好效果,有效地帮助当地农民恢复了对农业的信心。(2)"福岛县农业恢复计划"。该计划拟开展三年,目的是通过正确的核辐量管理,实施"农业重建计划,福岛充满生机的农业",将安全食物信息和灾民的微笑带给全国,以重建公众对福岛食品安全的信心,促进福岛农业恢复。(3)"饮食生活的恢复:岩手县地区互助食品恢复计划"。该计划是针对"3·11"地震对灾区人民饮食生活被严重破坏的状况而展开的。具体做法是岩手县盛冈短期大学部与县营养师协会等组织合作,在受灾地举办以"地区饮食"为中心的料理教室。通过大家一边享受美食一边制作、一边聊天一边品尝的方式,制造回归"维系生命的食品""快乐饮食""使心平静的饮食"这种食品本身目的的机会,从而寻求饮食生活的恢复,实现受灾者健康与饮食乐趣的再次构建,以促进饮食生活的快速恢复。③

---

① 参见『東洋経済』、http://toyokeizai.net/articles/-/32489。
② 该公司主要生产一种对锂电池来说至关重要的高分子聚合物,该产品在全球市场的份额超过70%。"3·11"地震发生后,公司被迫关闭了磐城市的工厂,这也是该公司生产该化学原料的唯一一家工厂。参见《日本地震导致iPod关键元件缺货》,https://tech.sina.com.cn/it/2011-03-31/10235354549.shtml。
③ 在东日本大地震中,受灾者的饮食生活也受到了极大的影响。失去了灾前具有地域性的丰富的饮食生活,灾后几个月仍依靠支援物资和饮食救援维持生活。在此过程中,不仅出现了营养不足的问题,也导致了家庭和地区中通过饮食进行交流的缺失。该部分资料参见『東日本大震災への復興支援活動』、https://www.kureha.co.jp/csr/tohoku_earthquake.html。

第四章　日本企业的应急参与能力发展

在此次地震海啸中,日本金融界也以崭新的方式参与恢复重建工作。如针对震后日本金融市场动荡不安的情形,为了尽快稳定金融市场,帮助灾区进行灾后恢复重建,日本野村证券公司启动了震后商业重建基金计划。野村证券发挥企业特长为灾区民众提供其他企业提供不了的服务。首先,建立了地震恢复重建基金,这也是当时第一个这方面的基金计划。主要用于帮助灾后迫切需要资金的地方政府、非政府组织等公共组织与企业筹集灾害恢复重建与复兴资金,克服资金困难,加快重建速度;同时也为那些愿意参与灾区重建,但又缺乏适当参与途径的个人投资者提供便捷。这样,公司有效利用自身优势,联合了社会多方力量,使更多有参与意愿和能力的组织和个人能有序参与到灾后重建工作之中。而运动品牌公司ASICS则专注于灾害中失去父母的儿童群体,公司充分发挥自身在运动方面的优势,多途径地激发他们的运动活力,从而让他们在运动中修复受伤的心灵,通过体育品牌活力向他们传输自信、坚强的理念。①

不难看出的是,在参与阪神大地震的救援中,日本企业主要基于企业的慈善与公益行为和理念,很少有企业能将灾害参与纳入到自身的社会责任建设体系之中。这种状况直至2003年才有所改变,2003年,日本才全面提出企业社会责任建设目标。此后,企业社会责任在日本企业得以全面推进,从而加快了这一进程,企业社会贡献的重要性的认识开始深入人心。具体做法包括企业发布"可持续发展报告"与"CSR年度报告"等方式,总结公司在本年度从事的环境保护与灾害管理等社会贡献活动。而在国家或企业所在地区发生灾害后,则通过分析企业的灾害参与工作,总结公司在参与灾害处理中取得的成就和存在的不足,在此基础上总结经验和教训,同时提出改进工作的具体措施。日本企业在这方面的进步不仅提高了自身灾害意识和灾害应对能力,同时在一定程度上减轻了政府的应急管理压力,进一步实现了企业的社会价值。企

---

① 参见俞越珏:《突发性事件中企业的社会责任方式研究》,上海外国语大学硕士学位论文,2012年。

业的做法不断得到日本政府的认可,地方政府也根据自身实际,通过各种途径为企业参与应急管理提供平台与渠道。如日本东京都政府承认的企业灾害参与方式包括:企业自身的防灾体系建设、通过行业和协会的参与、作为公共或公益团体被指定为防灾机构的参与以及组织自卫消防队等。① 日本企业也通过多种途径不断完善企业的灾害参与能力建设,如开展企业全员 CSR 培训、发布 CSR 报告开展具体实践等,而政府则不断强化企业内部和外部的企业社会责任体系建设。

(三)日本政府促进企业参与应急管理的政策措施

重视灾害管理和灾害参与能力建设提升了日本企业的灾害参与能力,但同时也得益于日本政府的有力推动。1995 年阪神大地震发生之后,鉴于对社会力量的重视,日本政府开始将包括企业在内的社会力量纳入灾害管理体系。对企业,重要措施就是推进企业业务持续计划建设,旨在促进企业提高灾害管理能力。企业业务持续计划的实施与推广,不仅提高了日本企业的灾害意识和能力,也提高了企业的灾害参与能力,二者是相互关联、密不可分的。

1.通过法制建设促进企业参与应急管理

作为自然灾害频发的国家,为了使防灾减灾等各项应急管理工作得以落实,有效减轻灾害造成的损失,日本一直重视应急管理的法制建设。② 如今已经制定了以《灾害对策基本法》(1961 年 10 月 31 日颁布实施)为基础,包括《大规模地震对策特别措置法》《灾害救助法》《地震保险法》《地震财

---

① 参见张晓曦:《国外社区防灾减灾的经验及启示——以日本社区防灾减灾建设为例》,《环境与可持续发展》2013 年第 6 期。
② 早在 1880 年,因东京银座大火灾烧毁大量建筑,日本颁布了《炼瓦建筑令》。在 1894 年大水灾之后,又分别于 1896 年制定了《河流法》,1897 年颁布了《防沙法》和《森林法》。参见[日]滕五晓、加藤孝明、小出治编著:《日本灾害对策体制》,中国建筑工业出版社 2003 年版,第 37 页。

特法》《地震防灾对策特别措置法》《火灾法》《水防法》《受灾者生活再建法》等较为完善的法律体系,通过完善法律制度提高了日本的整体应急管理能力。

阪神大地震后,日本政府反应迟钝,应急救援严重滞后。民间组织却反应迅速,在第一时间加入了救援队伍。民间组织在阪神大地震中的优异表现改变了人们对灾害救援的看法,也促使日本政府重新思考灾害管理主体问题。日本政府吸取了阪神大地震救援的经验与教训,通过立法的方式将企业与民间组织纳入灾害对策体系。如震灾两年后,也就是1997年,日本政府对《灾害对策基本法》进行了修订,其中第7条规定:"地方公共团体的居民在防灾减灾救灾等方面要谋求自救手段,同时必须参加自发的防灾活动,努力为防灾作出贡献。"此外还做了特别说明,此处的"居民"包括企业等法人。这表明,阪神大地震改变了日本对灾害应对企业作用的认识,将企业纳入国家灾害对策体系,使日本的灾害应对由政府单一行为向"政府—全民"的灾害对策方向转变,从而为企业参与应急管理提供了法律依据。而在震后当年7月修订的《防灾基本规划》中,增设了"防灾志愿者活动的环境准备"和"志愿者的接受"等条目。1998年12月正式颁布《特定非营利活动促进法》,进一步明确了非营利组织等民间组织与企业志愿者在灾害管理中的责任与义务,以及参与灾害应对的途径。之后,将中小企业厅纳入到国家灾害对策组织体系中,充分利用企业的人力、技术与装备等资源优势,通过与企业签订物资调配等方面的协议,寻求企业配合应急物资储备、调配与运送等,提高应急响应能力。7-11、罗森与全家等大量企业利用自身技术与装备,在"3·11"地震海啸救援中发挥了非常重要的作用,与政府及非政府组织一起合作,有力地提高了整体应急救援效率。

2006年,日本中央防灾委员会发布了《促进减灾的国民运动基本框架——安全与安心的增值行动》。目的在于将根植于国民和公司的"自助努力"意识、基于社区不同组织的"互助努力"以及由国家和地方政府提供的"公助努力"紧密结合起来,促进包括企业在内的各种力量持续参与活动和提高减灾投资的国民运动,以减轻灾害损失。① 同时,阪神大地震中房屋倒塌造成了大量人员伤亡和财产损失。为吸取这一教训,日本政府将提高房屋抗震能力作为未来减灾的一项重点工作。阪神大地震发生后的当年,日本就启动了对《建筑基准法》的修订工作,从 1996 年到 2006 年,日本政府连续三次修改完善《建筑基准法》,将建筑抗震标准提到最高等级。规定住宅、楼房能经受 6—7 级地震摇晃而不倒塌,商务楼要求能够经受 8 级地震不倒,且使用期限能够超过 100 年。修订后对建筑抗震标准的严格要求,既最大限度地保障了灾害发生时企业员工的生命与安全,也很好地提高了企业的防灾抗灾能力。这一努力在"3.11"地震中得到了很好的回报。"3·11"地震发生后,不少高楼虽然大幅摇晃,墙体开裂,但整栋建筑却屹立不倒;与阪神大地震相比,"3·11"地震造成的人员死亡为其 4 倍之多,而完全倒塌的房屋数量几乎相当。② 显然,这直接受益于阪神大地震发生后日本政府对建筑物抗震标准的提高,以及在实践中严格执行标准③。此外,于 1997 年颁布《密集城市街区减灾促进法》,旨在提高老城区的防灾减灾能力。因此,在 2011 年发生的"3·11"大地震海啸中,因建筑物倒塌造成的财产损失和人员伤亡的比例较少,因房屋倒塌造成的人员伤亡很少,大部分(超过 90%)的人员伤亡是在海啸中被洪水淹没而造成的。

---

① 参见姚国章:《日本灾害管理体系:研究与借鉴》,北京大学出版社 2009 年版,第页 37。
② 参见[日]竹中平藏、船桥洋一编著:《日本"3·11"大地震的启示:复合型灾害与危机管理》,林光江等译,新华出版社 2012 年版,第 51 页。
③ 日本政府十分强调加强建筑物的抗震性能,制定建筑抗震标准后,严格执行这一标准。如在民宅方面,有专业技术人员定期免费对民宅进行抗震加固和等级评定,对于现存的不符合抗震结构的房屋,在进行房屋防震加固时,政府会酌情给予居民适当的补贴鼓励。同时严厉惩处不执行标准的房地产开发商与建筑师。如 2006 年,著名一级建设师姊齿秀次因为伪造防耐震强度的数据而被捕入狱。参见刘轩:《日本灾害危机管理的紧急对策体制》,《南开学报(哲学社会科学版)》2016 年第 6 期。

2.通过总结会等形式强调企业在应急管理中的作用

阪神大地震之后,日本政府逐步意识到了企业参与应急管理的重要性,并通过总结会与商讨会等形式对企业的灾害参与问题进行公开讨论。2002年,日本防灾基本计划专门调查会召开,并在中央防灾会议上做报告,报告明确指出了企业参与防灾的必要性和重要性,并提出应通过四个方面来推进企业防灾减灾工作,其中包括:(1)行政组织和企业的合作;(2)评价企业及其灾害管理的社会体系构建。报告还强调了企业在灾害发生时,通过确保员工、顾客的安全和业务活动的持续来保证社会经济安定的至关重要性。特别是在灾害刚刚发生后,超市等物流业以及电力、电话、铁道等生命线企业的业务持续十分重要。[①] 不仅如此,灾害发生时,企业可以利用自己所拥有的人才、技术、装备等多方面的优势,在灾害紧急救援的关键时刻履行社会责任。

2002年至2003年,日本政府三次召开企业与防灾相关检讨会议,并由灾害对策大臣亲自主持。经过三次研讨,提出了企业灾害管理与灾害参与的三种途径,即企业灾害管理、企业在社区灾害管理中的角色,以及灾害管理中的企业与政府相关部门协同,探讨建立企业与国家灾害管理的新型体系。另外,会议还探讨了志愿者休假制度、企业灾害参与人才培养等事宜。[②] 2003年,中央防灾会议举办"灵活运用民间和市场力量提高灾害管理能力专题研讨会",讨论了运用民间组织与企业提高地区防灾力的提案[③],并于次年整理成册。通过这些方式,一方面让人们认识到了企业在应急管理中的重要作用,同时增强了企业灾害参与的积极性;另一方面通过可操作的具体方案推动了企业灾

---

① 参见田一:《企业参与灾害管理:从阪神到3·11地震的日本探索》,江苏师范大学硕士学位论文,2016年。
② 参见内阁府防灾担当『企業と防災は何ですか』、http://www.bousai.go.jp/kyoiku/kigyou/kbn/index.html。
③ 参见内阁府防灾担当『民間と市場の力を活かした防災力向上に関する専門調査会』、http://www.bousai.go.jp/kyoiku/kigyou/minkan/index.html。

害管理能力的提升。

3.积极推动企业制定业务持续计划

阪神大地震之后,日本政府加强了对业务持续计划的认识和重视。政府在加强自身业务持续计划工作的同时[1],还积极推动企业业务持续计划的实施推广工作。作为业务持续管理(BCM)的关键内核,企业业务持续计划(BCP)是一种在灾时确保企业重要业务活动不被中断、谋求企业持续经营的计划。它将风险管理融入到日常管理之中,使防灾减灾常态化与制度化发展。[2]

为促进提高企业灾害管理与参与,推进企业业务持续计划建设,2005年和2007年,日本内阁府防灾部门先后召开中央防灾会议,发布《防灾报告书》,这是一份企业自我评价项目表,作为各类企业评价自身灾害管理状况的依据,旨在有效提高企业对自身灾害管理能力与水平的认识,督促企业不断完善灾害规划,从而提高灾害管理与参与能力。防灾报告书主要针对地震、水灾、风灾与火灾等主要灾种,具体内容包括对确认员工生命安全、保护资产、协调灾害应对,以及自身业务持续等多方面进行全面评价。[3] 另外,为了吸取阪神大地震的教训,内阁府防灾部门于2005年8月与2009年11月分别发布了《业务持续指南》第一版和第二版,对实施业务持续计划的必要性和重要性进行了深入分析,并对业务持续计划的制定和实施做了明确规定,并提出到2015年的目标:所有大型企业和50%的中小型企业都要制定业务持续计划。另外,会议还对5个项目的重要性进行了特别说明——指挥命令系统的明确

---

[1] 到2010年6月,日本中央政府的各省厅和都道府县全部制定了业务持续计划。参见游志斌:《日本政府巨灾应急准备的经验及借鉴》,《行政管理改革》2011年5期。

[2] 参见[日]竹中平藏、船桥洋一编著:《日本"3·11"大地震的启示:复合型灾害与危机管理》,林光江等译,新华出版社2012年版,第106页。

[3] 参见内阁府防災担当『防災に対する企業の取組み自己評価項目表』、http://www.bousai.go.jp/kyoiku/kigyou/pdf/evaluation02.pdf。

化、本公司重要据点的功能确保、情报发布与共享、情报系统的支持、产品和服务的供给①,以有效推进企业制定业务持续计划与实施业务持续管理工作,推动企业通过制定业务持续计划提高灾害管理与灾害参与能力。②

2006年,日本中小企业厅专门为支持中小企业制定业务持续计划发布了《业务持续计划指南》。同年建立了业务持续提升组织(BCAO),由该领域的专家团组成,用以促进跨部门的业务持续计划推广与加强区域防灾备灾和危机应对工作。自此,许多行业协会、商会和地方政府以及分支机构发布了业务持续计划指南、工具与案例研究等。

另外,日本还进一步加强了对企业业务持续计划制定工作的督促。从2007年起,由日本内阁办公室每2年组织一次行业内调查,以便及时、精确地了解企业业务持续计划的制定与推广情况。③ 通过不断努力,到"3·11"地震发生之前,日本大型企业中大约有50%—60%制定了业务持续计划,并能及时进行更新,大量的日本企业建立了以业务持续计划为基础的防灾体系④,提前完成了2009年发布的《业务持续指南》(第一版)提出的目标。"3·11"地震灾害应对工作充分表明,日本企业建立以业务持续计划为基础的灾害管理体系作用显著,大大提高了企业的灾害管理能力,也提高了企业的灾害参与能力。

此外,为了促进企业的防灾活动,需要对积极开展防灾活动的企业从市场与地区社会的角度进行适当评价。为此,政府制定了"企业开展的防灾工作"自身评估项目表与《有关防灾工作信息披露的说明和事例》等文件。基于这

---

① 参见内阁府防灾担当『事業継続ガイドライン第一版』、http://www.bousai.go.jp/kyoiku/kigyou/keizoku/pdf/guideline01.pdf。

② "3·11"地震发生之后,为促使BCP/BCM在海外的本国企业和交易企业中普及,日本还制定并公布了英文版的业务持续指南。参见内阁府『日本の災害対策(2015年改訂版)』、http://www.bousai.go.jp/1info/pdf/saigaipamphlet_je.pdf。

③ Andreas Hoppe, (ed.), *Catastrophes: Views from Natural and Human Sciences*, Springer, 2016.

④ Natt Leelawat, A. Suppasri & F. Imamura, "Disaster Recovery and Reconstruction Following the 2011 Great East Japan Earthquake and Tsunami", *International Journal of Disaster Risk Science*, 2015, 6(3), pp.310-314.

一自身评价系统的"防灾对策促进事业(防灾评级)融资制度"由日本政策投资银行实施,以之作为对促进企业防灾活动的鼓励。①

4.通过制定多方参与的复兴计划提高企业参与重建能力

阪神大地震给灾区带来了毁灭性打击,在争分夺秒地恢复灾区日常生活基础设施的同时,制定完善的重建计划、实现灾区复兴成为至关重要的问题。为了提高重建效率,各地先后制定了将企业作为重要主体的复兴计划。

兵库县在重建中提出了一个重要概念——"创造性复兴"。其目标是利用震后重建的机会,摆脱传统城市观念,将受灾城镇创造性地建设成具有高度抗灾能力且更加适合人类居住、生活舒适而美丽的城镇。为实现这一目标,兵库县提出了包括企业在内的多方参与、共同出力的城镇建设方案。1995年6月实施的"神户复兴计划",就是通过市民、企业和政府合作努力,重建一个"让神户市民感到自豪,让世界人们衷心眷爱的新神户"。重要内容之一就是"开展共同参与型的重建街区活动",旨在通过市民、企业和政府共同协商参与灾后街区重建。企业方面的主要措施包括,共同实施防灾训练,编写促进企业家参与的地区活动手册,以及完善对企业家作出社会贡献的表彰制度。② 2011年7月29日颁布《东日本大震灾复兴基本方针》中提出的恢复重建的十项原则之一就是"为实现东北地区产业的新时代发展,大力支持企业进入和投资"③,旨在通过企业投资和参与建设的方式提高重建效率和加速复兴进程。

阪神大地震重建计划中将企业作为重要主体,注重多方参与的做法为企业参与灾后重建提供了合法化渠道,客观上提高了企业参与灾后重建的水平和能力。

---

① 参见内閣府『日本の災害対策(2011年)』,第40頁、www.bousai.go.jp/1info/pdf/saigaipanf_c.pdf.

② 参见王柯主编:《"阪神大震灾"的教训与"创造性复兴"》,中国民主法制出版社2009年版,第140—141页。

③ 引自陈静、翟国方、李莎莎:《"311"东日本大地震灾后重建思路、措施与进展》,《国际城市规划》2012年第1期。

三、日本企业应急参与的不足与未来发展方向

从上述分析中我们可以发现,从阪神大地震至"3·11"地震的16年中,通过日本企业的努力和政府的推动,日本企业在应急参与方面已经取得了重要进展,主要表现为由灾后捐款捐物的传统参与模式向参与到社区防灾减灾、灾害准备、应急响应和恢复重建的应急管理全过程的现代模式转变。具体而言,相对于阪神大地震之前企业参与主要停留在灾害响应阶段、参与方式主要局限于捐款捐物的单一方式而言,到"3·11"地震,在参与过程方面,日本企业的参与已经不再局限在灾害响应阶段,而是参与到了应急管理全过程,在参与方式上由阪神大地震时主要停留在捐款捐物低层次水平向包括捐款捐物在内的多样化与专业化方向发展。日本企业的防灾参与能力、备灾参与能力、应急参与能力和参与重建能力都有了较大幅度提高:在防灾参与能力方面,从传统防灾向参与防灾型社区建设发展;在备灾参与能力方面,从常规计划向业务持续计划发展;在应急参与能力方面,从捐款捐物向全面参与救援发展;而在参与重建能力方面,已经从捐助向全方位参与灾区重建发展。

(一)日本企业应急参与存在的不足

尽管如此,无论从企业自身还是国家相关政策上看,日本企业应急参与能力建设都还存在明显不足,主要表现在如下方面。

1. 企业对自身应急管理能力建设重视不够,尚未建立基于灾害管理全过程的应急管理体系,应急参与基础不牢

企业自身的应急管理能力是其参与应急管理的重要基础。从前文的分析,参照图16和表11的具体指标不难发现,尽管日本企业的灾害意识明显增

强,应急管理能力快速发展,但从应急管理体系建设来看,应急管理在很多企业中还只是灾害应对性手段之一,并未真正成为企业管理与行为的基本指南,基于应急管理全过程的灾害管理体系尚未真正建立。在阪神大地震之后,日本企业开始加强防灾体系建设,不少日本企业在政府的积极推动下建立了比较完善的应急管理体系,防灾与备灾等各项应急管理工作有序进行,但总体上应急管理尚未引起广大企业的普遍重视,中小企业尤其如此。如在业务持续计划方面,未制定业务持续计划的企业仍然占据了很大比例。调查显示,在"3·11"地震前夕,仅有15%的中小型企业制定了业务持续计划。[①]

2.企业应急管理体系较为封闭,未与国家应急管理体系有效对接,与社区居民及非营利组织等其他组织协调程度低,应急参与意识不强,能力不足

有效参与应急管理的重要前提是企业在加强自身应急管理体系建设的同时,主动融入国家应急管理体系,使之与国家应急管理体系有效对接。这样才能便于在防灾减灾、灾害准备以及与政府交流、合作中建立互信和畅通的渠道,消除灾害应对中的各种障碍,为灾害响应中的成功合作奠定基础。同时还需要协同地方政府、地方团体、社区居民及其他企业建立防灾型社区。上述分析显示,尽管在阪神大地震之后,日本企业开始加强以防灾文化为基础的应急管理体系建设,但主要还是停留在企业自身层面,大部分企业未能主动融入社区、区域和国家应急管理体系,因此还停留在自身利益保护的封闭体系中。在参与应急准备能力方面,虽然日本企业重视防灾计划的制定与实施,但仍有不少企业还停留在对自身应急管理工作的重视上,未能与社区、国家的防灾与应急准备对接。还有不少企业的防灾体系未能及时更新,只重视灾害发生后的

---

① Leelawat N., Suppasri A. & Imamura F., "Disaster Recovery and Reconstruction Following the 2011 Great East Japan Earthquake and Tsunami: A Business Process Management Perspective", *International Journal of Disaster Risk Science*, 2015,6(3),pp.310-314.

响应阶段,缺乏对应急管理其他环节的充分重视。

3. 企业应急参与程度低,参与方式单一,总体上还停留在灾后捐款捐物层面

尽管阪神大地震之后日本企业的灾害参与能力有了较大幅度的提高,但从总体上说,其应急参与程度仍然不高,大多数企业在应急管理方面主要还只是局限于自身灾害管理能力建设,即便有些企业有了应急参与意识,但大部分企业还只是局限于灾害紧急救援的短期参与行为,而未能将参与应急活动上升到企业社会责任的高度加以建设。正是因为如此,也就决定了大多数企业在参与方式上还停留在捐款捐物这样的层次,离专业化发展还有较长的路要走。

4. 企业应急参与能力建设未能与企业战略优势有效结合,难以形成既能产生社会效益,又能改善自身竞争环境从而带来经济效益的应急参与战略,从而真正发挥应急参与中的企业优势

竞争战略理论的创始人迈克尔·波特等有关企业公益活动的论述指出,大部分企业的公益活动与公司战略毫不相干,因为真正的战略性公益事业同时关注重大的社会目标和经济目标,它瞄准的是那些与企业竞争环境相关的领域[1]。而通过对企业社会责任的系统性分析后,他们进一步指出:"当今不少企业承担社会责任的主流方法,不仅缺乏系统性,而且很多企业的业务和战略严重脱钩,因而错失了企业造福社会的诸多良机。"[2]这样的问题同样存在于企业的灾害参与领域。阪神大地震发生之后,虽然日本企业灾害意识不断

---

[1] Micheal E. Porter and Mark R. Kramer, "The Competitive Advantage of Corporate Philanthropy", *Harvard Business Review*, 2002(12), pp.56-68.
[2] Michael E. Porter and Mark R. Kramer, "Strategy and Society: The Link between Competitive Advantage and Corporate Social Responsibility", *Harvard Business Review*, 2006(12), pp.78-92.

增强,灾害参与能力也大为提高,不少企业都力求使自己的应急参与活动更具战略性,但真正能够将灾害参与同提高企业长期竞争潜力相结合的却屈指可数,而能系统运用自身独特优势将灾害参与活动所创造的社会价值与经济价值同时最大化的企业更是寥寥无几。如前文所述的吴羽化学公司在"3·11"地震灾后重建中启动的"一起微笑,日本东部援助计划"所包含的"宫城县油菜花计划"等,与公司的核心业务均无多大关联,花王与松下公司也是如此。这些企业的应急参与活动,对"3·11"地震紧急救援与灾后重建工作,无疑发挥了非常重要的作用。但是,类似灾害参与行为的作用有限,因为其所履行的只是反应型社会责任(Responsive CSR)[①],它虽然能给企业带来竞争优势,但这种优势通常很难持续。因为其对公司业务而言无关紧要,故难以提高企业的长期竞争力。

5.政府层面未将私营部门纳入国家应急管理体系,导致私营部门参与应急管理缺乏合法地位,使私营部门的应急参与活动存在体制性障碍,企业参与渠道不畅通

尽管日本政府已经认识到企业参与应急管理对提升国家整体应急管理能力至关重要,并通过多种形式为此提供平台和创造条件,但更多的还是通过会议等非权威方式指导或建议企业参与灾害治理,在将企业真正纳入国家应急管理体系方面还缺乏明确而有力的举措。在国家应急管理体制中,只是在国家防灾组织中包含了中小企业厅,国家应急管理机制未充分体现企业参与机

---

① 波特等将企业社会责任分为反应型的和战略型的两种。反应型企业社会责任包括两个方面:(1)做一个良好的企业公民,参与解决普通社会问题,比如进行公益性捐助;(2)减轻企业价值链活动对社会造成的损害,如妥善处理废物排放。而战略型企业社会责任,则是寻找能为企业和社会创造共享价值的机会,它包括价值链上的创新。另外,企业还应在自己的核心价值主张中考虑社会利益,使社会影响成为企业战略的一个组成部分。参见 Michael E. Porter and Mark R.Kramer, "Strategy and Society:The Link between Competitive Advantage and Corporate Social Responsibility", *Harvard Business Review*, 2006(12), pp.78-92。

制。应急管理法律法规也没有充分考虑企业的参与。如阪神大地震后就颁布的《复兴基本法》，到4月28日召开灾后复兴总部会议时，日本政府已经果断完成了对相关的16项法律的修订[①]，此后虽然又对日本该领域最重要的法律《灾害对策基本法》做了多次修订，但始终未对私营部门在灾害管理中的职责、义务与作用做出明确规定。经历了"3·11"地震之后，内阁府最新修订发布的《日本的灾害对策（2015年版）》同样未对企业在应急管理中的作用与职责做出相应规定。这些缺陷不仅不利于企业参与应急管理积极性的发挥，同时也导致企业参与应急管理存在大量体制机制上的障碍，极大地制约了企业灾害参与能力的进一步发展。

(二) 日本企业参与应急管理的未来发展方向

在灾害的发生变得愈发频繁、灾害的危害性变得愈发严重的当今，充分发挥企业在灾害响应中的作用已成为有效灾害管理的当务之急。[②] 通过从阪神大地震到"3·11"地震期间16年的努力，日本企业灾害参与能力虽然大幅度提升，但仍然有待进一步完善。

1. 在公共政策体系方面，完善应急管理体系中的企业参与制度设计，建立政府、企业与社会三位一体的灾害治理体制机制，提高企业在国家灾害管理中的地位，明确企业在应急管理中的职责，为企业参与应急管理创造条件

(1) 优化政府、企业与社会在应急管理中的结构关系。因非营利组织等社会组织在1995年阪神大地震中的良好表现而开启了日本"志愿者元年"的

---

① 参见［日］贝原俊民：《从灾害走向创造性复兴》，载王洛林、张季风主编：《日本经济与中日经贸关系发展报告（2012）》，社会科学文献出版社2012年版，第83页。
② Brent McKnight and M. K. Linnenluecke, "How Firm Responses to Natural Disasters Strengthen Community Resilience a Stakeholder-Based Perspective", *Organization & Environment*, 2016, 29(3), pp.290-307.

局面。之后,社会组织参与应急管理已经成为日本的常态。发展至"3·11"地震,企业参与应急管理的功能与方式得到明显扩展,企业参与应急管理的意愿和能力都已大幅度提高。这就意味着原来以政府为主体的应急管理体系需要随之进行扩展,不仅需要容纳社会组织的参与,而且需要容纳企业的参与,以使整个应急管理体系更加协调有效地运转。2005年卡特里娜飓风之后,美国政府在反思卡特里娜飓风应对教训的基础上,不仅在2006年颁布的《后卡特里娜应急管理改革法》中规定政府应急管理需要在全国范围内加强与私营部门合作,而且在2008年公布的执行文件《国家应急响应框架》中明确规定了应急管理中政府、非政府组织与企业的合作关系。

(2)通过立法明确企业在应急管理中的角色定位,提高企业在社区、区域乃至国家应急管理中的作用。首先,在《防灾基本规划》中增设"私营部门活动的环境准备"和"私营部门的作用"等相关条目,明确私营部门在参与防灾减灾中的职责①。其次,《灾害对策基本法》中对私营部门在应急管理中的职责、义务与作用做出明确规定,使灾害响应中的企业责任明确化、合法化。有关企业在应急管理中的作用与责任的规定应该充分考虑企业相对于政府与非政府组织的不同特征与优势,以使之同政府与社会组织在应急管理中形成优势互补的关系。这方面可以借鉴美国《国家应急响应框架》对应急管理中企业作用和职责的规定。② 再次,通过制定类似于《特定非营利活动促进法》(又称《NPO法》)③的《特定私营部门参与灾害管理促进法》,进一步确定企业

---

① 因为非政府组织在阪神大地震救援中的出色表现,在1995年7月对《防灾基本规划》的修订中,增设了"防灾志愿者活动的环境准备"和"志愿者的接受"等相关条目。

② 有关对私营部门在灾害管理中的作用与职责的规定,详情可参见 U.S. Department of Homeland Security, *The National Response Framework*, Washington, DC., 2008, pp.18-19。

③ 阪神大地震救援使得灾区内外的国民开创了被称为"志愿者元年"的局面:表现为对老人的帮扶、城市建设中的市民参与以及对灾民生活重建的援助制度等,与以"共生"思想为根本的日本型社区建设紧密相连。该局面的出现直接导致了《特定非营利活动促进法》的制定。通过国民自己的双手创造新的"公共资源",成为阪神大地震后的创造性复兴的核心。参见[日]贝原俊民:《从灾害走向创造性复兴》,载王洛林、张季风主编:《日本经济与中日经贸关系发展报告(2012)》,社会科学文献出版社2012年版,第85页。

参与应急管理的具体职责,同时确定政府推动企业参与应急管理的具体做法。最后,还需要在《灾害对策基本法》中增设"国家与地方政府、公共团体必须认真实施企业参与应急管理活动的环境准备等相关事项"条目,以便更好地落实企业参与应急管理的政策。

(3)为了使上述政策得以更好地落实,进一步突出企业在应急管理中的重要地位,在国家应急管理组织中增加"企业厅",并明确规定企业厅在应急管理组织体系中的地位和职责。

(4)国家和地方政府通过制定具体措施为企业参与应急管理创造良好环境。包括:①建立灾时公共土木设施受灾情报收集及与设施管理者进行联络等企业防灾专家系统;②建立用于地质灾害的行政联络防灾企业参与制度;③建立企业等专用邮政账户的灾害企业家账户制度;④建立应急管理的企业数据库——收集包括全国企业灾害应对优势、参与灾害管理活动的内容、地方公共团体与企业合作等内容的数据化;⑤确定"防灾和私营部门日"以及"防灾和私营部门周"①,在此期间,与地方政府及其他相关公共部门紧密合作,在全国举行演讲会、展示会等活动,普及推广企业参与应急管理的相关政策、知识与方法。一方面可以提高公众对企业参与应急管理作用的认识,另一方面能够提高企业参与应急管理的积极性。

2.对于企业而言,在进一步加强自身应急管理的基础上,从社会责任的高度认识参与应急管理的重要作用,强化基于战略优势的企业灾害参与能力建设,使参与应急管理常态化、专业化、战略化

(1)通过加强自身的灾害管理能力建设,将应急管理能力建设融入到企业发展之中,使应急管理常态化,为参与应急管理奠定坚实基础。包括建立健全应急管理体系,开展常规性风险灾害排查,制定完善灾害预案,组织应急培

---

① 阪神大震灾使日本重新认识了志愿活动的重要性,当年12月15日内阁会议决定以每年的1月17日为"防灾与志愿者日"、1月15日至21日为"防灾与志愿者周"。

训和演练,加强应急物资储备,制定业务持续计划和实施业务持续管理,真正提高企业的抗风险能力和应急管理能力,为参与应急管理奠定基础。

(2)通过应急管理全过程参与实现参与方式的多样化,通过与政府和非政府组织合作实现参与途径的网络化。要改变目前企业参与还停留在灾后捐款捐物的低水平状态,重要途径就是拓宽参与渠道,做到防灾、备灾、响应和恢复重建各个环节的全程参与,在此过程中不断发展新的参与方式,提高参与能力。同时通过与政府、非政府组织合作,并深度融入到社区灾害管理体系之中,实现网络化参与,不断提高参与的深度与广度。

(3)加强基于战略优势的企业参与应急管理能力建设,使参与灾害活动与提高企业长期竞争潜力相结合,并系统运用自身独特优势将灾害参与活动所创造的社会价值和经济价值最大化,从而真正实现企业参与应急管理的战略化。经历了阪神大地震以来的多次灾害冲击,日本企业灾害管理能力和参与应急管理的意愿都有了大幅度提高,之所以参与水平仍然不是很高,一个重要原因在于不能从战略优势的高度思考企业的灾害参与活动。战略优势理论认为,企业所从事的社会活动应与其自身业务密切相关并有利于改善竞争环境,因为任何一个企业都没有足够的资源和能力来解决所有的社会问题,故只能选取和自身业务有交叉的社会问题来解决。其他社会问题,则留给那些更有优势的组织去完成。[1] 参与应急管理也是如此。企业只有参与那些能够跟自身核心业务密切相关、能够充分发挥自身优势的灾害领域,才能利用灾害参与活动改善自己的竞争环境。而灾害参与活动对竞争环境的改善则可以使社会目标和企业的经济目标有机统一,并能使企业的长远业务前景得到改善。利用自己特有的能力参与灾害活动,使之创造出更大的价值。而在这一过程中,企业也使自身的竞争环境得到改善,从而创造出共享价值——既有益于社会,也有利于企业。唯其如此,企业参与应急管理行为才能得以持续且实现价值最大化。

---

[1] Michael E. Porter and Mark R. Kramer, "Strategy and Society: The Link between Competitive Advantage and Corporate Social Responsibility", *Harvard Business Review*, 2006(12), pp.78-92.

从前述分析看,同目前的很多国家一样,日本企业在这方面也还任重道远。当然,要实现企业参与应急管理活动的战略化并非易事,既需要企业自身的努力,也离不开政府从国家层面创造良好的条件。

四、本章小结

随着世界人口的增长、科学技术的进步、政策与实践之间差异的不断扩大,我们所生活的世界,物理的、构建的、社会经济的环境都会发生巨大变化,我们面临的将是更多的风险。[①] 所以,靠政府等任何单个组织都无法成功管理这些风险与危机,必须充分发挥包括政府、非政府组织与私营部门的力量。日本作为世界灾害大国,在长期与各类灾害斗争的过程中,积累了大量宝贵的经验。日本在企业参与灾害管理方面的积极探索,取得了不少成就,但仍然有待进一步努力。日本企业参与应急管理的经验与不足,对其他国家都具有重要的借鉴意义。

[①] 参见 Lousie Comfort:《公共行政视野下的应急管理研究与实践:兴起、演变、拓展和未来方向》,载童星、张海波主编:《风险灾害危机研究(第二辑)》,社会科学文献出版社2016年版,第6—27页。

第五章　印度企业在提升国家抗逆力中的作用:PPP 视角[①]

在当今风险社会,抗灾力日益成为一个国家不可或缺的重要能力。私营部门在应急管理中的特有优势使其在国家抗灾力建设中的作用不断凸显,公私伙伴关系(PPP)则为私营部门参与应急管理提供了有效平台。作为灾害大国的印度,在与灾害斗争的过程中,开始改变传统应急管理模式,将市场与社会组织纳入国家应急管理体系,致力于打造具有抗灾力的国家。本章分析了印度企业的应急参与和印度政府在抗灾力建设中的公私伙伴关系相关法律与政策,着力以1999年奥里萨邦超级旋风、2001年古吉拉特邦地震和2013年北阿坎德邦洪水三次严重自然灾害为例,分析印度企业通过公私伙伴关系参与灾害管理的成功实践。

一、印度:一个毗邻中国的灾害大国

印度是世界上国土面积第七大的国家,同时也是世界上发生各类自然灾害最为频繁、遭受自然灾害侵袭最严重的国家之一,近年来全球10%的自然

[①] 本章主要内容参见杨安华、周雪:《印度私营部门在提升国家抗逆力中的作用:PPP 视角》,《湘潭大学学报(哲学社会科学版)》2021年第6期。

灾害发生在印度。① 独特的地理位置和地理特征导致印度频发地震、飓风、洪灾、旱灾、山体滑坡与雪崩等各类自然灾害。表13和表14显示了最近20多年来印度发生的一些主要自然灾害,其中造成1000人以上死亡的就有9起,而1993年的马哈拉施特拉邦地震、1999年的奥里萨邦飓风、2001年的古吉拉特邦地震与2004年的印度洋海啸,都造成了近1万或1万以上的人员死亡。

印度位于南亚次大陆,南邻印度洋和阿拉伯海,河流众多。从宏观上看,印度主要的灾害包括地震、洪灾、飓风与旱灾四大灾害。印度河流域和恒河平原的恒河盆地,经常遭受洪水灾害。因洪灾的频繁发生,印度每年有大约370万公顷的土地被淹没,并造成大量人员伤亡和财产损失。如2013年6月印度北部北阿肯德邦发生的特大洪灾造成5000多人死亡或失踪,超过6000亿卢比的损失。②

与此同时,印度也经常发生旱灾,而且大旱不断。在印度,超过一半的土地每年都会发生比较严重的旱灾。如1987年的严重旱灾造成全印度60%的农作物种植区与约2.85亿人受影响。2016年4月,印度大旱,至少有3.3亿国民受到干旱的影响③。2016年至今,每年都发生严重旱灾,印度民众饱受旱灾之苦。另外,印度还经常发生海啸。印度的海岸线超过7500公里,其沿海地区经常遭受飓风、海啸等灾害的侵袭。如在2004年的印度洋海啸中,印度有13377人死亡或失踪。印度也是地震多发国家。其中印度北部地处喜马拉雅山脉南麓的地震活跃地带,为地震高发区。最近60多年中,印度发生多次地震,其中里氏8级以上的地震就有4次,造成了大量的人员伤亡和严重的财产损失。2021年4月28日,印度东北部阿萨姆邦发生6.4级地震。此外,印

---

① Kailash Gupta, *Disaster Management and India: Responding Internally and Simultaneously in Neighboring Countries*, in David A. McEntir, Ed., Comparative Emergency Management: Understanding Disaster Policies, Organizations and Initiatives from Around the World, 2010.
② 参见宋志辉、马春燕:《印度灾害管理的经验与启示》,《南亚研究季刊》2016年第1期。
③ 参见谭利娅:《印度3.3亿人受干旱影响 农民破坏堤坝挽救农作物》,https://world.huanqiu.com/article/9CaKrnJUZUu。

度还经常发生山体滑坡与泥石流等灾害。如 2021 年 7 月 24 日,印度马哈拉施特拉邦因暴雨引发泥石流,造成 100 多人丧生。[①]

表 13　印度近 20 多年的主要灾害

所在地区	年份	地点	灾害种类	死亡人数
马哈拉施特拉邦	1993	拉杜尔	地震	9500
北阿坎德邦	1999	杰莫利	地震	2000
奥里萨邦	1999	奥里萨	飓风	15000
古吉拉特邦	2001	普杰	地震	13805
南部东海岸	2004	南部东海岸	海啸	13377
查谟和克什米尔	2005	查谟和克什米尔	地震和雪崩	1336
马哈拉施特拉邦	2005	孟买	洪水和城市洪水	1000
比哈尔邦	2008	戈西河	洪水	530
北阿坎德邦	2013	北阿坎德邦	洪水、山体滑坡	4092
北部、东南部和东部	2015	北部、东南部和东部	高温	2200

表 14　2006—2013 年间印度一些其他的主要灾害

所在地区	年份	地点	灾害种类
古吉拉特邦	2006 2009	古吉拉特邦	洪水
比哈尔邦	2007	北比哈尔邦	洪水
阿萨姆邦	2008 2012	阿萨姆邦	洪水
西孟加拉邦	2009	沿海地区	艾拉飓风
安得拉邦和卡纳塔克邦	2009	安得拉邦和卡纳塔克邦	洪水
班贾布和哈里亚纳邦	2010	班贾布和哈里亚纳邦	洪水
马哈拉施特拉邦	2010	孟买港务局	氯气泄漏
查谟和克什米尔	2010	列城	暴雨

---

① 参见《印度洪水泥石流灾害已致 113 人死亡 约 100 人失踪》,https://world.huanqiu.com/article/445MiWEmLvq。

续表

所在地区	年份	地点	灾害种类
卡纳塔克邦	2010	贝拉里	建筑物倒塌
班贾布	2010	贾朗达尔	建筑物倒塌
德里	2010	玛雅普里	辐射物泄露
锡金	2011	锡金	地震
安得拉邦	2012	沿海地区	Nilam 飓风
喀拉拉邦	2013	依杜基	山体滑坡
马哈拉施特拉邦	2013	孟布拉	建筑物倒塌
安得拉邦	2013	沿海地区	Helen 和 Lehar 飓风
奥里萨邦、西孟加拉邦和安得拉邦	2013	奥里萨邦、西孟加拉邦和安得拉邦	飓风和洪水

资料来源：https://ndma.gov.in/en/disaster-data-statistics.html。

作为一个饱受灾害肆虐考验的国家，在与各类灾害长期斗争的过程中，印度总结出了可贵的灾害管理经验和教训，通过法律政策等手段建立了一套比较完备的灾害管理制度和体系。[1] 该体系是由中央、邦、县和乡（村）级政府构成的灾害管理系统（见图18）。印度是邦联制国家，其宪法规定，发生灾害时，邦政府全权负责救援和赈灾工作，中央政府则以有形资源、财政支持等方式对灾害影响地区进行支援。印度负责灾害管理的最高决策机构是由印度政府内阁成员组成的国家灾害委员会，由印度总理担任主席，内政部部长担任副主席，内阁各部秘书为主要成员[2]。如今，印度政府已经在中央、邦、县和乡（村）级建立了灾害管理机构，而且加强了灾害管理法制建设，在宪法中明确规定了各级政府在各类灾害应对中应承担的责任。

近年来，印度政府不仅越来越重视自身的灾害管理能力建设，同时也不断将市场与社会力量纳入国家灾害管理体系，打造具有抗逆力的国家。在印度

---

[1] 参见黄云松、黄敏：《印度灾害应急管理政策与法律》，《南亚研究季刊》2009年第4期。
[2] 参见宋志辉、马春燕：《印度灾害管理的经验与启示》，《南亚研究季刊》2016年第1期。

国家"十二五"计划中明确提出了各行业在打造更好国家抗逆力中的要求。[①]印度作为中国的邻国,我国学术界对其应急管理却很少关注,相关研究成果不多。在这些有限的研究成果中,只是对印度危机与灾害的概况以及灾害管理体制等基本问题做了初步探讨。[②] 同为发展中大国和灾害大国的中印两国,在灾害管理方面相互了解,取长补短,有助于推动两国灾害管理能力的提高。而在公私伙伴关系已经上升为我国国家战略、应急管理受到空前重视的当今,从公私伙伴关系的角度探讨印度私营部门[③]在国家抗逆力建设中的作用,无论是对完善中国应急管理体系与提升应急管理能力,还是对目前正在实施推广的公私伙伴关系政策,都具有一定的现实意义。

二、印度灾害管理范式的转变与 PPP 模式的形成

独特的地理位置和地理特征导致印度灾害频繁发生,印度的主要自然灾害包括地震、飓风、洪灾、旱灾、山体滑坡与雪崩等。1943年以来孟加拉饥荒、拉图尔地震、奥里萨邦飓风、博帕尔市化学灾害、安得拉邦飓风、古吉拉特邦地震、孟买大爆炸、北阿坎德邦特大洪灾等灾害接连发生,印度人民饱受灾害折磨,苦不堪言。在几乎所有类型的灾害中,印度的死亡人数和受影响的人数排

[①] 印度从1951年起实行"五年计划",中间除了有短暂的中断(1990—1992年)以外,到目前为止已经实施了11个"五年计划",目前正处于"十二五"计划(2012—2017年)期间。"十二五"计划的主题是"更快速、可持续和更有包容性的增长"。

[②] 相关主要研究参见江风:《独具特色的印度灾害管理体制》,《中国减灾》2003年第4期;姚国章:《印度灾害管理信息化建设》,《信息化建设》2008年第2期;黄云松、黄敏:《印度灾害应急管理政策与法律》,《南亚研究季刊》2009年第4期;高静:《印度现代化进程中的社会风险问题及其治理研究》,《南亚研究季刊》2011年第3期;林曦、姚乐野:《非结构性减灾视域下中印两国自然灾害管理比较研究》,《天府新论》2013年第6期;宋志辉、马春燕:《印度灾害管理的经验与启示》,《南亚研究季刊》2016年第1期;曾祥裕、刘嘉伟:《印度水安全与能源安全研究》,时事出版社2017年版。

[③] 本书所说的私营部门指的是所有私有的与不是由政府经营的营利性企业。为了表达的简洁,有时候也用"企业"代替"私营部门"。

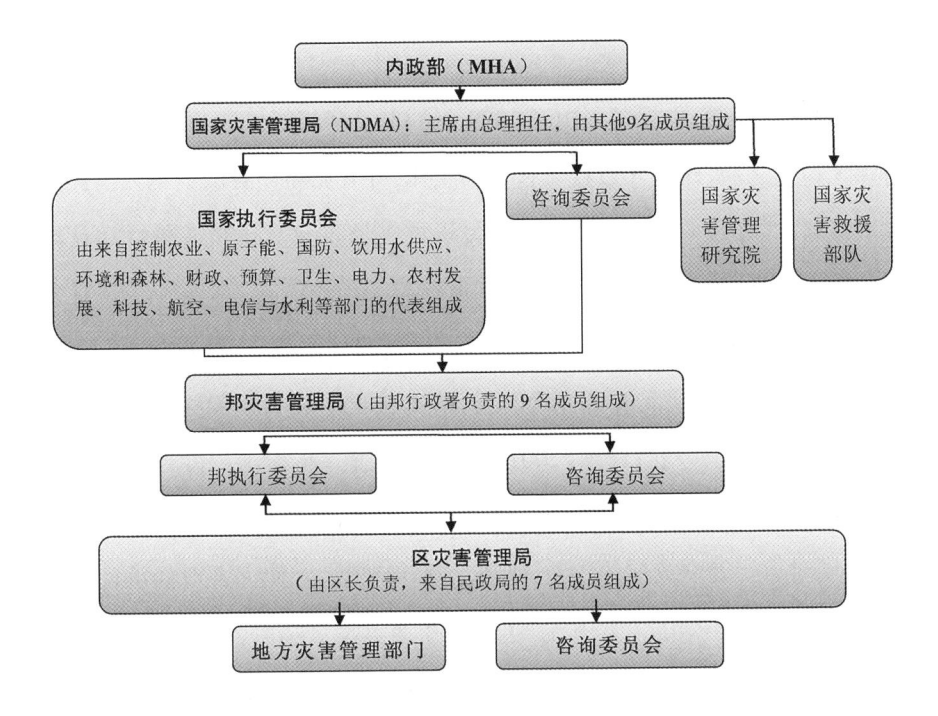

图 18　印度灾害管理结构图

资料来源：Ministry of Home Affairs Government of India, *Disaster Management in India*, 2011, p.60。

名最高。而由于贫穷和基础设施匮乏，印度无法对灾害造成的经济损失做出完整统计。①

1876—1878 年的大饥荒导致了 1880 年印度《救助委员会章程》的确立与《饥荒救助法》的实施，但因受经济发展等多方面因素制约，长期以来，印度仅以非常有限的资源用于灾害救援、恢复和重建工作，灾害管理制度很不健全②。直到古吉拉特邦政府于 2001 年大地震发生后在印度首次出台《古吉拉

---

① Gupta R. & Basu, S., "Ziqitza Healthcare Limited: Challenge of Scaling up Emergency Medical Services (EMS) in India Using Public-Private Partnership Mode", *Asian Journal of Management Cases*, 2014(1), pp.5-21.

② Pramod Patil, "Disaster Management in India", *Indian Streams Research Journal*, 2012(2), pp.1-4.

特灾害管理法(2003)》之前,印度中央或邦政府层面均未制定任何综合性灾害管理法律。

从2000年开始,也就是经历了1999年的奥里萨邦飓风与2001年的古吉拉特邦大地震之后,印度才重视灾害管理工作,并开始将防灾减灾纳入国民经济发展战略。《印度灾害报告》确定了关于灾害信息及其质量有效性和获取途径的关键事项,以及防灾、备灾、响应、重建与干预政策[①]。印度"十五"计划(2002—2007年)第一次有了以灾害管理为标题的具体章节,强调发展过程中防灾减灾的缺失将无法实现可持续发展,防灾减灾应成为发展战略不可或缺的一部分。印度"十一五"计划(2007—2012年)进一步指出:"发展需要关注防灾、备灾和减灾。因此印度需优先发展灾害管理,再也不能局限于灾后救济和重建,同时需要确立灾前的预防、准备与减灾规划,以使灾害对经济社会发展的冲击最小化。"[②]印度"十一五"计划旨在通过促进培育安全文化,并将防灾减灾融入发展过程,以实现经济社会的更好发展。推动这一范式转变的主要事件是印度国家灾害管理局的建立和《灾害管理法(2005)》的出台。如2005年颁布实施的《灾害管理法(2005)》已经明确规定了灾害管理的主体包括政府、非政府组织和私营部门等所有利益相关者,同时规定了社区在灾害管理中的重要地位,"所有社区需要行动起来以实现此目标"[③],并开始意识到明确各利益相关者责任的重要性。

至此,印度的灾害应对政策范式已经从灾后应对与救助转向包含预防、准备、响应与减灾在内的全过程灾害管理,即开始向现代灾害管理发展。不仅如

[①] Parasuraman S. and P. V. Unnikrishnan (Eds.), 2000, *India Disaster Report: Towards A Policy Initiative*, New Delhi: Oxford University Press.

[②] Planning Commission, Government of India, 2008, *Eleventh Five Year Plan (2007-12): Inclusive Growth*, Volume 1, Chapter 9.3, *Disaster Management*, New Delhi: Oxford University Press, pp. 207-221.

[③] *Government of India's National Disaster Management Act 2005*, https://ndma.gov.in/images/ndma-pdf/DM_act2005.pdf.

第五章　印度企业在提升国家抗逆力中的作用:PPP视角

此,在这一过程中,印度的应急模式也在发生重要变化——从以政府为单一主体的传统灾害管理模式向公私合作的现代灾害管理模式转变。而这一转变又是伴随着印度公私伙伴关系公共服务供给模式的建立而发生的。自20世纪90年代开始,印度政府开始进行改革,旨在加大公共产品和服务供给力度,提升公共服务供给效率和能力,满足公众的不断增长的公共服务需求[①]。为此,印度建立了基于政府、企业和非政府组织之间的公私伙伴关系公共服务供给模式,并取得了引人注目的成效。印度在公私伙伴关系项目规划、评估、支持、审批、监管和审计等实施全过程中,从中央到地方各级政府都成立了组织机构,建立了完善的公私伙伴关系制度体系。[②]

在这样的背景下,随着印度经济社会的发展,在与灾害的斗争中,印度政府逐步在中央、邦、县和乡(村)级政府建立了专门的灾害管理机构,灾害管理体系不断完善[③]。印度政府部门开始改变传统的灾害应对范式,将私营部门、非政府组织等社会力量吸收到灾害管理体系中,培育综合灾害管理能力,并已将重点转移到全面灾害管理。[④] 印度私营部门的作用因此不断受到重视,"印度迫切需要加强企业参与灾害管理,以提升国家灾害应对能力"[⑤]。另外,企业对自身角色的认识也在变化——企业的存在与社会的安全和幸福紧密联系

[①] 参见倪香芹:《印度公私合作伙伴关系产生的背景、发展模式及其启示》,《南亚研究季刊》2017年第2期。

[②] 1991—2016年,印度经政府授权的PPP项目有1589个,合同价值达101557.78亿卢比。参见倪香芹:《印度公私合作伙伴关系产生的背景、发展模式及其启示》,《南亚研究季刊》2017年第2期。

[③] 参见宋志辉、马春燕:《印度灾害管理的经验与启示》,《南亚研究季刊》2016年第1期。

[④] 印度人民对企业的认识也在变化。同很多国家一样,长期以来,在印度,企业也被区别地视为一个单独的实体活跃在另一社会范围之内。在过去的几十年里,这种观念经历了一个全面蜕变的过程。如今,企业的存在与社会的安全和民众的幸福紧密交织在一起,企业部门和社会彼此互补。参见 Planning Commission, *Government of India*, 2008, Eleventh Five Year Plan (2007-12): Inclusive Growth, Volume 1, Chapter 9.3, *Disaster Management*, pp.207-221, New Delhi: Oxford University Press。

[⑤] Ganapathy V., "A Public-Private Partnership Model for Managing Disasters in India", *IBMRD's Journal of Management & Research*, 2017 (2), pp.37-63.

在一起,企业和社会互相依赖,彼此共生共荣。如今,印度人民越来越开始意识到,企业已成为国家不可分割的一部分。一个有生命力的企业,不仅应该更好地使自身得到可持续发展,也应该主动融入国家灾害管理体系,致力于更加全面的灾害管理,以推动国家整体灾害管理能力的提升。近年来,印度政府与包括企业在内的各种力量,已经表明了对灾害管理的承诺和决心——实现建立一个具有抗逆力的安全社会的目标。[1]

当然,这一目标的确立也受到全球灾害管理的影响。在灾害管理方面,尽管政府和私营部门会存在"不同的利益、任务和目标"[2],但公私部门有必要持续地参与到经济社会的发展进程中,参与到减轻经济社会发展风险的灾害管理之中。相关研究表明,灾害管理中的多利益相关者之间会建立一种有效的合作网络以应对灾害带来的挑战的复杂性和动态性[3]。只有当公私两大部门在协作和合作上达成一致时,才能满足对资源、志愿者、信息、专业知识和决策等方面高要求的挑战。在灾害管理的各个阶段,政府的能力有限,而且私营部门为了降低脆弱性,往往会努力寻求新的发展伙伴,其中包括政府和非政府组织。这一发展趋势在印度变得越来越明显。从"十五"计划开始,印度已经开始将通过公私伙伴关系方式打造国家抗逆力上升为国家战略。印度"十一五"计划进一步规定应优先发展灾害管理。

2014年在曼谷召开的关于减少灾害风险的亚洲部长级会议提出,必须加强私营部门在提升社区抗灾能力中的作用,政府则应将重点放在政策制定与对私营部门的支持上,因为私营部门的参与程度将直接关系到灾害风险的减轻水平。很显然,印度政府对企业参与灾害管理的重视,顺应了国际形势的发

---

[1] Issar R., Mathur N. B., Padmanabhan G., *Disaster Risk Management and the Role of Corporate Sector:The Indian Perspective*, Government of India (GOI), 2005.

[2] Quarantelli E. L., "Ten Criteria for Evaluating the Management of Community Disasters", *Disasters* 1997(1), pp.39-56.

[3] Jerolleman Alessandra and John J. Kiefer, *The Private Sector's Role in Disasters Leveraging the Private Sector in Emergency Management*, CRC Press, 2015, p. 6.

展。尽管如此,事实上,灾害管理中的公私伙伴关系仍然很少有人进行系统研究,私营部门的作用并未引起学术界的足够重视,灾害管理中的私营部门参与"至今仍然是一个被严重忽视的领域"[①]。

三、打造基于 PPP 的抗逆力国家:相关法律与政策

在全球范围内,联合国在对 20 世纪 90 年代国际减灾十年的观察中提出了灾害管理方式的转变,即灾害管理方式应该从重视救援和重建向重视防灾减灾转变。第二届世界减灾大会通过的《2005—2015 年兵库行动框架（HFA)》的主题就是"打造国家和社区抗逆力",并将重点转移向了加强国家和地方的立法上。2015 年第三届世界减灾大会通过的《2015—2030 年仙台减轻灾害风险框架》重申需提高抗逆力,并将提高受灾地区的抗逆力作为未来的减灾目标。在印度,通过 PPP 打造具有抗逆力的国家是在印度大力推动公私伙伴关系模式提供公共服务的大背景下展开的。作为一个发展中大国,自 20 世纪 90 年代以来,为了提高公共物品供给能力,满足公众的公共服务需求,印度大胆尝试了公私伙伴关系公共服务供给模式,经过多年的努力,取得了良好成效[②]。

正是在这样的背景下,公私伙伴关系被用到了灾害管理领域,成为打造国家抗逆力的重要途径和平台。但要使政策得以落地,离不开法律与政策的支持。1986 年博帕尔市毒气泄漏事件发生后,印度出台了《保护环境法》。此次事件之后,一些有关水、空气、火以及化学物品等相关事件的法律法规陆续出

---

① David A. McEntire, *Disaster Response and Recovery: Strategies and Tactics for Resilience*, John Wiley & Sons, 2015, p. 58.

② Sundaram S. S., "Public Private Partnership in India: Prevailing Challenges and Way Forward", *Emerging Economy Studies*, 2015, 1(1), pp.90-95.

台。1999年的奥里萨邦飓风、2001年的古吉拉特邦地震、2004年的印度洋海啸成为印度灾害管理立法的转折点。继《古吉拉特灾害管理法(2003)》后,印度于2005年、2009年先后在国家层面出台《灾害管理法(2005)》和《灾害管理指南》,开启了印度灾害管理的法制化进程,也为印度企业参与国家抗逆力建设奠定了重要基础。

(一)灾害管理法律法规与政策

印度高级权力委员会(HPC)确定了五大领域31种不同类型的灾害,分别是气候和天气的,以及与地质、化工、核能和生化事故相关的灾害。其中,只有十类灾害包含在国家救灾基金(NDRF)的范围内,可以从国家灾害应对基金中获取额外资助。印度2006年实施的《灾害管理法(2005)》第五章规定,鼓励私营部门通过社区培训等方式参与灾害管理工作。印度"十五"计划以一个专门章节论及灾害管理,除了指出必须把防灾减灾纳入国家发展规划之外,同时强调防灾减灾中政府、企业与非政府组织之间的跨部门合作。2009年的《灾害管理指南》以类似的态度承认国家和邦有关部门有必要利用企业部门的专业知识进行灾害应对,还强调将灾害风险脆弱性评估(HRVA)作为企业业务持续计划(BCP)的一部分,而且有必要将媒体纳入到社区意识、早期预警和灾害教育中来。印度《灾害管理指南》为私营部门参与灾害管理活动提供了平台,明确规定在飓风、海啸、水灾、旱灾、山体滑坡与雪崩、化学物、放射物与核物质等方面灾害管理中企业通过公私伙伴关系途径发挥的作用。灾害管理规划和公共服务中心也提出实施公私伙伴关系模式,以实现专业的与更好的管理。

为了减少失误,满足各个利益相关者,需要制定详细的实施计划。而要支持执行指导方针,需要大量灾害管理资金,因此,公私伙伴关系为灾害管理服务提供必要的资金支持。此外,印度"十二五"计划报告指出,将增加30%到50%的私人投资。这解决了因资源不足和政府专业性缺乏带来的限制。从印度实施项目中公私伙伴关系的数量可以看出,印度的公私伙伴关系项目已经从2009年的1263个增加到2016年的1589个①,数量不断增长。

另外,印度《社区灾害管理指南草案》规定,私营部门可以通过各种不同的方式参与到灾害管理中。其中消防服务可以用于当地社区,包括当地灾害管理规划、企业社会责任规划相关活动的咨询,同时规定私营部门应该减少企业自身活动带来的灾害风险,向社会、政府及其他利益相关者提供技术支持。

(二)PPP政策与其他法律的交叉

除了上述灾害管理专门法律与政策之外,不少政府部门之间的灾害管理政策会有所重叠与交叉,其中有的部门将灾害管理作为政策的一个组成部分。因此,有必要找出立法的交叉部分,并将其整合为一体而加以综合实施。风险识别和风险转移已广泛应用于各项政策之中,但是缺乏必要的实施细则与整合。在印度的各种法律法规与政策中,协作和合作的条件是有弹性的,但不同部门的灾害管理政策会发生交叉,而臃肿并相互分割的官僚体系使之难以达成一种有效的合作方式,从而制约了理性结果的顺利实现。

1. 企业社会责任(CSR)政策

企业社会责任是促进企业参与灾害活动、督促企业在灾害管理中发挥积极作用的重要力量。印度也是如此。2014年印度企业事务部的通知对企业社会责任政策做了界定:企业社会责任是"由《公司法》附表7提出的,但不包括在公司内开展的正常业务活动的相关活动"。此处所涉及的法律即为2013年出台的新《公司法》,是实施执行该政策的基础。《公司法》附表6规定了农业、运输、水管理、电信、工业、商业和社会发展与维护等九个领域的社会责任活动。其中灾害管理、古迹保存和应急服务被视为其他活动的子领域。根据

---

① 参见倪香芹:《印度公私合作伙伴关系产生的背景、发展模式及其启示》,《南亚研究季刊》2017年第2期。

《公司法》附表7,可以向国家或邦的救济基金会捐款,并采取确保环境的可持续性的行动。前述印度《灾害管理指南》将山体滑坡的风险管理等工作视为企业社会责任的一部分。企业社会责任政策的明确为企业参与灾害管理提供了依据。2004年印度洋海啸发生后,印度企业联合会(CII)主席借助企业社会责任,呼吁企业在救援和恢复重建中慷慨捐助,对灾害响应产生了积极影响。

2. 其他相关政策

其他相关政策主要有如下两个:(1)《印度政府PPP政策草案(2011)》。该草案试图将灾害管理作为确保项目风险最优配置政策的组成部分,以使之运行更加有效。该草案指出,与地面条件、地质等因素有关的风险最好转交给私营部门处理。同时规定需通过可行性分析,以识别项目各个阶段存在的潜在风险。(2)《沿海监管区管理公告(2011)》等相关政策。该公告等尝试通过绘制危险地区示意图整合灾害管理而改进预警预报工作。PPP作为项目实施的重要组成部分,确保能对那些受损的及其他存在安全隐患的不安全建筑进行加固或重建。

除此之外,印度储备银行已于2005年向所有主要的国有银行和私营银行下发《操作风险管理指南》,要求银行加强灾害风险管理并积极参与灾害管理。印度储备银行还要求所有银行向渔民提供用以修缮渔船的贷款,并通过全面保险以尽可能应对包括自然灾害在内的所有风险。这是降低银行财务风险的有效策略,并将其作为船主重要的非结构性减灾策略。与此相类似,孟买证券交易所通过印度证券交易委员会(SEBI)向前100强的公司发出通知,要求遵循《企业责任报告》(BRR)中有关如何降低长期盈利风险的规定。

在地方,北阿坎德邦和喜马偕尔邦出台了"新产业政策"。该项政策通过为享受这一政策的公司提供免税和资金补助的方式,鼓励中小企业、地方非政府组织和地方学术团体进行联盟。因为它们在提高当地群众生计能力方面发挥着重要作用,有助于当地社区的抗逆力提升。故应该对这些公司和组织在建设抗逆力方面所做的努力提供支持。

截至2015年,印度有15个邦建立了专门的公私合作组织,并已在最近发生过重大灾害的邦制定了各自的PPP指南,其中包括泰米尔纳德邦、中央邦、安得拉邦、乌塔兰恰尔邦和奥迪萨邦①。古吉拉特邦和马哈拉施特拉邦也正在修改PPP指南草案。PPP指南明确了15个邦的潜在风险,其中灾害风险被归类到不可抗力风险之下。这一界定将灾害事件限定于战争、地震或洪水,其特点是不可预料的自然或非自然灾害,这些风险会带来项目成本的增加与收入的降低。

四、公私合作中的私营部门作用:三次灾害的实践

近年来快速的人口增长和城市化给印度政府带来了诸多方面的严重压力,这导致系统在提供公共服务的过程中,一旦发生灾害就更容易崩溃。城市政府当局缺乏自主权,且资源有限,需要鼓励地方政府从市场和私营部门获取资源,以管理印度城市日益增加的灾害风险。在这种情况下,由政府、企业和非政府组织组成的公私伙伴关系恰好可以填补这一空缺②。而法律法规与相关政策的建立与完善为印度私营部门通过PPP方式打造具有抗逆力国家而参与灾害管理提供了条件和保障。在这一政策环境下,印度越来越多的企业开始参与灾害管理,在灾害管理中发挥的作用逐步凸显。下文以近年来印度三次严重的自然灾害——1999年奥里萨邦飓风、2001年古吉拉特邦地震和2013年北阿坎德邦洪水为例,分析印度企业通过PPP途径参与抗逆力建设的

---

① Ganapathy V. A., "Public-Private Partnership Model for Managing Disasters in India", *IBMRD's Journal of Management & Research*, 2017, 6(2), pp.37-63.

② Virmani A., "Institutions, Governance and Policy Reform: A Framework for Analysis", *Economic and Political Weekly*, 2005(22), pp.2341-2350.

实践与成功做法。

(一)三次灾害的基本情况

主要出于代表性和资料的可获得性考虑,我们选取1999年奥里萨邦飓风、2001年古吉拉特邦地震和2013年北阿坎德邦洪水三次严重灾害作为考察对象,分析印度PPP抗逆力发展中企业的参与和作用。表15是三次自然灾害的基本情况。

表15 三次自然灾害的基本情况

所在地区	年份	地点	灾害种类	灾害情况
奥里萨邦	1999	奥里萨邦	飓风	是印度历史上遭遇的最严重的自然灾害之一,造成15000人死亡,财产损失约45亿美元[①]
古吉拉特邦	2001	普杰市	地震	是印度历史上遭遇的最严重的自然灾害之一,造成13805人死亡,17万人受伤。直接经济损失达2300亿卢比[②]
北阿坎德邦	2013	北阿坎德邦	洪水 山体滑坡	6月,印度北阿坎德邦山区发生特大洪水,造成4000多人死亡和严重经济损失,对印度经济尤其是旅游业产生了严重冲击。公共部门和私营部门分别损失11.6亿卢比和1188.4亿卢比。北阿坎德邦洪水将影响未来几年企业20%—30%的业务

这三次灾害的主要共同点表现在两个方面,一是都是印度历史上最为严重的灾害之一,造成了大量的人员伤亡和经济损失。二是印度企业都在灾害救援和恢复重建中发挥了积极作用,三次灾害的应对与灾后恢复重建体现了印度通过PPP途径打造具有抗逆力国家的发展,也见证了印度企业灾害参与

---

① Swiss Re, *Natural Catastrophes and Man-Made Disasters in 2001: Manmade Losses Lake on a New Dimension*, Sigma 1/2002, Swiss Reinsurance Company, Zurich, 2002, p. 5.
② Bhatt, Mihir R., *Corporate Social Responsibility and Natural Disaster Reduction: Local Overview of Gujarat*, Disaster Mitigation Institute, Ahmedabad, India, August, 2002.

能力的发展。

(二)印度企业的应急参与及对提升国家抗逆力的支持

基于对不断发生的自然灾害所形成的巨大挑战的认识,印度私营企业与各种行业协会的灾害参与越来越普遍,并被视为灾害管理计划得以成功不可或缺的一环。如今,企业的贡献已经有目共睹,特别是1999年奥里萨邦发生具有毁灭性的飓风和2001年古吉拉特邦地震之后。一些工业和企业组织,如印度企业联合会(CII)、印度工商联合会(FICCI)、医生商会等行业协会,以及区域生产商和商贸组织等在第一线为灾民提供了大量应急物资。

1. 以多种方式参与紧急救援

在灾害管理中,印度企业的作用主要是支持灾害性事件的应对,但也会参与到人道主义紧急状况的响应和救济阶段。在三次灾害应急参与过程中,印度企业开始走出灾后捐款捐物的传统模式,参与方式逐步多样化。

1999年奥里萨邦飓风发生后,奥里萨邦的社会力量救灾工作空前活跃,不少企业利用自身优势积极投入到灾害救援中。如印度私营无线电运营商(HAM)发挥了重要作用。飓风发生后,通信严重瘫痪。HAM迅速启动应急预案,紧急抢修,使通信很快得以恢复,为紧急救援提供了极大便利。此次灾害救援的重要事件之一是奥里萨减灾救灾指挥中心的成立,该指挥中心不是由当地政府部门组建,而是由企业协同其他30余家国际和当地的民间组织共同组建的一个紧急救灾网络,与政府共享各种救灾信息。另外,在此之前成立的奥里萨民间救灾网络"奥里萨发展行动论坛"在救灾方面也功不可没。企业协同非政府组织在受灾地区上百个村庄中开办了社区小食堂,为灾民提供食物和水。此后,它们又为当地灾后恢复活动如乡村道路清障、校舍重建、清洁水源、处理尸体等工作人员提供了大量食品,提高了紧急救援和灾后恢复的效率。

企业参与应急管理

2001年古吉拉特邦地震发生后,不同类型和不同层次的企业参与了地震救援和恢复重建工作(见图19)。在紧急救援方面,大量企业,包括国际、国家与邦级企业直接参与救援。其中国际层面的企业/跨国公司主要通过非政府组织或者基金会参与地震救援。国家与邦级企业的参与形式主要是给普通基金会捐款捐物,而当地企业因缺乏足够的资金,则主要是在第一时间直接参与灾害救援。

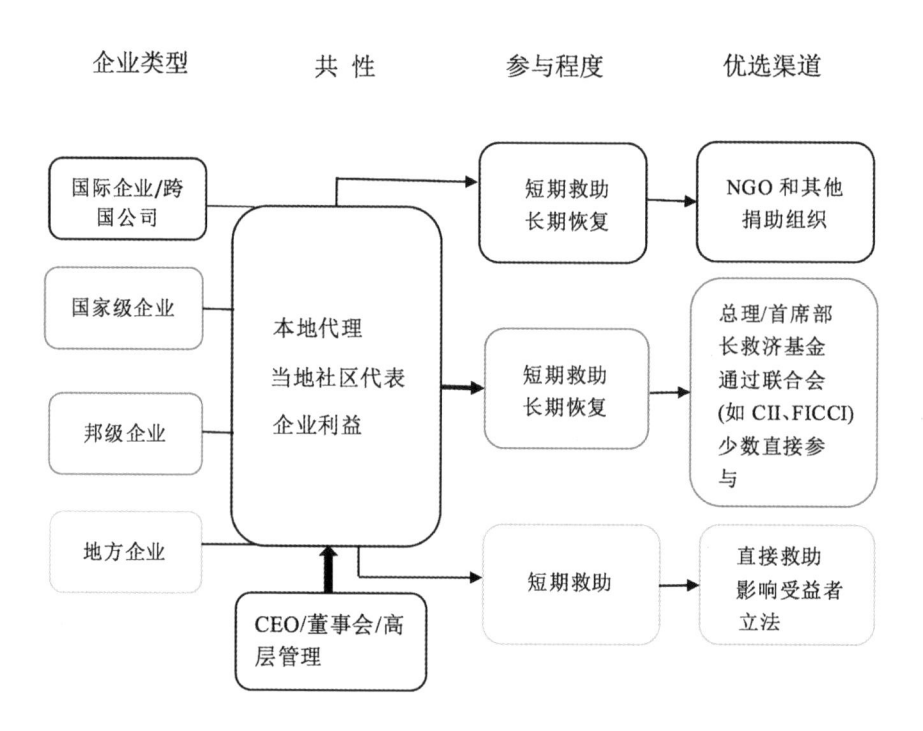

图19　古吉拉特邦地震印度企业PPP应急参与的作用机制

2013年6月北阿坎德邦山区发生特大洪水后,企业积极参与。首先,大量企业在现金和物资方面慷慨捐助。其次,不少企业利用自身专业与技术优势,积极参与灾害救援。如无线电运营商有效地为政府和救援官员建立本地通信网络,并为受影响社区提供非商业通信。谷歌开发了人员搜寻系统,这是一个开放网络应用程序,为受灾害影响的幸存者、家庭和亲人提供了一个注册表和留言板,发布和搜索有关对方下落的信息,用以向受害者和他们的家人收集信息。

2. 以多种途径参与恢复重建

在三次灾害发生后,印度企业除了参与紧急救援,不少企业还投入到了灾后恢复重建中。印度,公共部门和私营部门共同掌控着主要的服务与产品,这些服务与产品对灾后恢复到正常状态非常关键。印度企业在灾后以多种途径参与恢复重建,为灾区的长期恢复发挥了持续性重要作用。

在奥里萨邦飓风灾后恢复重建中,不少企业与非政府组织参与了学校、飓风庇护所等建筑的重建。如利用企业捐款,印度铝业有限公司与印度总理国家救济基金在受灾地区创办了197所小学和飓风庇护所,加速了灾后重建的进程。为了提高企业灾害参与的效率、创新性和灵活性,在重建过程中出台了《奥里萨PPP指南(2007)》,以便以最佳成本提供更好的基础设施和服务。2013年10月12日费林飓风发生后,"奥里萨—费林灾害响应论坛"成立。这是一个由企业和民间组织组建的支持减轻灾害风险的联盟,不仅在费林飓风应对中发挥了积极有效的作用,而且成为两个地区协同治理灾害的可持续平台。

古吉拉特邦地震灾后恢复重建中,不同类型和不同层次的企业参与了恢复重建工作。国际、国家和邦级企业主要是通过企业社会责任参与长期的恢复过程。国际层面的企业可以通过非政府组织或者基金会参与恢复重建(见图19)。2001年5月,由CII倡导、大量企业参与创立的"灾害管理委员会"是此次地震的一大重要成果。该机构将大量企业动员为灾后重建的重要力量,使之在地震灾后恢复重建中发挥了积极作用。2001年地震灾后恢复重建后期,又组建了古吉拉特邦灾害管理局(GSDMA),该机构的成立进一步促进了政府与企业建立减轻灾害风险的伙伴关系。古吉拉特邦还通过发展教育支持知识型产业发展,为灾害管理提供教育方面的支持。而《古吉拉特化学灾害响应计划》提出设立5个区域性灾害响应中心,并以PPP模式组建了4个小型灾害响应中心。

与应急管理和研究院(EMRI)联合成立的应急救护车服务则是一项专注于医疗行业的举措,它是一种以公私合作而非营利为目的的服务提供模式。政府负责运营成本,印度基建业巨头 GVK 集团负责资金管理、创新与合作,以及研究和培训知识转移并提供质量保证,并由马恒达集团①负责技术转让。包括医疗、警察和消防部门在内的综合应急响应服务(IERS)开通了一个统一的免费电话专线"108"。IERS 还配备了用于应对医疗紧急事件的救护车。后来,该模式被用于印度其他地区(安得拉邦、古吉拉特邦、中央邦等 17 个邦)。

农村泥工培训和认证是一个由水泥行业提供支持的以防灾为主的恢复重建项目。其目标是提高建造抗震建筑工人的技能。除此之外,该项目还为从事建筑行业和培训的非政府组织、承包公司和政府组织人员提供培训。自治机构 SEEDS 泥工协会(SMA)的成立即为该方案实施的成果之一,已经成为 2004 年安达曼岛和尼科巴群岛海啸、2005 年巴基斯坦的克什米尔和柯西河洪水灾后重建过程的一部分,在灾害管理中发挥了积极作用。

在北阿坎德邦洪水灾后重建中,企业的重要作用是参与基础设施建设,以防范类似大洪灾的再次发生。当然,企业也在积极与政府合作开展减少灾害风险的其他活动,如灾害培训和教育等。如印度斯坦建筑公司(HCC),既参与了北阿坎德邦洪灾救援工作,又在恢复重建阶段,通过扩大与联合国机构的合作,如通过支持覆盖全国的"印度灾害资源网"②建设,进一步加深在减少灾害风险中的参与程度。③

---

① 马恒达集团(Mahindra Satyam)是一家价值 160 亿美元的跨国集团,总部位于印度孟买,在 100 多个国家雇有 155000 多名员工。该公司致力于通过支持移动、推动农村繁荣、提升城市生活方式和提高业务效率的解决方案让人们取得进步。参见该公司网站 https://www.mahindra.com/。

② 该网站的网址为:www.idrn.gov.in。

③ 印度斯坦建筑公司是联合国国际减灾战略(UNISDR)减灾私营部门伙伴关系(DRR-PSP)的活跃成员,在以前的灾害应对、培训和教育过程中,一直支持救灾资源网(DRN)的运行。参见该公司 2014 年度报告。

图 19 勾勒了印度企业通过 PPP 参与抗逆力的作用机制。在这三次灾害中,PPP 构成了企业参与灾害管理并发挥作用的基本框架。在这一框架中,尽管不同层次的企业通过不同的方式参与灾害管理,其参与水平和参与能力不尽相同,与政府、非政府组织等其他利益相关者的关系路径也不完全一样,它们对灾害管理的贡献有大有小,但均对印度抗逆力的提升发挥了积极作用。如今,印度的私营部门已成为包括中央与邦政府层面所有灾害管理机构救灾物资的重要来源,如在交通车辆、消防车、国家救灾部队(NDRF)的装备、船、帐篷、食物、药品、收容所、通信设备、飞机等诸方面,均发挥着重要作用,提升了国家整体灾害管理能力[1]。这也是近年来印度政府改变灾害应对的传统模式、努力打造具有抗逆力国家获得的回报。

五、本章启示

印度在灾害管理实践中积累的经验,尤其是在企业通过 PPP 途径参与打造国家抗逆力方面取得的经验,对其他国家进一步吸收企业等社会力量参与灾害管理具有一定的参考价值,主要表现为如下几个方面。

(一)企业已经成为应急管理和国家抗逆力建设的重要力量

历史上,政府部门一直是应急管理的唯一主体,但近年来的应急管理实践突破了这一传统,政府、社会与市场(企业)共同发挥作用成为应急管理的重要趋势[2]。随着美国"9·11"事件和卡特里娜飓风、日本"3·11"地震、中国汶川大地震和芦山地震的发生,企业在应急管理中的作用越来越凸显。在同

---

[1] Ministry of Home Affairs, Government of India, *Disaster Management in India*, http://ndmindia.nic.in/disaster_management_in_india_09052017.pdf.
[2] 参见张海波、童星:《中国应急管理结构变化及其理论概化》,《中国社会科学》2015 年第 3 期。

灾害的长期斗争中,印度也开始走出以政府唱独角戏的传统应急管理模式,尝试建立起一套包括企业等各种利益相关者在内的应急管理模式,打造具有抗逆力的国家,其中企业发挥着越来越重要的作用。

(二)PPP成为有效整合社会力量参与应急管理的重要平台

在经历了最近几次重大灾害之后,印度政府启用了私营部门与民间组织参与应急管理的新模式,政府的努力得到了个人、组织、企业和社会的大力支持,印度政府及包括企业部门在内的利益相关者,已经申明了各自的承诺和决心,要实现建立一个抗逆与安全的国家目标。虽然任重道远,但是路线图已经明确。在建立抗逆与安全的国家进程中,所有个人和部门都将不遗余力,尽管今后还会不断发生各种灾害,但所有灾害带来的挑战将转变为进一步完善灾害风险管理制度建设的机会①。PPP已经成为应急管理过程中的一种替代性方案,帮助政府拓展项目,同时成为一种有效平台,连接政府与企业在应急管理中共同发挥作用。

(三)通过PPP途径提升国家抗逆力离不开政府的责任和作用

通过PPP途径发挥企业在提升国家抗逆力中的作用并不意味着政府责任的减轻,相反,政府必须在政治、法律和社会多方面发挥作用,积极引导企业参与灾害管理,并为之创造良好条件②。印度正是不断通过法律制度建设激活了企业的灾害参与功能。奥里萨飓风和古吉拉特地震的发生直接推动了联邦层面《灾害管理法(2005)》等系列法律法规的出台,明确了灾害管理中政府、市场和非政府组织等利益相关者的职责,明确了企业通过PPP途径参与

---

① Ministry of Home Affairs, *Government of India*, Disaster Management in India, 2011, http://www.undp.org/content/dam/india/docs/disaster_management_in_india.pdf.

② 参见杨安华、许珂玮:《论企业参与灾害治理的政府责任和作用》,《武汉科技大学学报(社会科学版)》2018年第4期。

灾害恢复重建的责任,确立了印度PPP发展的基调和方向。这些法律法规与政策旨在构建一种公平透明的PPP管理与运行机制,充分运用社会与市场资本的先进技术与资源,通过签署权利义务明确与责任清晰的PPP合同,同时维护社会公众和PPP项目公司在灾害管理中的利益,为企业参与国家抗逆力建设创造良好条件。灾害管理中PPP模式的建立,以及对私营部门作用的强调,是为了使企业与非政府组织等社会力量在某些领域发挥作用,而不是取代或免除政府建立一个健全的公共系统的责任。

(四)提升应急参与水平需要企业不断加强自身应急参与能力建设

灾害参与能力的提升离不开企业自身的努力。印度企业能够在应急参与过程中不断提高自身能力,难能可贵。上述分析可见,在奥里萨邦飓风应对和灾后重建中,印度企业的应急参与水平偏弱,但经历了古吉拉特邦地震后,印度企业的应急参与水平明显提高。如在古吉拉特邦地震重建过程中,近5000家直接合作成员企业,与来自280多个国家和地区行业协会的合作成员联合成立了"灾害管理委员会",目标是为成员提供减少灾害风险的建议和帮助。"灾害管理委员会"在古吉拉特邦地震灾后恢复重建中发挥了十分重要的作用,弥补了政府部门在资源与技术等诸多方面的不足。另外,企业参与古吉拉特邦地震灾害管理的一大亮点在于,通过发挥核心竞争力积极参与灾害救援与灾后重建,即不少企业将其专业技能用于灾害救援与灾后重建。[1]

---

[1] Rama V. Baru and Madhurima Nundy:《看看印度卫生领域公私咋合作》,《健康报》2016年7月4日。

第六章 企业参与应急管理的中国实践：从汶川地震到芦山地震的考察

中国是一个灾害频发的国家，在与各类灾害的长期斗争中，中国政府在灾害治理方面积累了丰富的经验。但由于历史上中国民间力量与市场不发达，长期以来，中国政府一直充当着灾害治理的唯一主体。但改革开放以来中国社会主义市场经济体制的确立发展为企业发展创造了条件，也为企业参与应急管理带来了空间。汶川地震以来，中国企业开始以不同方式与途径积极参与应急管理。尤其是不少企业通过"对口支援"广泛参与到汶川地震和芦山地震的恢复重建中，形成了企业参与应急管理的中国模式。本章通过对中国汶川地震与芦山地震中企业灾害参与的比较分析，探讨中国企业参与应急管理的实践与困境。

一、引　言

灾害是一种"负"公共产品。应急管理本质上属于公共安全服务。作为公共服务关键主体的政府历来也是应急管理的核心主体。古今中外，概莫能外。[1] 但在风险社会的当今，"没有一个单独行动者——无论是公共部门还是私营

---

[1] 参见邓云特：《中国救荒史》，商务印书馆2011年版；闪淳昌主编：《应急管理：中国特色的运行模式与实践》，北京师范大学出版社2011年版；贾康、冯俏彬：《从替代走向合作：论公共产品提供中政府、市场、志愿部门之间的新型关系》，《财贸经济》2012年第8期。

第六章 企业参与应急管理的中国实践:从汶川地震到芦山地震的考察

部门——具备解决复杂多变、形式多样的问题所需要的所有知识和信息;没有一个单独行动者具有足够的能力有效运用所有的治理工具;更没有一个单独行动者,具备采用某一种治理模式而一统天下的行动能力"①。如今灾害的多样性和复杂性,已远非政府等任何单个主体所能驾驭和消弭,其治理呼吁多主体力量与智慧的合力。政府、私营部门与社会组织合作,已成为应急管理的趋势。② 在国际层面,社会组织参与灾害治理已经为人们所熟知。尤其是自从1995年阪神大地震日本非政府组织等社会组织在灾害救援中发挥重要作用之后,社会组织在灾害应对中的作用已众所周知,相关学术研究成果也大量涌现。但企业作为重要的经济社会力量,在灾害治理中的作用却未受到足够重视。③ 在中国尤其如此。这与对非政府组织参与应急管理进行研究形成巨大反差。随着汶川地震以来非政府组织等在灾害应对中作用的凸显,非政府组织参与应急管理成为学术界的热门话题,相关研究成果也大量涌现,其中相关专著就有韩俊魁《NGO参与汶川地震紧急救援研究》、王名《汶川地震公民行动报告——紧急救援中的NGO》等十数部之多。④ 这些研究成果对社会组织

---

① Jan Kooiman & M. Bavinck,"Governance Perspective", in Jan Kooiman et al. (Eds.), *Fish for Life:Interactive Governance for Fisheries*, Amsterdam: Amsterdam University Press, 2005, p. 18; Jan Kooiman, Ed., *Modern Governance:New Government-Society Interactions*, Sage, 1993, p.4.

② 参见张海波、童星:《中国应急管理结构变化及其理论概化》,《中国社会科学》,2015年第3期;金太军、张健荣:《重大公共危机治理中的NGO参与及其演进研究》,《华中师范大学学报(人文社会科学版)》2016年第1期;Takako Izumi and Rajib Shaw, *Disaster Management and Private Sectors:Challenges and Potentials*, Springer Publications, 2015。

③ Brenda D. Phillips, David M. Neal and Gary Webb, *Introduction to Emergency Management*, CRC Press, 2011; UNISDR, "Making Development Sustainable: The Future of Disaster Risk Management", *Global Assessment Report on Disaster Risk Reduction*, Geneva, Switzerland: United Nations Office for Disaster Risk Reduction, 2015.

④ 其他主要专著有张强、陆奇斌、张欢等编著:《巨灾与NGO:全球视野下的挑战与应对》,北京大学出版社2009年版;张强、余晓敏等:《NGO参与汶川地震灾后重建研究》,北京大学出版社2009年版;郭虹、庄明等编著:《NGO与汶川地震过渡安置研究》,北京大学出版社2009年版;韩俊魁、赵小平等:《中国社会组织响应自然灾害研究》,社会科学文献出版社2016年版;陆汉文、沈洋、何良等:《非政府组织与灾后重建》,华中师范大学出版社2011年版;王冬芳:《非政府组织与政府的合作机制:公共危机的应对之道》,中国社会出版社2009年版;康晓强:《公益组织与灾害治理》,商务印书馆2011年版;张勤:《志愿服务参与应急管理》,中共中央党校出版社2021年版。

在应急管理中的优势与角色定位、参与汶川地震与芦山地震等灾害救援与灾后重建实践,以及非政府组织参与应急管理的相关理论等问题,都做了较为深入而系统的探讨。但有关私营企业灾害参与的研究却非常少见。[①]

中国作为一个灾害频发的国家,通过不断地探索与总结,我国政府在应急管理方面积累了丰富的经验。对2008年汶川地震以来多次巨灾的成功应对即是充分证明。尽管如此,接踵而来的各种重大灾害使中国政府体系的应急服务出现严重不足。[②] 一方面,改革开放以来中国经济社会的发展与进步,不仅为非政府组织等社会组织的发展创造了条件和空间,也为私营企业等市场力量的发展壮大创造了良好条件。如今,中国的社会组织与市场力量逐步变得强大起来。中国政府也充分看到了社会与市场力量在应急管理中的重要性,并在汶川地震以来的多次重大自然灾害应对中较为成功地发挥了二者的作用。于是就有了2008年因非政府组织在汶川地震应急救援中发挥了重要作用而被称为"中国的非政府组织元年"。

另一方面,面对巨灾,企业也在进步。在2008年汶川地震紧急救援中,我国大量的私营企业在应急响应阶段以捐款捐物的方式积极参与地震救援,而灾后恢复重建"对口支援"政策的出台与实施,给企业参与带来了重要契机。众多私营企业在"对口支援"中形成了以产业支援、产业合作为主要形式的有效参与,显示了中国市场力量不仅以政治动员的方式,也以利益驱动的方式参与政府应急管理过程。[③] 2013年芦山地震发生后,更是掀起了企业参与灾害活动的热潮。在芦山地震紧急救援中,百度、腾讯、360与新浪等互联网公司

---

① 参见吕孝礼、张海波、钟开斌:《公共管理视角下的中国危机管理研究——现状、趋势和未来方向》,《公共管理学报》2012年第3期。

② 参见贺璇、王冰:《中国突发事件应急治理的变迁与成长——构建政府—社会—市场三维互动框架》,《学习与实践》2014年第11期。

③ Zhang Haibo, *Patterns of Interorganizational Collaboration in Natural Disaster Response in China:A Case Study on Organizational Response Network of the Ya'an Earthquake in 2013*, Proceedings of 2013 International Conference on Public Administration(9th)(Volume 1).

第六章　企业参与应急管理的中国实践：从汶川地震到芦山地震的考察

开展了卓有成效的合作与数据共享，出租车、物流等行业的众多企业，以及高德、微软（中国）、均瑶、加多宝等大量企业在地震救援与恢复重建中发挥了各自的独特优势，显示私营部门开始以自组织的方式积极参与政府应急管理工作并发挥着越来越重要的作用，企业作为重要力量主体开始登上中国灾害管理的历史舞台。① 但我国学术界对该问题缺乏足够的关注与回应。对诸如企业在应急管理中应该发挥什么角色；相对于政府与非政府组织而言，企业参与应急管理有哪些独特优势；企业参与灾害治理的效果如何；影响企业参与应急管理的因素有哪些；汶川地震以来，中国企业在灾害参与方面取得了哪些进步，有哪些问题需要进一步改善；如何克服这些问题并进一步推进中国企业参与应急管理工作等问题，都缺乏深入研究。本章结合中国最近发生的两次严重灾害——汶川地震和芦山地震中的实践，探究中国企业参与应急管理方面取得的进展和存在的不足，在此基础上分析下一步需要努力的方向，以期为未来中国企业参与应急管理实践，以及中国政府全面深化应急管理体制机制改革、完善应急管理体系提供借鉴。

二、中国企业参与应急管理的动因：CSR 框架

（一）企业参与应急管理的理论解释

英国著名思想史家阿克顿勋爵等指出："人类每一个时代的进步都会受到自然灾害等因素的困扰。"② 我国著名历史学家傅筑夫等曾指出："一部二十

---

① 参见杨安华、许珂玮：《论企业参与灾害治理的政府责任和作用》，《武汉科技大学学报（社会科学版）》2018 年第 4 期。
② John E. E. Dalberg-Acton, Acton Johnny, *The History of Freedom and Other Essays*, Cosimo, Inc., 2005.

四史,几无异一部灾荒史。"① 同样,一部中华文明史,"从某种意义上来说,也就是一部中华民族与自然灾害不断抗争的历史"②。因此,如何战胜自然灾害也就成为古今中外各国政府的重要职责,以至于长期以来,政府一直被视为灾害救助的唯一主体。古今中外,概莫能外。③

自1995年阪神大地震日本非营利组织等社会组织在灾害救援中发挥重要作用之后,社会力量在灾害应对中的作用引起了人们的关注。而随着美国"9·11"事件和卡特里娜飓风、中国汶川地震、日本"3·11"地震海啸的发生,人们开始认识到企业参与应急管理的重要性。美国政府在卡特里娜飓风应对中之所以全面失败,一个重要原因在于"政府中心的灾害解决之道已经失效"④。其教训之一就是,在应急管理中,"私营部门发挥着重要的作用,其参与灾害救援,填补了公共部门和非政府组织之间的短板,而且不论企业大小,都能够发挥积极作用"⑤。在中国,汶川地震以来,非政府组织在灾害救助中发挥了重要作用。与此同时,企业的作用也开始凸显,成为应急管理的重要力量。

如果说汶川地震成为中国社会力量参与重大灾害救援的转折点的话,那么,芦山地震则成为中国企业参与应急管理的转折点。芦山地震中企业参与救灾何以出现这些新变化,究竟是哪些因素在推动这一格局的形成?原因固

---

① 傅筑夫、王毓瑚编:《中国经济史资料:秦汉三国编》,中国社会科学出版社1982年版,第96页。
② 夏明方、朱浒:《〈中国荒政全书〉的编纂及其历史与现实意义》,《中国图书评论》2007年第2期。
③ 参见邓云特:《中国救荒史》,商务印书馆2011年版;闪淳昌主编:《应急管理:中国特色的运行模式与实践》,北京师范大学出版社2011年版;贾康、冯俏彬《从替代走向合作:论公共产品提供中政府、市场、志愿部门之间的新型关系》,《财贸经济》2012年第8期。
④ Federal Emergency Management Agency, *Comprehensive Planning Guide 101:Developing and Maintaining Emergency Operations Plans*, http://www.fema.gov/pdf/about/divisions/npd/CPG_101_V2.pdf. p.45.
⑤ Ryan Scott, "How Hurricane Katrina Changed Corporate Social Responsibility Forever", *Huffington Post*, Aug 26, 2015.

第六章 企业参与应急管理的中国实践:从汶川地震到芦山地震的考察

然是多方面的,如在实践层面,中国市场的发展、企业的进一步壮大与国家应急管理政策的转变为企业参与应急管理创造了条件①,政府应急管理能力的不足,以及企业自身提高声誉的需要等等,都构成了企业参与巨灾应对的重要动力。

而在理论层面,美国学者托马斯·伯克兰(Thomas A. Birkland)提出的"焦点事件"(Focusing Event)②和约翰·金顿(John W. Kingdon)提出的"政策窗口"(Policy Window)③所说的灾害能够推动政策变革,都能部分地解释汶川地震至芦山地震中国企业参与应急管理的变化与发展。如在伯克兰"焦点事件"中所说的灾害推动政策变革的两个主要因素——媒介关注度和议题显著性,在汶川地震和芦山地震中都有充分体现,从而倒逼政府改变政府垄断灾害应对的传统应急管理模式;而金顿的"政策窗口"所指出的,灾害在造成重大损失的同时,也提供了利用灾害推动政策变革的"机会窗口",同样能够部分地解释汶川地震发生之后中国应急管理体系的结构变化,包括政府对社会组织和私营部门力量的重视。巨灾用惨痛的代价打开了应急管理制度与体系的变革之路,倒逼政府在灾害应对中开启应急管理变革乃至创新的"机会窗口",从而有了在《汶川地震灾后恢复重建条例》中的明确规定——坚持"政府主导与社会参与相结合"的原则,赋予企业与非政府组织作为社会参与的重要力量参与芦山地震救援与灾后恢复重建中的合法地位与空间,为企业参与芦山地震救援与灾后重建提供了便利和可能,就像社会组织在芦山地震应对

---

① 中国的市场发展为私人部门参与应急管理提供了可能。2008年汶川地震后的"对口支援"不仅是政府行为,以私营企业为主体的产业合作也参与其中。大量企业正是在参与"对口支援"中提高了灾害参与能力,为参与芦山灾后重建奠定了重要基础。参见张海波、童星:《中国应急管理结构变化及其理论概化》,《中国社会科学》2015年第3期。

② 在伯克兰看来,"焦点事件"能够触发政策议程设置,推动政策变革,即"事件相关的政策变革"。参见 Thomas A. Birkland, "Disasters, Focusing Events and Sociolegal Studies", *Oñati Socio-Legal Series*, 2013(2), pp. 363–377.

③ John W. Kingdon, *Agendas, Alternatives and Public Policies*, New York: Harper Collins, 1995, p. 34.

中变得更加成熟,参与灾害应对进一步专业化、网络化、信息化与社会化一样。①

这些原因在一定程度上都能解释汶川地震中中国企业参与应急管理的发展,但似乎都只是表面上的原因,而隐藏于这些原因背后的更深层次的因素是中国企业社会责任的发展演变。而且,上述原因都可以整合在企业社会责任(CSR)框架之中。以下即在 CSR 框架下分析我国企业参与应急管理的动因。

(二)企业社会责任:中国企业参与应急管理的关键推动力

在人类社会的不同发展阶段,企业需要承担的社会责任是不一样的。但企业为什么要承担社会责任?概括而言,有四个方面的原因:一是道德义务。就是人们认为企业有责任做一个良好的企业公民。二是可持续发展。这是指企业需要对环境和社区负责。三是经营许可。经营许可的概念来源于这样一个事实:每家企业在开展业务之前,都必须得到政府、社区与其他利益相关者的同意或许可。四是企业声誉。它强调的是从事社会责任活动有助于改善企业形象、强化企业品牌、提高员工士气,甚至推高公司股价。② 而在人类已经进入风险社会的当今,参与应急管理日益成为企业社会责任的重要内容。③

企业社会责任于 1923 年由英国学者欧·谢尔顿(Sheldon O.)在《管理哲

---

① 学术界对汶川地震以来我国社会组织参与应急管理的动因进行了分析,主要原因包括:第一,汶川地震应对中的社会参与实践为芦山地震的政社合作制度创新积累了重要的政策经验。如《汶川地震灾后恢复重建条例》提出的震灾后恢复重建应当遵循政府主导与社会参与相结合的原则,赋予了非政府组织参与灾后重建的合法地位和活动空间。第二,汶川地震发生以来四川地区社会组织的长足发展为此次制度创新创造了坚实的社会基础。参见张强:《灾害应对中的社会组织参与》,载杨团主编:《慈善蓝皮书:中国慈善发展报告(2014)》,社会科学文献出版社 2014 年版,第 174—191 页。
② Michael E. Porter and Mark R. Kramer, "Strategy and Society:The Link between Competitive Advantage and Corporate Social Responsibility", *Harvard Business Review*, 2006(12), pp.78-92.
③ Johnson B. R., Connolly E., Carter T. S., "Corporate Social Responsibility:The Role of Fortune 100 Companies in Domestic and International Natural Disasters", *Corporate Social Responsibility and Environmental Management*, 2011(6), pp.352-369.

第六章 企业参与应急管理的中国实践:从汶川地震到芦山地震的考察

学》一书中首次系统提出。他把社会责任与公司经营者满足产业内外各种需要的责任联系起来,并认为企业社会责任含有道德因素。[1] 20世纪90年代以来,利益相关者理论开始融入企业社会责任领域。该理论认为企业社会责任不仅要考虑股东利益最大化,还应充分考虑其他利益相关者,如消费者、供应商、员工、社区等的利益。基于此,卡罗尔(Carroll)将企业社会责任分为经济责任、法律责任、道德责任和公益责任四个维度。[2] 兰托斯(Lantos)将企业社会责任分为伦理型、利他型和战略型三种形式。[3] 随后,加玛莉(Jamali)将企业社会责任分为强制型和自愿型两大类。[4] 这些提法之间相互对应,具体如表16。

表16 企业社会责任内涵

Carroll(1991)	Lantos(2001)	Jamali(2007)
经济责任:股东利润、员工工作、优质产品和服务	伦理型责任:强制履行经济、法律和道德责任	强制型社会责任
法律责任:遵守法律和商业规则		
道德责任:做正确的事,公正、平等和避免伤害		
公益责任:自愿为社会活动贡献时间和资源	利他型责任:不计较经济回报,无条件帮助解决公共福利困难的公益责任	自愿型社会责任
	战略型责任:同时能够增进社会效益和企业利润的公益责任	

资料来源:引自侯仕军:《企业社会责任管理的一个整合性框架》,《经济管理》2009年第3期。

---

[1] Sheldon O., *The Philosophy of Management*, London: Sir Issac Pitman & Sons, 1923.

[2] Carroll A. B., "A Three-Dimensional Conceptual Model of Corporate Social Performance", *Academy Management Review*, 1979(4), pp.497-505.

[3] Lantos G. P., "The Boundaries of Strategic Corporate Social Responsibility", *Journal of Consumer Marketing*, 2001(7), pp.595-630.

[4] Jamali D., "The Case for Strategic Corporate Social Responsibility in Developing Countries", *Business and Society Review*, 2007(1), pp.1-27.

本书采用对企业社会责任的广义提法,将企业社会责任分为利他型、强制型和战略型三种基本形式。其中利他型社会责任、强制型社会责任是最纯粹的社会责任,战略型社会责任则体现出利己和利他之间的有效结合,表现出企业在自愿为社会贡献时间和资源的过程中增加利润,获得收益。以下以此为框架,分析从汶川地震到芦山地震,社会责任是如何推动中国企业参与应急管理的。

1. 利他型社会责任:驱动企业参与应急管理的内在动力

利他型企业社会责任是指企业无条件地帮助减轻公共福利困难的一种责任。[1] 尽管企业对社会责任高度重视并非完全出于自愿[2],但人类的利他本性是企业社会责任的重要基础。随着社会的进步,人类的这种利他本性会得到进一步彰显。在中国,自古就有"穷则独善其身,达则兼善天下"(《孟子·尽心章句上》)的儒商传统。经过改革开放以来40多年的发展,中国企业不断发展壮大,[3] 如今有力量也是时候"兼善天下"了。尤其是在经历了汶川地震与玉树地震之后,企业社会责任越来越成为我国企业家的共识。汶川地震与芦山地震发生后,社会各界在灾害面前携手同心,众志成城,积极为抗震救灾贡献力量。首先,表现为灾后慷慨捐款捐物。两次地震中,各企业慷慨解囊,企业认捐总额超过71亿元人民币。其中加多宝在汶川地震和芦山地震中各捐赠1亿元善款,从汶川地震到芦山地震期间,累计捐款3亿元。这背后在

---

[1] Lantos G. P., "The Boundaries of Strategic Corporate Social Responsibility", *Journal of Consumer Marketing*, 2001(7), pp.595–630.

[2] Michael E. Porter and Mark R. Kramer, "Strategy and Society:The Link between Competitive Advantage and Corporate Social Responsibility", *Harvard Business Review*, 2006(12), pp.78–92.

[3] 据美国《财富》杂志发布的2015年世界500强企业名单,中国上榜企业继续保持强劲增长态势,达到106家。2015年,中国民营企业500强入围门槛为101.75亿元;民营企业服务业100强入围门槛达124.37亿元;民营企业制造业500强入围门槛为45.20亿元。前500强中,有467家企业已建立现代企业制度,占比达93.4%。民营企业500强通过多种方式加大履行社会责任的力度。如,2015年有201家企业发布社会责任报告,占比40.20%;有456家参与社会捐赠,占比91.2%;有333家企业参与扶贫开发,占比66.6%。参见上海新沪商联合会、零点研究咨询集团编:《2016中国民营企业发展指数》,上海社会科学院出版社2016年版。

第六章　企业参与应急管理的中国实践:从汶川地震到芦山地震的考察

很大程度上是源于"180多年前为治疗瘟疫而研制的凉茶的加多宝从骨子里就有悬壶济世的基因"①。其次,主动升级传统灾害参与模式,超越捐款捐物的低水平参与。芦山地震激发了企业自发参与应急管理的热潮,地震发生之后我国大量企业通过多种途径积极参与抗震救灾。如加多宝在玉树、舟曲灾后重建过程中实施的扶贫项目创立的"建设型扶贫模式"不仅提高了重建效率,而且有效地促进了当地经济的回暖升温。该模式在芦山地震灾后重建中得到进一步发扬。其他不少企业也在芦山地震中开始结合自身核心业务参与灾害救援与灾后重建。众多企业的参与减轻了政府提供应急服务的压力,提高了灾害救援和灾后重建效率。正是这些企业不计回报地履行社会责任,构成了企业参与应急管理的原动力。

2. 强制型社会责任:驱动企业参与应急管理的外在动力

与利他型社会责任不同,强制型社会责任的履行主要来自国家法律法规要求和外部舆论压力。就参与应急管理而言,企业参与应急管理可以分为参与内部应急管理和参与外部应急管理。

近年来我国颁布出台的相关法律法规对参与内部应急管理和参与外部应急管理都做了具体规定,这些规定形成了企业参与应急管理的主要外在动力或强制性动力。

2007年颁布实施《中华人民共和国突发事件应对法》(以下简称《突发事件应对法》),标志着我国应急管理开始向法制化道路发展。该法对企业参与内部应急管理做出了明确规定:"所有单位应当建立健全安全管理制度,定期检查本单位各项安全防范措施的落实情况,及时消除事故隐患;掌握并及时处理本单位存在的可能引发社会安全事件的问题,防止矛盾激化和事态扩大;对本单位可能发生的突发事件和采取安全防范措施的情况,应当按照规定及时

---

① 引自张强:《灾害治理——从汶川到芦山的中国探索》,北京大学出版社2015年版,第217页。

企业参与应急管理

向所在地人民政府或者人民政府有关部门报告。""矿山、建筑施工单位和易燃易爆物品、危险化学品、放射性物品等危险物品的生产、经营、储运、使用单位,应当制定具体应急预案,并对生产经营场所、有危险物品的建筑物、构筑物及周边环境开展隐患排查,及时采取措施消除隐患,防止发生突发事件。""公共交通工具、公共场所和其他人员密集场所的经营单位或者管理单位应当制定具体应急预案,为交通工具和有关场所配备报警装置和必要的应急救援设备、设施……使其处于良好状态,确保正常使用。"[1]2015年出台的《中华人民共和国国家安全法》规定,企业事业组织应当对本单位的人员进行维护国家安全的教育,动员、组织本单位的人员防范、制止危害国家安全的行为。

2016年12月18日印发的《中共中央国务院关于推进安全生产领域改革发展的意见》更是明确提出了"坚守发展决不能以牺牲安全为代价这条不可逾越的红线",规定:"建立企业全过程安全生产和职业健康管理制度,做到安全责任、管理、投入、培训和应急救援'五到位'","建立企业生产经营全过程安全责任追溯制度","建立健全隐患排查治理制度、重大隐患治理情况向负有安全生产监督管理职责的部门和企业职代会'双报告'制度,实行自查自改自报闭环管理",并首次提出了"将生产经营过程中极易导致重大生产安全事故的违法行为列入刑法调整范围"。其他相关法律法规如《国家突发事件总体应急预案》《中华人民共和国防震减灾法》等也都做了类似规定。这些规定让广大企业不得不强化灾害意识,并加强应急管理能力建设。这也为企业参与外部应急管理奠定了基础。

企业参与外部应急管理也是我国相关法律法规的要求。这些法律法规主要包括《中华人民共和国突发事件应对法》《国家突发事件总体应急预案》《破坏性地震应急条例》《中华人民共和国防洪法》《中华人民共和国防震减灾法》《救灾捐赠管理办法》《中华人民共和国国家安全法》《中华人民共和国慈善

---

[1] 《中华人民共和国突发事件应对法》,《人民日报》2007年11月1日。

第六章 企业参与应急管理的中国实践:从汶川地震到芦山地震的考察

法》等,它们对企业参与应急管理做了如下规定。

(1)企业有响应国家法律法规要求、积极参与应急管理的责任与义务

一方面,企业有依法进行灾情报告和应急救援的义务;在重大灾害处置过程中,企业的业务活动要优先保证救灾工作的进行;对于因预防灾害所进行的工程或其他工作直接受益的企业,应当承担国家规定的补偿、救助义务。另一方面,在国家政策层面,我国已经将"政府主导与社会参与相结合"作为应急管理的一项基本原则,《汶川地震灾后恢复重建条例》明确规定应坚持政府主导与社会参与相结合的原则。《中华人民共和国突发事件应对法》指出,"公民、法人和其他组织有义务参与突发事件应对工作",同时规定:"国家鼓励公民、法人和其他组织为人民政府应对突发事件工作提供物资、资金、技术支持和捐赠。"《中华人民共和国国家安全法》规定:"企业事业组织和其他社会组织,都有维护国家安全的责任和义务",同时规定"企业事业组织根据国家安全工作的要求,应当配合有关部门采取相关安全措施","向国家安全机关、公安机关和有关军事机关提供必要的支持和协助"。[1]

汶川地震发生后国家出台的相关法律法规都鼓励企业积极参与应急管理。《汶川地震灾后恢复重建条例》第五十五条、第五十六条分别规定:"国家鼓励公民、法人和其他组织为地震灾后恢复重建捐赠款物","国家鼓励公民、法人和其他组织依法投资地震灾区基础设施和公共服务设施的恢复重建"。条例第六十三条规定:"国家鼓励非地震灾区的企业、事业单位通过援建等多种形式支持地震灾区恢复重建。"[2]2010年9月1日起施行的《自然灾害救助条例》规定:"国家鼓励和引导单位和个人参与自然灾害救助捐赠、志愿服务等活动。"[3]这些法律法规关于企业参与灾害救助与灾后重建等方面予以鼓励的规定,一方面开启了企业参与应急管理的大门,另一方面在一定程度上也就

---

[1] 《中华人民共和国国家安全法》,《人民日报》2015年12月24日。
[2] 《汶川地震灾后恢复重建条例》,《人民日报》2008年6月10日。
[3] 《自然灾害救助条例》,《人民日报》2010年10月25日。

相当于要求企业积极参与应急管理。

《自然灾害救助条例》同时规定:"在自然灾害救助应急期间,县级以上地方人民政府或者人民政府的自然灾害救助应急综合协调机构可以在本行政区域内紧急征用物资、设备、交通运输工具和场地","县级以上人民政府监察机关、审计机关应当依法对自然灾害救助款物和捐赠款物的管理使用情况进行监督检查,民政、财政等部门和有关社会组织应当予以配合"。①《芦山地震灾后恢复重建总体规划》规定:"调动市场和社会力量,全方位、多层次参与灾后恢复重建,形成强大合力。"②这些规定都要求企业在平时储备一定的应急物资、设备与交通运输工具以备急用,同时要求企业做好参与灾害救援和灾后重建的准备,也就是要求企业加强应急管理能力建设,以便在灾害发生时积极参与国家应急管理工作。

(2)企业有开发相关应急救援技术和产品的责任和义务

国家鼓励、扶持应急救援技术和装备的研究开发工作。《中华人民共和国突发事件应对法》第三十六条规定:"国家鼓励、扶持具备相应条件的教学科研机构培养应急管理专门人才,鼓励、扶持教学科研机构和有关企业研究开发用于突发事件预防、监测、预警、应急处置与救援的新技术、新设备和新工具。"第三十五条规定:"国家发展保险事业,建立国家财政支持的巨灾风险保险体系,并鼓励单位和公民参加保险。"③《中华人民共和国防震减灾法》第二十七条规定:"国家鼓励、扶持地震应急、救助技术和装备的研究开发工作。"④国家发展并支持保险事业,以转移和降低灾害的风险和损失。《汶川地震灾后恢复重建条例》规定:"国家鼓励公民、法人和其他组织积极参与地震灾后恢复重建工作,支持在地震灾后恢复重建中采用先进的技术、设备和材

---

① 《自然灾害救助条例》,《人民日报》2010年10月25日。
② 《国务院关于印发芦山地震灾后恢复重建总体规划的通知》(国发〔2013〕26号),http://www.gov.cn/zwgk/2013-07/15/content_2445989.htm。
③ 《中华人民共和国突发事件应对法》,《人民日报》2007年11月1日。
④ 《中华人民共和国防震减灾法》,《人民日报》2009年2月21日。

第六章 企业参与应急管理的中国实践:从汶川地震到芦山地震的考察

料。"① 这些鼓励政策一方面使企业参与应急管理合法化,另一方面也规定了企业有开发应急救援技术与产品的责任与义务。芦山地震中不少企业在紧急救援中发挥了重要作用就得益于平时已经具备一定的应急救援技术和产品。也表明经历了汶川地震的冲击之后我国企业在应急技术和产品开发方面的成长。

另外,社会舆论也是企业履行社会责任与参与应急管理的重要因素,这在我国尤其明显,因为中国自古以来就有恪尽社会责任的人文传统。近年来,随着各类灾害的频繁发生与企业的发展,"国难当头,匹夫有责"等中国人的基本价值取向被进一步激活。公众与公共舆论希望现代企业"善尽社会职责,回馈我们的社会"。特别是巨灾发生后,社会强烈要求企业承担起"企业良心"的责任。② 这种强烈的公众要求会成为一种强大的社会舆论压力,迫使企业尤其是知名企业加入灾后捐款的行列。

表17所示新中国成立以来应急管理方针的演变也表明了国家对企业灾害参与责任与要求的不断提高。

表17 新中国灾害治理方针的演进③

年份	方　针
1949	"节约防灾,生产自救,群众互助,以工代赈"
1950	"生产自救,节约度荒,群众互助,以工代赈,辅之以必要的救济"
1953	"生产自救,节约度荒,群众互助,辅之以政府必要的救济"
1956	"依靠群众,依靠集体,生产自救为主,辅之以国家必要的救济"
1958	不提救灾方针
1963	重提"依靠群众,依靠集体,生产自救为主,辅之以国家必要的救济"
1983	"依靠群众,依靠集体,生产自救,互助互济,辅之以国家必要的救济和扶持"

---

① 《汶川地震灾后恢复重建条例》,《人民日报》2008年6月10日。
② 参见胡建新:《企业社会责任的公关危机响应:从"捐赠门"事件谈起》,《公关世界》2009年第11期。
③ 该表参见孔庆茵、侯玲:《突发性灾害治理——政府与非营利组织的良性互动》,《北京师范大学学报(社会科学版)》2013年第4期。

续表

年份	方　针
2006	"动员社会团体、企事业单位以及志愿者等各种社会力量参与应急救援工作"
2007	"公民、法人和其他组织有义务参与突发事件应对工作"
2008	"政府主导与社会参与相结合","按市场化运作方式,鼓励企业投资建厂、兴建商贸流通等市场服务设施,参与经营性基础设施建设"
2013	"调动市场和社会力量,全方位、多层次参与灾后恢复重建,形成强大合力"
2015	"企业事业组织和其他社会组织,都有维护国家安全的责任和义务"
2016	"积极引入市场力量参与灾害治理,培育和提高市场主体参与灾害治理的能力,鼓励各地区探索巨灾风险的市场化分担模式,提升灾害治理水平"[①];"坚持党委领导、政府主导、社会力量和市场机制广泛参与……更加注重组织动员社会力量广泛参与,建立完善灾害保险制度,加强政府与社会力量、市场机制的协同配合,形成工作合力"[②]
2017	"坚持政府主导、社会协同。完善政府治理,更加注重发挥市场机制作用,充分调动群众的积极性、主动性和创造性,强化社会参与","到2020年,建成与有效应对公共安全风险挑战相匹配、与全面建成小康社会要求相适应、覆盖应急管理全过程、全社会共同参与的突发事件应急体系"
2021	"坚持社会共治……加强和创新社会治理,发挥市场机制作用……筑牢防灾减灾救灾的人民防线"

资料来源:孙绍骋:《中国救灾制度研究》,商务印书馆2004年版;《汶川地震灾后恢复重建条例》(2008年);《芦山地震灾后恢复重建总体规划》(2013年);邓国胜:《响应汶川——中国救灾机制分析》,北京大学出版社2009年版;《中华人民共和国国家安全法》(2015年);国务院办公厅:《国家综合防灾减灾规划(2016—2020年)》《国家突发事件应急体系建设"十三五"规划》;国务院:《"十四五"国家应急体系规划》。

3. 战略型社会责任:驱动企业参与应急管理新动力

随着政府监管、媒体曝光、法律责任追究压力的加大,以及消费者对社会责任问题关注度的提高,通过兼顾社会利益与价值主张获得竞争优势,成为企业发展的重要方向。[③] 2008年的汶川地震,一方面成为企业家社会责任观发

[①] 《国务院办公厅关于印发国家综合防灾减灾规划(2016—2020年)的通知》,《中华人民共和国国务院公报》2017年第4期。

[②] 《中共中央国务院关于推进防灾减灾救灾体制机制改革的意见》,《中国减灾》2017年第1X期。

[③] Michael E. Porter and Mark R. Kramer, "Strategy and Society: The Link between Competitive Advantage and Corporate Social Responsibility", *Harvard Business Review*, 2006(12), pp.78-92.

第六章 企业参与应急管理的中国实践：从汶川地震到芦山地震的考察

展的重要转折点；另一方面也使得公益捐赠成为企业家改善形象、参与社会发展的重要方式。然而在过去的5年中，越来越多的企业家感到，单一的、与企业经营脱节的捐赠还只是企业履行社会责任的初级形式。虽然在一定时期内，灾后捐款捐物仍将是中国企业参与灾害活动的重要方式，但是，随着企业参与应急管理专业化水平的提高，不少企业开始以创新的视角来审视参与应急管理的实践成果，从企业核心业务优势的方面参与应急管理，即战略型社会责任，开始成为驱动我国企业参与应急管理的新动力。

《芦山地震灾后恢复重建总体规划》正式提出建立"创新机制"，指出"以改革创新促恢复重建，积极探索灾后恢复重建新思路、新机制、新办法"，"调动市场和社会力量，全方位、多层次参与灾后恢复重建"，并"通过企业和居民自筹资金、银行贷款等多渠道筹措灾后恢复重建资金"[①]。为企业升级社会责任提供了新动力并创造了机会。如腾讯、微软（中国）等利用这一政策在参与芦山地震重建中适时地对以前的参与模式进行了升级，将自身的核心优势用于芦山地震救援与灾后重建。在参与芦山地震救援与灾后重建过程中，通过投资于竞争环境中有益于提高企业竞争力的社会因素，创造企业与社会的共享价值，并由此建立起迈克尔·波特所说的企业与社会的共生关系。[②] 这种战略型社会责任的履行，一方面有助于提高国家整体灾害治理能力，帮助国家和灾区共同战胜灾害，另一方面，企业灾害参与有助于实现创造共享价值，因为企业在参与灾害活动的过程中实现了公司创新和管理的升级，赢得了社会赞誉，可谓一举多得。履行企业社会责任与提高企业业绩存在正相关关系也充分表明了这一点。故如何将企业核心业务用于应急管理，使企业在实现自身发展的同时更好地履行社会责任，实现企业社会责任战略化，成为当今风险

---

① 《国务院关于印发芦山地震灾后恢复重建总体规划的通知》（国发〔2013〕26号），http://www.gov.cn/zwgk/2013-07/15/content_2445989.htm。

② 波特认为，这种共生关系表现为：企业越成功，社区越繁荣；反之，社区越繁荣，企业就越成功。参见 Michael E. Porter and Mark R. Kramer, "Strategy and Society: The Link between Competitive Advantage and Corporate Social Responsibility", *Harvard Business Review*, 2006(12), pp.78-92.

社会企业参与应急管理的新动力。

(三)完善社会责任,建立健全企业参与应急管理动力机制

在西方资本主义国家,灾害参与所能获得的多方面收益成为企业参与应急管理的核心动力。① 因为私营部门通过参与灾害应急准备能够获得有效减灾的长期效益,尽管当其店面被破坏甚至关闭时造成损失的修复时间会长久一些,但是可以从应急准备过程中获得的资源中迅速获利。这就是在卡特里娜飓风之后像沃尔玛和家得宝这样的公司在防灾减灾中投入了那么多资源的主要原因。这样做不仅实现了其自身在灾后尽快启动应急响应程序的目标,而且同时满足了其所在社区灾后紧急救援的需要。② 但在中国,仅仅是这些方面的收益并不足以使企业积极参与灾害治理。因为中国同西方国家的情况并不完全一样,西方资本主义国家,大部分基础设施由私营部门控制,如美国,85%的基础设施掌握在私营部门手中,而中国却并非如此。因此,仅仅从收益的角度来理解中国企业参与灾害治理的动力,难有充分说服力。而企业社会责任则成为理解中国企业参与应急管理的独特视角。

如今,公众对企业承担社会责任的要求越来越高。然而,就算企业付出得再多,公众也不会满足,因为企业捐赠得越多,社会对企业的期望也就会越高。故在政府、媒体和公众人物的压力下,履行社会责任已成为各企业领导人无法推卸的重要任务③,也因此成为企业运营的重要组成部分。而在灾害已经常态化的当今,积极主动地参与灾害治理已成为最能体现企业社会责任的内容。Johnson 等通过对财富100强企业社会责任报告的分析发现,近年来企业在灾

---

① 参见杨安华、田一:《企业参与灾害管理能力发展:从阪神地震到3·11地震的日本探索》,《风险灾害危机研究》2017年第1期。
② Steven Horwitz, "Making Hurricane Response More Effective: Lessons from the Private Sector and the Coast Guard during Katrina", *Mercatus Policy Comment*, 2008 (17), pp.1-22.
③ Michael E. Porter and Mark R. Kramer, "The Competitive Advantage of Corporate Philanthropy", *Harvard Business Review*, 2002 (12), pp.56-68.

第六章　企业参与应急管理的中国实践:从汶川地震到芦山地震

害治理中的作用不断凸显,各公司已经将应急管理视为道德责任而纳入社会责任体系,其中大多数公司已经参与到临时性与长期性的应急管理工作中。①在我国,随着近年来企业社会责任的推广,不少企业也开始将应急管理纳入社会责任之中。

企业社会责任框架不仅有助于理解中国情境中的企业灾害参与的动因,也为推进中国企业参与应急管理提供了更加清晰的思路:在公共政策层面,以推动企业社会责任建设为抓手,通过进一步完善企业社会责任的促进机制、激励机制、监督机制,通过各种正式和非正式制度的约束,促使企业在承担社会责任的过程中使灾害参与变成企业内生化的诉求;而在企业层面,企业通过实施战略型社会责任,从根本上提高灾害参与水平,从而使企业的灾害参与实现共享价值——在促进经济发展和社会进步的同时,也促进了企业发展。

三、企业参与应急管理的中国实践: 从汶川地震到芦山地震②

2008年汶川地震发生后,"全党全军全国各族人民众志成城、迎难而上,迅速展开气壮山河的抗震救灾工作,奋勇夺取抗震救灾斗争重大胜利,谱写了感天动地的英雄凯歌"③。与我国政府有效开展应急救援相呼应的是,非政府组织与志愿者在汶川地震中也表现突出,汶川地震救援成为中国非政府组织在重大公共事件中的第一次整体亮相,汶川地震因此成为中国社会力量参与

---

① Johnson B. R., Connolly E., Carter T. S., "Corporate Social Responsibility:The Role of Fortune 100 Companies in Domestic and International Natural Disasters", *Corporate Social Responsibility and Environmental Management*, 2011(6), pp.352-369.
② 参见杨安华、韩冰:《灾害管理中的企业参与:从汶川地震到芦山地震的演进》,《中共四川省委党校学报》2017年第1期。
③ 胡锦涛:《在全国抗震救灾总结表彰大会上的讲话》,《人民日报》2008年10月9日。

重大灾害救援的转折点。① 尽管如此,我们还未真正推动灾害治理体制的变革,仍停留在"中国特色社会主义举国体制"的动员机制层面。② 2013年4月20日8时2分,距离汶川仅100多公里的芦山又发生了7.0级地震。在这次地震救援与恢复重建中,社会力量再次发挥了重要作用。与此同时,在这次地震中,中国企业也开始登上应急管理的历史舞台。经过了汶川地震和玉树地震的洗礼,中国企业进一步成长,企业参与救灾行动不再只是一掷千金的慷慨,"理性救灾、科学救助"频现于各企业的援助第一时间计划中,从而使芦山地震的企业参与行动成为一次"重技术、重效率、人性化的系统救援"③。芦山地震救援与灾后重建见证了汶川地震以来,中国企业参与灾害治理在诸多方面的进步。这些进步主要表现在如下方面。

(一)通过公益基金平台进行捐助,企业捐赠开始走向规范化

汶川地震后,企业慷慨解囊,纷纷进行捐助,一时间聚集了大量的资金和物资,给了灾区人民极大的帮助,但是捐助资金和物资大都是一次性的。芦山地震后,企业的灾后捐助变得更加理性与专业,更多的企业通过设立专项基金,成立基金会,专业、持续而高效地投入到灾害援助中。如腾讯灾后捐助1500万元设立"筑援芦山基金"用于灾后重建;TCL公益基金会第一时间在雅安建立救援点,同时将5000只手电筒送至灾区;汾酒集团公益基金会向雅安灾区捐款1200万元物资,对灾区人民进行援助;百度基金会宣布首批捐赠500万元,用于灾难救助。不少企业开始意识到灾害管理应该成为企业的长期行为,企业将灾害管理基金会化,机构在行政之外,由基金会成员讨论决定资金流向和资金使用数额,最后形成决议,更加科学理性。非公募基金会的快

---

① 参见陶鹏、薛澜:《论我国政府与社会组织应急管理合作伙伴关系的建构》,《国家行政学院学报》2013年第3期。
② 参见叶笃初:《生命第一与举国体制》,《理论导报》2008年第6期。
③ 姚冬琴、赵磊:《驰援芦山,企业有力量!》,《中国经济周刊》2013年第16期。

第六章 企业参与应急管理的中国实践:从汶川地震到芦山地震的考察

速发展较为充分地说明了这一点:至汶川地震期间,中国私募基金会才400多家,2008年底,中国基金会共1503家,其中私募基金会643家,规模远远小于公募基金会;而截至2013年底,中国共有3554家基金会,非公募基金会超过了公募基金会,达2147家,占60%以上,①企业则是非公募基金会的主要发起单位,其中民营企业更是重要力量中的重要力量。据不完全统计,在民政部注册登记、由民营企业发起设立的基金会数量远远超过以国有企业为发起单位的基金会数量。阿里巴巴、万科、腾讯等企业均已出资成立基金会。两次地震后的收款机构数据比较显示,汶川地震中58.1%的捐款流向了各级政府部门,而芦山地震中流向政府部门的捐款明显下降,为42.1%,社会组织获捐比例则从41.9%上升为57.9%②。

(二)响应迅速,有序参与,企业参与开始走向专业化

汶川地震中,企业的反应总体上比较慢,企业与企业家在地震发生3天后才开始行动;而芦山地震发生后,万科等企业马上就行动,且联合9家非政府组织,当天就在网上筹集资金超过4000万元。③金锣集团9时就启动应急机制。约10时30分,金锣集团副总裁指示距离灾区最近的金锣集团眉山分厂,全力生产尽可能多的高品质产品——金锣集团首批捐赠10吨火腿肠(约20万支)。百度以其强大的产品功能和技术实力助力地震救援,震后4小时,百度贴吧寻人专题上线;震后6小时,百度地图雅安应急路况图上线;震后30小

---

① 参见刘忠祥主编:《基金会蓝皮书:中国基金会发展报告(2014)》,社会科学文献出版社2015年版,第2页。
② 芦山地震的数据截止到2013年5月3日。参见张强:《灾害应对中的社会组织参与》,载杨团主编:《慈善蓝皮书:中国慈善发展报告(2014)》,社会科学文献出版社2014年版,第183页;张强:《灾害治理——从汶川到芦山的中国探索》,北京大学出版社2015年版,第10页。另外,据学者对2013年中国民营企业大额捐款接收方构成的分析显示,各类基金会接收捐赠占整体的3/4,总额超过110亿元,各级政府接收善款仅占整体的5%。参见张其伟、章高荣:《2013中国大额捐赠发展报告》,载杨团主编《慈善蓝皮书:中国慈善发展报告(2014)》,社会科学文献出版社2014年版,第167页。
③ 参见吴金勇、朱汐、伏昕:《捐,新阶层的善》,《中国企业家》2013年第9期。

时,百度全网寻人平台上线。三一重工在9时20分已经派出了第一支救援队赶往灾区。随后,三一重工陆续派出其余4批救援队,四川周边的重庆、眉县等公司均有设备或人员赶往震区。江淮汽车第一时间调集200台车辆集结四川,免费运送物资。

另外,汶川地震中社会无序参与问题较为严重。汶川地震发生后,整个中华民族的爱心被激起,但是也出现了一个因一些志愿者盲目行动导致的"好心帮倒忙"问题,大量志愿者热心但无知(缺乏救灾知识)与无序的参与不仅无助于救援,反而给灾区添堵添乱了。在参与芦山地震救援中,企业就吸取了这一教训。如震后芦山县环城路出现大规模拥堵、民间救灾物流超过配送极限,而发放生活物资成为寻人之外的救灾重点。企业不再盲目将救灾物资发往灾区,而是适时地改变了参与策略。如加多宝将先期重点设定为物资援助,并再次通过官方微博对外汇报救灾行动。在灾后72小时的黄金救援期,非救援急需[①]的各个企业严格遵守四川省交通部门命令,不盲目赶赴灾区,给专业救助力量留下畅通的通道。

总体而言,在经历了2008年汶川地震的忙乱和无序后,面对突发事件,中国企业的应急管理进步明显,能够迅速响应,有序参与,企业参与开始走向专业化。

(三)灾害需求回应精细化,结合企业核心业务参与灾害救助

汶川地震中,企业普遍停留在简单的捐款行为上,而且大都是直接捐给政府与基金会等慈善机构,而缺少对捐款去向和用途的关注。在芦山地震中,企业不但开始关心捐款的去向和用途,在物资捐赠中也不再盲目将物品送出去,而是先探讨和咨询灾区需要什么。如电信行业开通了灾区数万名欠费的手机用户,以便灾区民众保持通信畅通;银监会为解决灾区房屋倒塌导致的业务凭

---

① 灾害发生时,最需要的就是有救援能力的救援队和食品物资,如三一重工派遣的救援队和金锣捐赠"火腿肠",都是此时最需。

第六章　企业参与应急管理的中国实践：从汶川地震到芦山地震的考察

据丢失等情况,要求银行业机构简化业务流程。而针对地震后外地亲友对灾区失去联系的人非常担忧这一情况,互联网网站、手机微博等新媒体发挥自身优势,纷纷设立救援信息平台,编织起一道立体的寻人网络。[1] 神州租车自4月20日至30日,在成都无偿向参加救援的机构和媒体提供用车;顺丰速递、全峰快递等快递行业免费寄递救灾物资;益云网络科技有限公司开发完成"益云信号弹"用于发出求救信息;成都多个出租车公司派出无偿运营车辆组成运输队伍,在成都火车站、机场等地待命,连夜向灾区输送所需人员和运输应急物资;成都众阳汽车公司免费提供6台15—20座中型车供救灾专用,所有驾驶员随时待命;一嗨租车组建橙丝带车队,为民间救援队及医疗等专业人士免费提供往返于成都双流机场和雅安的摆渡服务[2];四川高速川西片区公司设置了3个抗震救灾服务站,便于受灾群众及救灾队伍及时得到服务。[3]

不仅如此,一些企业还注意到了不同阶段灾民需求的变化。如随着紧急救援阶段的结束与安置阶段的到来,4月24日上午,由爱心衣橱联合凡客诚品、TCL公益基金会、芒果V基金等企业或企业建立的公益机构,以及由企业组成的雅安赈灾爱心车队,将第二批物资运到芦山并于下午发放到下属村庄。物资包括衣物15000件,童鞋35箱,矿泉水150箱,面包70箱,火腿肠25箱,手电筒5000支,彩条布20包,空调被240床,加厚床单210床,帐篷24个以及大量急救药品。25日,汰渍集团将总值超过50万元的4000多箱除菌洗涤产品发往芦山。[4] 这表明相对于汶川地震中我国企业还只是简单地捐款捐物而言,芦山地震中,企业在参与灾害救助时已经能够发挥自身业务优势,且能

---

[1] 参见许晓青、仇逸、白瀛等:《从汶川到芦山:更加成熟的中国力量》,《新华每日电讯》2013年4月22日。这些平台主要包括搜狐寻人平台、谷歌寻人平台、百度寻人平台、360搜索寻人平台,以及腾讯微信推出"雅安地震救助"公众账号。

[2] 参见华夏、卓明:《四川芦山4·20地震救灾简报》,https://gongyi.qq.com/a/20130421/000001_2.htm。

[3] 参见华夏应急救灾中心:《四川雅安"4·20"地震华夏救灾简报》第4期。

[4] 参见华夏应急救灾中心:《四川雅安"4·20"地震华夏救灾简报》第6期。

依照灾民需要的变化,精细化地提供救助。

(四)企业应急参与开始注重可持续发展

企业参与应急管理通常会经历两个阶段:"输血"和"造血"。在"输血"阶段,地震后第一时间,企业同社会各界积极参与捐款捐物,在解决灾区物资紧缺问题的基础上,发挥自身在技术等方面的优势参与应急救援,或派志愿者赴灾区参与救援,帮助灾区恢复基本生活①。灾害管理进入过渡安置阶段,企业的灾害参与也就进入第二阶段——"造血"。此时,企业往往以合作、公益项目、投资与资本运作等方式参与灾后恢复重建,以建立灾后恢复重建的长效机制,在帮助灾区恢复重建的基础上实现可持续发展。汶川地震中企业参与灾害救助主要关注第一阶段——"输血",大量资金和物资涌入灾区。芦山地震中,更多企业注重以市场化方式参与灾害救助,这种方式就是"授人以鱼不如授人以渔",更具持续性。如加多宝对芦山地震1亿元善款的捐赠采用建设型扶贫模式。② 援建行动在民生改善、减灾备灾等方面展开,以多元化的形式支持芦山灾后重建,并将重点置于灾民生计恢复与经济可持续发展方面,帮助灾区人民创造就业机会,通过正确引导与激发,推动灾民自我发展,最终实现脱贫致富。2013年8月"彩虹乡村"计划正式启动,通过整村援建的建设型扶贫模式,帮助雅安宝兴县雪山村打造特色文化旅游村庄,支持当地经济复苏。③

---

① 参见本刊编辑部、张洪福、王先知:《责任重建汶川 企业参与"5·12"灾后重建一周年》,《WTO经济导刊》2009年第5期。

② 建设型扶贫:以玉树、舟曲灾后重建中试点运营的灾后小额贷款、蔬菜大棚基地、农贸交易市场、运输车队等项目为代表,打破以往一次性捐助的局限性,为当地民众提供自主经营项目,帮助他们实现经济创收,进而从根本上促进区域经济的可持续发展。资料来源:加多宝集团:《加多宝公益白皮书》,2013年5月7日发布,http://www.jdb.cn/heart/bps.aspx。

③ 参见顾林生主编:《创新与实践——"4·20"芦山强烈地震雅安灾后恢复重建案例》,四川大学出版社2016年版,第4页。

第六章　企业参与应急管理的中国实践:从汶川地震到芦山地震的考察

(五)注重通过与政府、非政府组织建立伙伴关系参与应急管理

在汶川地震紧急救援与重建过程中,尽管也有大量非政府组织和不少企业参与,但各部门之间、非政府组织之间、企业之间都缺乏对话与合作。[1] 企业捐赠主要也是向官方流动。企业在芦山地震与汶川地震中的重要进步在于,企业开始实现同政府与非政府组织的有序合作,而这种合作与融合是基于"术业有专攻"的前提。如在捐款上,企业更多地将赈灾款项投向具有灾害应对经验的基金会,或有专业能力的社会组织,并将企业的物流网络、应灾产品、专业技术等方面的核心能力投入到救灾与灾后重建过程中,配合并参与政府和社会组织的灾后重建工作,满足灾区群众的需求[2];在这次地震的紧急救援中,企业与非政府组织也进行了不少合作,英特尔、加多宝、腾讯、万科等都积极参与灾害救援,并普遍与基金会等非政府组织进行合作。如高德导航与益云紧急合作,为灾区所有救援团队免费提供高德导航,实现了在无网状态下路线导航和目标地点确认[3]。加多宝不仅第一时间送去凉茶和水,也同时与中国扶贫基金会共同启动了灾后重建评估工作。在 2014 年 3 月,加多宝联合中国扶贫基金会,共同启动了"公益同行——NGO 合作社区发展计划",支持基层非政府组织参与雅安灾后援建。同年 4 月,加多宝又与中国扶贫基金会共同筹建了人道救援网络,支持基层非政府组织,打造全国民间组织救援联动平台,参与全国范围的防灾、备灾及救灾活动。

在芦山地震中不仅企业与非政府组织合作开始变得常见,一些企业还开始通过与政府、非政府组织建立伙伴关系的方式,深度参与灾害治理工作。如

---

[1] 参见张海波、童星:《中国应急管理结构变化及其理论概化》,《中国社会科学》2015 年第 3 期。
[2] 参见张强、陆奇斌:《灾后重建中的企业参与之道》,《21 世纪经济报道》2013 年 10 月 25 日。
[3] 参见华夏、卓明:《四川芦山 4·20 地震救灾简报》,https://gongyi.qq.com/a/20130421/000001_2.htm。

英特尔(中国)公司在从汶川地震到芦山地震救援与灾后重建中,就有了这样的进步。尽管在两次巨灾中,英特尔都积极参与,但在汶川地震中,主要还停留在捐款捐物和提供志愿服务上,而在芦山地震中,英特尔虽然也有捐赠,但已经超越了传统的捐款捐物模式,而主要是通过推动政企社合作、打造多方融合平台的方式参与灾害救援与灾后重建(见表18)。在芦山地震后实施的"美丽乡村·公益同行计划"已经完全不同于在汶川地震后实施的"英特尔i世界计划",后者基本上还停留在"捐物"的层次,而前者已经发展成为一个融合了英特尔企业圈与政企社共同参与的社会生态圈为一体的开放性平台,以撬动共同的资源和力量陪伴灾区长期成长。

表18 英特尔公司参与两次地震赈灾的比较

	汶川地震		芦山地震	
	参与方式	具体做法	参与方式	具体做法
1	捐款	第一时间向当地政府捐赠善款5000多万元	捐物	第一时间向雅安社会组织和志愿者服务中心捐赠笔记本电脑等办公用品
2	实施"英特尔i世界计划"	向重灾区8个县市的学校援助建立200个计算机网络教室	实施"美丽乡村·公益同行计划"	该计划由英特尔捐款1000万元,与加多宝集团携手中国扶贫基金会启动,同时协同当地政府、基金会搭建的一个开放性平台,用以支持社会组织和当地社区建立新型的灾区重建生态圈。在中国扶贫基金会设立"美丽乡村·公益同行计划"社会组织专项基金,首期启动2500万元人民币,用以支持灾区的社区成长陪伴、社区人才培养与社区减防灾能力建设等项目
3	志愿服务	派出3000多名员工志愿者为灾区学校和社区提供服务	志愿服务	鼓励员工志愿者参与地震救援和为灾区提供服务

资料来源:根据英特尔公司《我们能够成就什么?——2008—2009年英特尔中国企业社会责任报告》及其官网相关内容整理而成。

第六章　企业参与应急管理的中国实践:从汶川地震到芦山地震的考察

四、超越灾后捐款:加多宝多元化灾害参与方式的形成

正如前文所述,经历了汶川地震之后,国内不少企业开始重视应急参与能力发展,开始超越捐款捐物这样的低层次参与,朝着多元化灾害参与方式方向发展。如英特尔、腾讯等。这里以加多宝集团应急参与为例,分析中国企业应急参与能力发展。

(一)加多宝公司及其应急参与基本情况

加多宝是一家集原材料种植、饮料生产及销售于一体的大型企业。公司创立于1995年,1996年首创并推出第一罐罐装凉茶。1998年,加多宝在广东省东莞市长安镇建立首个生产基地,其后为满足全国及海外市场扩展的需要,又相继在浙江省绍兴市、福建省石狮市与北京市等地建立生产基地。旗下产品有"加多宝凉茶"和"昆仑山雪山矿泉水"。加多宝之所以受世人瞩目,不仅是因为其作为首批中国非物质文化遗产的凉茶,以及斥巨资连续三年冠名《中国好声音》,借助世界杯、奥运会、亚运会等国际赛事平台对凉茶进行广泛宣传,更因为其"凉茶中国梦"背后"以善促善,人人公益"的理念赢得了广大消费者的信赖。这些都得益于其灾后捐款的壮举以及在参与灾害治理过程中的探索与创新。经过多年的积极探索,加多宝已经从汶川地震的单纯捐款向专业化参与应急管理方向发展。

(二)多元化应急参与方式的发展

1. 慷慨捐助:灾后捐赠亿元巨款传递正能量

2008年5月12日,汶川地震发生后,加多宝捐赠1亿元善款的善行,感

动了全中国。在汶川地震这样的巨灾中,受灾地方不仅需要物质帮助,也需要正能量的关怀。而"一个亿的捐赠是一枚投入湖中的石子,传递的是身体力行的善念,传递的是'加多宝在你们身边'的正能量"①。2010年玉树地震发生后,加多宝又捐赠善款1.1亿元;为舟曲泥石流赈灾捐赠善款2000万元;2012年,为鲁甸地震赈灾捐赠善款500万元;2013年,向芦山地震赈灾捐赠善款1亿元。这枚善念的"石子"在中国激起了层层涟漪,影响了众多企业。

2. 建设型扶贫:开启企业参与应急管理的中国模式

"让善意变成善行并不难,但让这种善行行之久远,则不仅需要爱心的支撑,还需要不断的创新。"②在多次灾害参与中,加多宝的应急参与能力初步成长,开始超越传统的灾后捐款捐物的低水平参与,逐步向应急管理全过程参与发展。

汶川地震之后,中国又经历了西南五省大旱、玉树地震、舟曲泥石流、芦山地震等重大自然灾害,除了造成严重的人员伤亡与财产损失之外,成为灾区因灾致贫、因灾返贫的重要原因。通过对2008年汶川地震中仅仅以捐款(1亿元)的方式参与地震救援的总结与反思,从2010年舟曲泥石流开始,加多宝开始探索新的灾害参与模式。在舟曲泥石流和玉树地震中,除了继续捐款,加多宝在支持灾后重建过程中探索出"建设型扶贫"模式,帮助灾民实现持续的经济创收。

所谓"建设型扶贫",就是指在扶贫救灾中,打破以往一次性捐助的局限性,而通过"合作社"等形式,为当地民众提供自主经营项目,帮助他们实现经济创收,进而从根本上促进区域经济的可持续发展③。灾区民众可以通过这

---

① 加多宝集团:《加多宝公益白皮书》,2013年5月7日发布,第20页。
② 加多宝集团品牌管理部副总经理王月贵语。引自王丰:《百年"悬壶济世",十八载传承基因加多宝:社会"大公益"的行业领袖》,《南方周末》2014年4月24日。
③ 参见裘甄:《加多宝:中国公益模式"破局者"》,《第一财经日报》2014年10月29日。

第六章 企业参与应急管理的中国实践:从汶川地震到芦山地震的考察

些项目自主地参与经营管理,且拥有股份收入,从而实现经济创收。加多宝在玉树、舟曲支持的多个项目已经发挥了经济效益,为当地的农民带来了经济创收。如玉树甘达村运输车队从2010年3月正式运营,到2014年已经累计实现创收375万余元,纯利近300万元。此外,农畜产品综合交易市场也是加多宝玉树灾后援建工作中的一个产业发展项目。市场建成后集百货批发零售与牲畜交易等于一体,直接惠及灾区1000户失地贫困农户。2010年加多宝捐赠2000万元在舟曲设立了"舟曲县农户自立服务社";2012年,加多宝受甘肃省政府邀请,将公司启动的"小额信贷"项目入驻甘肃省,首先在泰县与康乐县两个地区试点,创立"加多宝小额信贷种子基金"[①]。资助舟曲灾区民众重建房屋,支持他们恢复产业、增加收入。加多宝小额信贷保持100%的还款率,惠及千人。[②] 通过这些项目的实施,帮助当地受灾民众创业创收,实现经济复苏,使他们在恢复重建的过程中,促进区域经济的可持续发展。

2013年4月20日芦山地震后,加多宝再次将"建设型扶贫"模式引入雅安灾区。具体做法是将捐赠的1亿元善款采用"建设型扶贫"模式使用。援建行动将重点放在灾民生计恢复与经济可持续发展方面,致力于帮助灾区人民创造就业机会,通过正确引导与激发,推动灾民自我发展,最终实现脱贫致富。其成果之一就是"加多宝彩虹乡村·雪山村"项目。该项目在实施过程中由政府、企业、非政府组织共同合作,整合各方资源,发挥各自优势,积极探索政府、市场和社会组织协同合作进行灾后重建和精准扶贫的模式。项目整体由当地政府主导,积极协调扶持政策与基础设施建设;中国扶贫基金会负责项目统筹管理;加多宝不仅提供资金支持,同时将公司在市场方面的经验运用到援建工作之中,指导和帮助项目顺利实施。该项目顺利开展,在废墟上建设起了一个富裕的新型农村。正如中国扶贫基金会秘书长助理王军在接受采访时所说:"相比玉树建设型扶贫项目,彩虹乡村更加体系化和更具先进性,是

---

① 裴甄:《加多宝:中国公益模式"破局者"》,《第一财经日报》2014年10月29日。
② 参见敬艺:《探索可持续的公益模式》,《人民日报》2015年10月22日。

'建设型扶贫'模式的又一突破。"①

2014年4月7日,加多宝与中国扶贫基金会等机构,携手举办了人道救援网络启动大会。该项目通过打造全国民间组织救援联动平台,参与全国范围的防灾、备灾及救灾活动。此外,该项目还建立了减灾备灾中心,进行救灾物资储备、防灾备灾培训及社区推广。

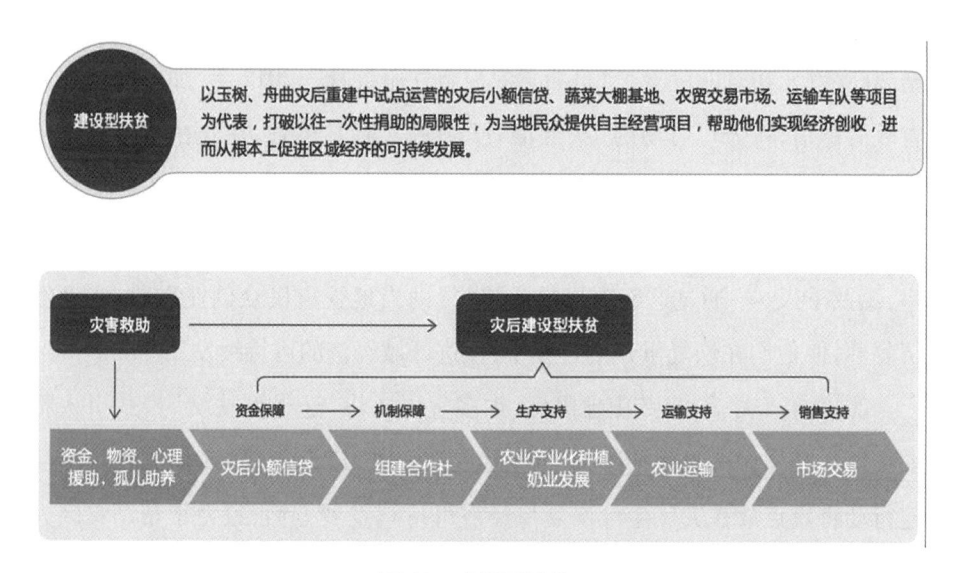

图20　建设型扶贫

资料来源:加多宝集团:《加多宝公益白皮书》,2013年5月7日发布,第19页。

3. 构建合作网络:把最专业的事情交给专业的人去做

加多宝集团在参与灾害活动的过程中,不仅是在企业内部建立较为完善的灾害响应机制,迅速启动及时救助,也完善了重建过程对捐赠项目的有效管理机制;在此基础上,更为强调"把最专业的事情交给专业的人去做",要选择专业化的社会组织进行公益项目合作。为此,从2010年玉树地震到之后的舟

---

① 《灾后重建谱新篇 加多宝彩虹乡村上演废墟上的传奇》,http://www.chinanews.com/life/2015/09-22/7537058.shtml。

第六章　企业参与应急管理的中国实践:从汶川地震到芦山地震的考察

曲泥石流、2012年云南鲁甸地震,再到2013年的芦山地震,所有的赈灾项目都选择与中国扶贫基金会进行合作。即便是在非赈灾的公益项目中,加多宝也注重优选合作伙伴,例如已经做了14年的专门捐助贫困高考生的"加多宝·学子情"公益助学项目,选择与专注于青少年发展的中国青少年发展基金会合作。

4. 以灾害救援推进受灾地区社区发展

2013年11月,加多宝与英特尔、中国扶贫基金会共同筹资2500万元,在芦山启动为期3年的"公益同行·社区发展计划",致力于芦山地震受灾地区的社区人才培养、社区组织建设、社区文化支持和社区信息平台建设,并着力从社区人才培养、社区发展支持、社区能力陪伴三个层面系统性地推动社区发展,助力建设"美丽社区"。这一具有创新意义的灾害参与模式,将为"以灾害救援推进社区社会发展"提供可持续的实践空间,并有可能成为今后社会参与灾害治理的一个新领域,成为社会力量参与公共事务的新途径。①

5. 注重内部志愿者体系建设,践行企业组织文化

企业参与灾害应对的方式不仅是公司做出的捐赠行为,还需要企业员工的志愿服务参与,才能真正实现可持续性。为此,加多宝除了公司捐出的亿元款项,员工也积极参与捐款。2009年,公司设立"加多宝扶贫基金员工月捐"项目,鼓励公司员工参与全民公益,通过主动、持续、小额的捐款参与公益慈善事业。通过这些措施,加多宝推动了志愿者体系建设,提高了企业灾害参与水平。

可见,加多宝的灾害参与已经超越灾后捐款捐物的低水平层次,而开始朝

---

① 参见郭虹:《联合行动,平等合作:4·20芦山地震紧急灾难救援中的社会参与》,载杨团主编:《慈善蓝皮书:中国慈善发展报告(2014)》,社会科学文献出版社2014年版,第192—207页。

着多元化的深度参与发展,参与应急管理的水平显著提高。

五、中国企业参与应急管理存在的不足

基于前文的分析,本书通过对我国企业参与应急管理存在的不足进行分析,进一步论述推进企业参与应急管理的进路。

(一)中国企业参与应急管理存在的问题与不足

上述分析表明,从汶川地震到芦山地震,一方面,我国企业无论是在灾害参与意愿还是参与水平上,都有了明显提高;另一方面,无论从国家相关政策还是从企业自身能力上看,我国企业参与灾害治理都还存在不足。集中表现在如下几个方面。

1. 政府层面政策法规、协调机制与服务平台不够健全,企业参与渠道不够畅通

首先,企业在灾害治理中的作用没有得到应有的重视,影响了企业参与灾害工作的进一步发挥。尽管汶川地震以来,包括企业在内的社会力量在灾害治理中的作用已经广为人知,"政府主导与社会参与相结合"已成为汶川地震以来应急救援和灾后重建的宝贵经验[1],芦山地震之后,初步形成了"政府主导、多方参与、协调联动、共同应对"的救灾工作格局,[2]《突发事件应对法》等相关法律法规也提到了应鼓励社会力量参与突发事件应急管理,但并没有明确肯定企业的作用。2007 年发布的《关于加强企业应急管理工作的意见》虽

---

[1] 参见闪淳昌主编:《应急管理:中国特色的运行模式与实践》,北京师范大学出版社 2011 年版;郭虹、钟平:《鲁甸抗震:政府主导社会组织协同机制发挥更大力量》,载杨团主编:《慈善蓝皮书:中国慈善发展报告(2014)》,社会科学文献出版社 2014 年版,第 246—253 页。

[2] 参见《民政部关于支持引导社会力量参与救灾工作的指导意见》,《中华人民共和国国务院公报》2016 年第 6 期。

第六章　企业参与应急管理的中国实践:从汶川地震到芦山地震的考察

然提出"鼓励和支持企业参与社会救援",但这里所说的应急管理,主要侧重于对企业自身突发事件的管理。即便是"首次将社会力量参与救灾工作纳入政府规范体系"[①]的《民政部关于支持引导社会力量参与救灾工作的指导意见》(以下简称《指导意见》),主要也只是肯定了非政府组织等社会组织在救灾工作中的作用,对社会力量是否包括企业,态度并不明确,用的是"爱心企业"一词,因而并未明确承认企业在救灾工作中的重要主体地位。[②] 显然,这种在政策法规层面上对企业身份的不明确与不认同会严重影响企业灾害参与的积极性,不利于企业进一步参与灾害治理活动,尤其会制约企业的灾害参与能力建设。

其次,未将私营部门正式纳入国家灾害治理体系,且协调机制与服务平台不健全,使企业灾害参与活动存在诸多体制性障碍,企业参与渠道不畅通。正是因为没有明确企业在灾害治理中的主体地位,也就未能将企业纳入国家灾害治理体系,故企业参与灾害治理缺乏合法地位。另外,企业参与灾害治理的协调机制和服务平台还不健全。虽然相关部门已经意识到了灾害治理过程中协调联动的重要性,但协调机制却并没有建立起来;而在服务平台建设方面,虽然有芦山地震之后四川省、雅安市两级抗震救灾指挥部社会管理服务组成立的雅安抗震救灾社会组织和志愿者服务中心,负责指导各县区服务中心工作,在协调社会组织与企业参与救灾工作中,发挥了积极作用,但该平台并没有上升到国家层面。尽管民政部《指导意见》提出的支持引导社会力量参与

---

① 民政部救灾司副司长杨晓东解读《指导意见》时指出,这是政府主管部门首次将社会力量参与救灾工作纳入政府规范体系。引自杨晓东:《引导社会力量有序参与　提高救灾工作整体水平——解读〈民政部关于支持引导社会力量参与救灾工作的指导意见〉》,《中国社会工作》2015年第31期。

② 2015年10月8日,民政部印发《关于支持引导社会力量参与救灾工作的指导意见》指出,"随着我国经济社会快速发展,社会力量参与救灾的热情持续高涨,逐渐发展成长为救灾工作的一支重要力量,尤其是汶川地震、玉树地震、芦山地震、鲁甸地震等重特大自然灾害发生后,大量社会组织、社会工作者、志愿者、爱心企业等社会力量积极参与现场救援、款物捐赠、物资发放、心理抚慰、灾后恢复重建等工作,展现了社会力量组织灵活和服务多样的优势,发挥了重要作用"。

救灾工作的主要任务之一是搭建服务平台,但至今尚未建立。

2. 企业对自身应急能力建设重视不够,灾害参与基础不牢

企业自身的应急管理能力是其参与应急治理的重要基础。但总体而言,我国企业防灾意识薄弱,应急管理能力不强,制约了其应急参与能力。汶川地震之前,应急管理普遍未纳入企业日常管理日程,其后果是在灾害面前不堪一击。如,地震给汶川地区众多企业以重创,其中我国研发大型发电设备和重大技术装备的龙头企业东方汽轮机有限公司,在地震中遭受毁灭性打击,人员伤亡惨重:公司范围内600余人遇难,1000余人受伤。公司不仅没有能力参与汶川地震救援工作,自己反而成为重点被救助对象。其重要原因是企业疏于灾害管理。正如马淑萍所言,"与更加懂得如何应对危机的全球性公司相比,中国有任何危机管理计划或系统的企业几乎为零,在这方面,除了电力、电信、供水等国有大型企业保留有计划经济时期的预警计划,多数民营企业则是一片空白"[①]。如今,在一些国家的企业尤其是大型企业,已经普遍实施了业务持续计划(BCP)。不仅成为企业自身抗击灾害的强有力后盾,也为企业参与灾害治理奠定了坚实的基础。但业务持续计划在我国还停留在信息部门主导、以灾害(或数据)恢复为主体的低级阶段。[②] 汶川地震之后,灾害管理引起了我国一些企业的重视,一些企业开始着手建设灾害管理体系,但由于起步晚,目前各企业的灾害管理体系未能与国家灾害治理体系有效对接,与社区居民及非政府组织等其他组织协调程度低。这种封闭的灾害管理体系制约了企业在灾害应对中与国家、社区灾害系统的对接,从而严重影响了企业灾害参与实践。

[①] 转引自张春华:《减灾救灾产业链上企业不可或缺 灾难管理是企业履行社会责任的重要方面》,《WTO经济导刊》2009年第1期。

[②] 参见吴婧、翟国方、李莎莎等:《业务持续规划及其在我国防灾事业的应用展望》,《灾害学》2015年第1期。

第六章　企业参与应急管理的中国实践:从汶川地震到芦山地震的考察

3. 参与方式单一,专业性欠缺,与其他组织协同不够,参与水平不高

尽管汶川地震之后我国企业的灾害参与管理能力有了较大幅度的提高,但从总体上说,其灾害参与水平仍然不高。主要表现为:(1)参与方式单一。大部分企业还只是局限于灾害紧急救援的短期参与行为,而未能将灾害参与能力上升到企业社会责任的高度加以建设。正是因为如此,也就决定了大多数企业在参与方式上还停留在捐款捐物这样的低层次水平,离专业化发展还有较长的路要走。(2)专业性不强。正是因为多数企业未将参与灾害治理能力建设列入企业日常管理,使其应急参与缺乏专业水平,因为平时缺乏必要的能力训练,灾害发生时临阵磨枪,难免手忙脚乱,不仅发挥不了救援的作用,反而给灾区添堵添乱。(3)与政府、非政府组织的协同不够。尽管有的企业,如加多宝、英特尔(中国)等在参与芦山地震救援与灾后重建的过程中联合中国扶贫基金会等社会组织以及当地政府,开始形成应急响应网络,但企业与其他部门的互动仍然有限,在芦山地震初始响应阶段尤其如此。企业与其他部门协同与互动的不足限制了整个应急网络的指挥与协调,影响了整体绩效的进一步发挥。[①]

另外,经过汶川地震5年以来的发展,中国企业的应急参与意愿虽然有了明显提高,但实际发展速度仍然不快,参与度不高。如对参与汶川地震应急救援的71家社会组织(包括企业)类型的调查表明,9.9%的组织为工商部门登记的企业。[②] 对芦山地震主要参与主体的参与次数统计显示,公共机构、非营利组织、私营企业与国有企业分别为829次、777次、295次和165次,其中私

[①] Zhang Haibo et al.,"The Emergence of an Adaptive Response Network:The April 20, 2013 Lushan,China Earthquake", *Safety Science*,Vol. 90, December 2016,pp.14-23.
[②] 参见张秀兰等:《抗震救灾中NGO的参与机制研究》,北京师范大学工作论文,2008年。

营企业参与次数占14%。① 可见,汶川地震5年以来企业灾害参与提高比例有限,表明我国企业灾害参与总体水平仍然较低。

4. 参与能力建设未能与企业战略优势有效结合,参与深度不够

汶川地震发生之后,虽然国内企业灾害意识有所增强,在加强自身应急管理能力建设的基础上,应急参与能力也有所提高,一些企业还力求使自己的灾害参与活动更具战略性,如英特尔(中国)公司等,但真正能够将灾害参与同提高企业长期竞争潜力相结合的却屈指可数,而能系统运用自身独特优势将灾害参与活动所创造的社会价值与经济价值同时最大化的企业更是寥寥无几。如加多宝公司在汶川地震之后探索出了建设型扶贫模式,与公司的核心业务却无直接关联。腾讯公司也是如此。这些企业的灾害参与活动,对芦山地震紧急救援与灾后重建工作,无疑发挥了重要作用。但是,一方面,类似灾害参与行为的作用有限,因为其所履行的只是反应型社会责任(Responsive CSR)②,它虽然能给企业带来竞争优势,但这种优势通常很难持续。因为其对企业业务而言无关紧要,故难以提高企业的长期竞争力。而且,即便能达到这种参与水平的企业,在我国也是少之又少。而另一方面,在灾害中做公关秀的消费慈善现象也并不少见。一些企业与企业家借灾害参与之名,做公关秀之实。这些都严重影响了企业参与应急管理的深度,从而使企业参与应急管理的效果大打折扣。

---

① 参见吕倩:《危机响应中的多元参与——以"芦山地震"为例》,南京大学硕士学位论文,2015年。

② 波特等将企业社会责任分为反应型和战略型两种。反应型企业社会责任包括两个方面:(1)做一个良好的企业公民,参与解决普通社会问题,比如进行公益性捐助;(2)减轻企业价值链活动对社会造成的损害,如妥善处理废物排放。而战略型企业社会责任,则是寻找能为企业和社会创造共享价值的机会,它包括价值链上的创新。另外,企业还应在自己的核心价值主张中考虑社会利益,使社会影响成为企业战略的一个组成部分。参见 Michael E. Porter and Mark R.Kramer, "Strategy and Society: The Link between Competitive Advantage and Corporate Social Responsibility", *Harvard Business Review*, 2006(12), pp.78-92。

第七章 企业参与应急管理的影响因素:基于中国抗击新冠疫情的调查

当企业面对公共突发事件时,内外环境的影响使企业普遍采取差异性的行动策略,从而产生不同的参与效果。为揭示企业参与应急管理的行为差异,本章基于自我决定理论的分析框架,以我国企业参与新冠疫情防控为例,通过550份有效样本数据进行结构方程模型分析,重点探讨了影响企业参与的内在动力和外在因素及其作用机制。本章通过打开企业参与应急管理驱动因素的"黑匣子"并揭示其作用机制,有助于全面理解企业参与动机和行为差异,为完善企业参与应急管理提供理论依据和决策参考。

一、引 言

风险社会的重要特点是风险的人为化和制度化①。在当今风险社会,突发事件越来越呈现出伤亡大、损失大、影响大、复杂性加剧和防控难度加大等特点②。长期以来,政府在突发事件应对中发挥着"独角戏"的作用。但民

---

① 参见[德]乌尔里希·贝克:《风险社会:新的现代性之路》,张文杰、何博闻译,译林出版社2004年版。
② 参见钟开斌:《应急管理十二讲》,人民出版社2020年版,第2—4页。

企业参与应急管理

间组织在1995年日本阪神大地震救援中发挥了重要作用,由此社会组织在应急管理中的作用引起了人们的关注。而随着企业在2005年美国卡特里娜飓风救援、2008年中国汶川地震救援与重建,以及2011年日本"3·11"地震救援中的作用不断凸显,企业在应急管理中的重要性开始引起重视。近年来各国企业参与应急管理的实践表明,企业以强大的物质资源、先进的技术装备和专业的社会服务在缓解财政压力、纾解治理困境、分担应急任务等方面发挥了不可替代的作用。与此相适应,企业参与应急管理也引起了学术界的关注,一些学者对企业参与应急管理的必要性与重要性、企业在应急管理中的角色与作用等问题,展开了不同程度的研究。这些研究有助于了解企业参与应急管理的动机,理解企业在应急管理中的作用,以及明确企业在应急管理体系中的角色定位。但是,当前企业参与应急管理的能力和水平如何？哪些因素影响了企业参与应急管理？这些因素又是怎样影响企业参与应急管理的？这些问题有待深入研究。基于课题组所做的关于"企业参与应急管理的影响因素调查",我们以自我决定理论为基础,提出一个分析框架,通过实证研究揭示影响企业参与应急管理的关键因素及其作用机制,为政府制定企业参与应急管理政策提供理论依据和决策参考,有助于增强企业应急参与意识和意愿,提高企业应急参与能力和水平。

现有文献虽然对企业参与应急管理进行了不同程度的研究,但目前关于企业参与应急管理仍然没有较为统一的概念。我们认为企业参与应急管理是指企业或者企业员工作为突发事件损失的重要承担者、灾害相关经济活动的主体、资源和服务的提供者,为实现业务持续管理和承担企业社会责任,参与突发事件的灾前准备、应急救援和灾后重建。具体来说,企业参与应急管理既具有工具性价值,也具有内在价值。其工具性价值在于企业具有独特的能力,能够感知关键需求领域,抓住响应机会,重新配置常规资源,比传统援助提供者更快速、更有效地进行响应,从而有效减少突发事件给企业和企业职工,乃

第七章　企业参与应急管理的影响因素：基于中国抗击新冠疫情的调查

至全社会带来的危害。[1] 其内在价值则建立在企业社会责任之上，企业作为社会公民，有承担社会责任、参与应急管理的义务，企业参与应急管理是履行社会责任和体现社会价值的重要方面，也是践行企业公民责任的一种重要方式。

目前，国内外企业参与应急管理的研究主要围绕企业在应急管理中的角色与作用、企业参与慈善捐赠和社会救助、企业直接参与灾害响应与重建等方面开展。早期研究主要集中在对多元主体参与应急管理的整体探讨，强调了非政府组织在应急处置中具有的诸多优势以及由此对应急管理实践产生的促进作用[2]。但有关企业参与应急管理的专门研究还不多。从近年来国际应急管理实践来看，各国政府在灾害应对中频频"失败"[3]，而私营部门在高效应对全球性灾害事件时表现突出，不仅为灾区的救援、恢复、重建提供了必要的经济支持[4]，不少企业还能利用自身优势，直接参与到灾害救援与疫情防控之中，在很大程度上弥补了政府与非政府组织的不足。

国外学者从协同治理的行动维度，分别对美国卡特里娜飓风[5]、印度洋海啸[6]、日本"3·11"地震[7]等危机应对中的公私合作进行了个案研究，充分肯

---

[1] Ballesteros L., Useem M., Wry T., "Masters of Disasters? An Empirical Analysis of How Societies Benefit From Corporate Disaster Aid", *Social Science Electronic Publishing*, 2017, 60(5), pp.1682-1708.

[2] 参见康伟、陈茜、陈波：《基于 SNA 的政府与非政府组织在公共危机应对中的合作网络研究——以"4·20"雅安地震为例》，《中国软科学》2014 年第 5 期。

[3] Linnenluecke M., B. McKnight, "Community Resilience to Natural Disasters: The Role of Disaster Entrepreneurship", *Journal of Enterprising Communities: People and Places in the Global Economy*, 2017, 11 (1), pp.166-185.

[4] Van Leeuwen J., Gissing A., "Business Involvement in Natural Disasters in Australia and New Zealand", *Journal of Emergency Management Monograph*, 2019(4), pp.112-120.

[5] Abou-Bakraj, *Managing Disasters Through Public-Private Partnerships*, Georgetown University Press: Washington D. C., 2012.

[6] Chatterjee R., Shaw R., *Role of Regional Organizations for Enhancing Private Sector Involvement in Disaster Risk Reduction in Developing Asia*, Disaster Management and Private Sectors, Springer, Tokyo, 2015, pp.47-67.

[7] Leelawat N. et al., "Disaster Recovery and Reconstruction Following the 2011 Great East Japan Earthquake and Tsunami: A Business Process Management Perspective", *International Journal of Disaster Risk Science* (2015).

定了企业在灾害救援过程中的积极作用。有学者对中国台湾地区地震的研究表明,在应急管理各阶段中,政府、企业、专家学者与民间机构等分别承担了不同的角色定位(见表19)[1],企业参与在应急管理不同阶段是必不可缺的重要角色。目前,企业作为重要的社会经济主体已经成为国外应急管理的重要组成部分。在国内,政府、市场与社会都是重要的国家治理主体[2],单靠政府"唱独角戏"已经无法应对接踵而来的各类灾害。建设全社会共同参与的突发事件应急管理体系是解决中国应急能力发展不平衡不充分难题的客观要求,是新时代中国灾害治理工作的新趋势和新使命[3]。此外,国家职能的转变为企业参与提供了条件,使其成为政府应急管理的重要力量。[4] 尤其在应急响应阶段,企业拥有的强大经济实力和技术装备能力,通过提供大量资源和专业服务,有力地促进了受灾地区的快速有效响应[5]。正如此次新冠疫情,阿里巴巴与"码全科技"联手发挥各自技术优势创新"健康码"替代"填报表"[6],百度平台开发算法 LinearFold 使新型冠状病毒的全基因测序时间大大缩短[7],腾讯、京东等相继开发亿级算力资源,为政府疾控中心和药物研发机构的疫苗研发提供算力[8],各类平台企业立足自身资源优势纷纷为疫情防控提供强大的技

---

[1] 参见陈健民等:《关于民间公益组织参与汶川大地震救灾重建的报告及建议》,《社会政策通讯》2008年第11期。

[2] 参见韩文龙、周文:《国家治理体系与治理能力现代化视角下构建公共卫生应急管理协同治理体系的思考》,《政治经济学评论》2020年第6期。

[3] 参见杨安华:《企业参与:新时代中国灾害治理的新趋势》,《电子科技大学学报(社会科学版)》2018年第5期。

[4] 参见杨安华、许珂玮:《论企业参与灾害治理的政府责任和作用》,《武汉科技大学学报(社会科学版)》2018年第4期。

[5] 参见陈述、余迪、郑霞忠等:《重大突发事件的协同应急响应研究》,《中国安全科学学报》2014年第1期。

[6] 参见史晨、钟灿涛、耿曙:《创新导入的接力赛——健康码案例中的初创企业、平台企业和地方政府》,《科学学研究》2021年第1期。

[7] 参见阳镇、尹西明、陈劲:《新冠肺炎疫情背景下平台企业社会责任治理创新》,《管理学报》2020年第10期。

[8] 参见渠慎宁、杨丹辉:《突发公共卫生事件的智能化应对:理论追溯与趋向研判》,《改革》2020年第3期。

第七章 企业参与应急管理的影响因素:基于中国抗击新冠疫情的调查

术支撑。由此可见,企业作为应急管理的重要力量,其能否有效参与突发事件的应对与政府应急管理成效紧密相关。

表19 应急管理各阶段不同部门的角色定位

主体 阶段	政府	企业	专家学者	民间组织
响应阶段	主导者	支持者	支持者	支援者
	执行者	资源提供者	信息提供者	资源调查整理者
安置阶段	主导者	资源提供者	监督者	协调者
	资源提供者	服务提供者	信息提供者	参与者
重建阶段	支持者	资源提供者	监督者	协调者
	法律制定者	服务提供者	支援者	服务执行者

尽管企业参与应急管理的重要性已变得广为人知,但是企业参与应急管理的水平究竟如何呢?目前学术界缺乏深入研究。与参与能力不同,应急能力强并不意味着参与水平就高。借鉴Farrington等提出的评价公众实际参与水平的二维框架,即参与广度和参与深度[1]。我们所说的企业参与应急管理的水平主要也是由参与广度和深度两个方面来衡量。企业参与应急管理的广度是指企业参与应急管理全过程的程度,也即企业在多大程度上参与应急管理,是参与灾时应对、灾前预防、准备或是灾后重建过程中某一阶段的应急管理,还是参与多个阶段或全过程的应急管理,这与企业的应急参与意识和参与意愿密切相关。正如应急参与意识较强的花王集团,日常就建立了基于地震级别的三级灾害防范体制,储备充足的灾时所需物资,频繁开展应急演练,在日本"3·11"地震发生后,不仅捐款捐物,还以最快的速度组织员工参与志愿

---

[1] Farrington J., Bebbington A., Wellard K., et al., "Reluctant Partners: Non-Government Organizations, the State and Sustainable Agricultural Development", *Journal of International Development*, 1993, 7(2), pp.295-296.

救援活动,通过对妇女儿童等弱势群体的特别援助,为整个地震灾害救援过程作出了积极贡献。① 企业参与深度则是指企业参与应急管理对有效应对突发事件的实际影响程度,主要表现为企业应急参与方式的多样化和专业化水平,超越捐款捐物的传统参与,利用自身技术与专业优势参与应急管理。正如新冠疫情防控,参与企业充分发挥自身优势,运用大数据、人工智能、云计算等数字技术,在疫情监测分析、防控救治、资源调配等方面更好地发挥了支撑作用。如美团外卖、盒马鲜生、滴滴出行、高德地图等大量企业在疫情发生后最大限度地保障居民基本的生活与出行需求;阿里健康、腾讯健康、京东健康等提供的免费义诊;千寻位置网络公司推行的无人机在线交换服务,实现无人机信息供给与政府需求的高度匹配②;工业和信息化部与中国移动、中国联通、中国电信三家基础电信企业合作,实现了动态人员流动信息监测与精细化防控筛查;华润公司、宝钢集团、中国一冶、中国重工等为火神山和雷神山医院的建设提供对口物资支持等;为抗疫成功奠定了坚实基础。但是,总体而言我国企业参与应急管理仍存在诸多不足:大多数企业自身备灾减灾意识薄弱,缺乏应急参与的主动性和专业性,参与广度和深度远远不够,尤其是中小私营企业,参与意识不强,参与渠道不畅通,参与方式单一③,应急专业化水平较低,整体参与水平相对较低。那么,哪些因素影响了企业的应急参与?

  随着应急管理实践的不断发展,学者们开始关注多主体参与应急管理的影响因素,但将企业作为应急管理独立主体的研究仍然不多,相关成果主要局限于对重大突发事件发生后企业捐款捐物方面的研究,因而对企业应急参与影响因素的研究也多从企业参与社会救助和慈善捐赠的角度展开分析。如陈

---

① 参见杨安华、田一:《企业参与灾害管理能力发展:从阪神地震到3·11地震的日本探索》,《风险灾害危机研究》2017年第1期。

② Wang H., Qi H., and Ran B. 2021, "Public-Private Collaborations Led by Private-Sector in Combating Crises: Evidence from China's Fighting Against COVID-19", Administration & Society, 2022(1).

③ 参见杨安华:《论企业参与应急管理的制度化建设》,《探索》2020年第5期。

第七章　企业参与应急管理的影响因素:基于中国抗击新冠疫情的调查

迎欣等将广义的公众定义为社会群众、社会组织、企业或个人,认为政策法规对参与主体的参与意识有显著的正向影响,主体的参与意识与能力素质对主体的参与行为有正向影响[1]。山立威等研究发现公司出于广告效用的经济动机可以影响企业的捐赠数量和方式,且公司的经济能力可以决定参与行为[2]。潘越等对2008—2015年沪深两市上市公司进行研究,发现灾害的破坏程度、媒体宣传力度、政治动机等因素对企业应急管理的参与影响较为明显[3]。张蕙等认为中央企业在面对自然灾害、疫情等突发事件时积极作为,参与捐赠的企业比例高、捐赠金额大、捐赠响应及时,企业的行政级别、社会责任发展水平对慈善捐赠都有正向影响[4]。笔者以工具性和规范性两种不同视角为分析工具,通过对不同企业灾害参与动机的差异性——公司导向与社区导向两种模式进行分析,认为企业参与动机不同,参与意愿、参与程度均有不同[5]。此外,企业规模[6]、高管个人特质[7]、制度环境[8]也会影响企业捐赠。也有学者认为,目前大量企业未能积极参与应急管理,参与广度有限,参与深度不够,参与水平相对较低,很大程度上是因为我国部分企业家缺乏社会责任意识[9],同时缺

---

[1] 参见陈迎欣、张凯伦、安若红:《公众参与自然灾害应急救助的影响因素研究》,《重庆大学学报(社会科学版)》2018年第4期。
[2] 参见山立威、甘犁、郑涛:《公司捐款与经济动机——汶川地震后中国上市公司捐款的实证研究》,《经济研究》2008年第11期。
[3] 参见潘越、翁若宇、刘思义:《私心的善意:基于台风中企业慈善捐赠行为的新证据》,《中国工业经济》2017年第5期。
[4] 参见张蕙、钟宏武、魏秀丽:《中央企业慈善捐赠特征与影响因素研究》,《学习与探索》2020年第9期。
[5] 参见杨安华、张伟:《公司导向与社区导向——理解企业灾害参与的两种不同模式》,《风险灾害危机研究》2018年第2期。
[6] Brammer S., Millington A., "Firm size, Organizational Visibility and Corporate Philanthropy: An Empirical Analysis", *Business Ethics: A European Review*, 2006, 15(1), pp.6-18.
[7] 参见许年行、李哲:《高管贫困经历与企业慈善捐赠》,《经济研究》2016年第12期。
[8] 参见张敏、马黎珺、张雯:《企业慈善捐赠的政企纽带效应——基于我国上市公司的经验证据》,《管理世界》2013年第7期。
[9] 参见金太军、袁建军:《论政府和企业的协调机制——以应对重大突发公共事件为背景》,《人民论坛》2011年第14期。

乏内在驱动与外部行政行为的有效结合①。

综上所述,与应急管理主体多元化发展的实践相适应,近年来的学术研究也呈现出两大重要特征:一是社会力量参与、公私协同已成为应急管理研究的重要领域;二是企业在应急管理中的重要作用凸显并开始引起学术界的关注。但也存在一些不足,主要表现为:一是在参与主体上还局限于对多主体协同参与应急管理的研究,将企业作为专门研究对象的成果不多,企业参与应急管理的系统性研究不足;二是已有相关研究对企业在应急管理中的作用、企业参与应急管理的途径与方式、现实困境与政府责任等基础性问题进行了探讨,但缺乏对企业参与应急管理影响因素的深入研究,因而制约了该领域研究的深入开展,也不利于政府对企业应急参与进行管理。我们尝试对该问题进行探讨,旨在揭示影响企业参与应急管理的关键因素及其作用机制,为政府制定企业参与应急管理政策提供理论依据和决策参考。

二、理论基础与研究假设

(一)自我决定理论

由于企业参与应急管理通常是由内在因素驱动,并受外在因素影响,且参与动机存在多样性与差异性等特点,故我们尝试选取了自我决定理论(Self-Determination Theory)对企业参与应急管理进行分析。自我决定理论是由美国的心理学家 Ryan 和 Deci 创设的,经过近几十年的发展,已经在心理学、管理学、教育学、政治学等学科领域得到了大量的应用,为我们解释个体行为提供了较为系统的理论视角。该理论假设个体行为均是为了满足三种基本心理

---

① 参见陈宏辉、王鹏飞:《企业慈善捐赠行为影响因素的实证分析——以广东省民营企业为例》,《当代经济管理》2010 年第 8 期。

第七章 企业参与应急管理的影响因素：基于中国抗击新冠疫情的调查

需求：能力、归属和自主。其中，"能力"是个体对控制环境的需要，体现为行为时可以获得的"胜任感"；"归属"是指与他人保持联系的需求；"自主"则是基于自己的选择做出行为，而非迫于外界压力。[1] 从企业参与应急管理来看，企业参与的"能力"主要是指自身应急能力和参与应急管理的能力，能力的彰显体现了企业对参与应急管理的"胜任感"，从而满足企业实现自我价值的需要；企业参与的"归属"是指企业为了保持与政府的密切关系，通过参与应急管理，获得政治地位和政府青睐；企业参与的"自主"体现企业作为社会公众，为承担社会责任，主动做出的参与行为。根据动力源的不同，动力又可分为内在动力和外在动力：前者是与行为本身相关的价值或快乐，如兴趣、成就感、满足感等；后者是指来自个体外部的动力，认为行为有助于实现不同于行为本身的价值结果，如改善环境、提升个人形象、获得奖励或避免惩罚等[2]。此外，通过创造路径促进上述三种心理需求得到满足，外在动力可通过内化过程向内在动力转化。在政治参与领域，已有学者尝试使用自我决定理论解释公众的政治参与行为。Losier 等研究发现，政治参与行为仅靠对政治参与本身感兴趣并不够，"有用性"等外在因素也对参与行为产生重要影响[3]。解释个体参与行为时，不应过分强调内在动力的驱动作用，参与行为的外在"工具性调节"同样不可忽视，参与行为代表了个体对特定行为的态度与外部说服之间相互作用的结果。[4] 企业参与应急管理同样也是内在动力和外在动力相互作用的结果。因此，自我决定理论为我们理解企业参与应急管理提供了有力的理论基础。故我们尝试基于该理论研究影响企业参与应急管理的关键因素，

---

[1] Ryan R. M., Deci E. L., "Self-Determination Theory and the Facilitation of Intrinsic Motivation, Social Development, and Well-Being", *American Psychologist*, 2000, 55(01), pp.68-78.

[2] Deci E. L., *Intrinsic Motivation*, New York: Springer US, 1975, p.248.

[3] Losier G. F., Koestner R., "Intrinsic Versus Identified Regulation in Distinct Political Campaigns: The Consequences of Following Politics for Pleasure Versus Personal Meaningfulness", *Personality and Social Psychology Bulletin*, 1999, 25(03), pp.287-298.

[4] 参见李占乐、魏楠：《中国公众网络政治参与动力系统模型的构建——基于自我决定理论和系统理论的分析》，《电子政务》2019 年第 12 期。

内在因素包括企业个体特征、灾后经营状况、自身应急能力,外在动力则是制度环境。

(二)研究假设

2019年岁末,新冠疫情暴发,并迅速蔓延演变为近百年传播速度最快、感染范围最广、防控难度最大、持续时间最长的全球性重大公共卫生事件。大量企业积极参与,为防控疫情作出了重要贡献。在我国,无论是百度、阿里巴巴、腾讯等大型企业,还是像"码全科技"这样的小型企业,均发挥了重要作用①,展现了企业参与应急管理的中国力量与中国速度。故新冠疫情为研究企业应急参与提供了独特样本。我们从自我决定理论的视角,基于企业参与应急管理的相关研究,结合企业捐赠和企业救助的影响因素,根据企业参与新冠疫情防控的实践,构建了企业参与应急管理的影响因素模型,具体研究假设如下。

1. 企业特征影响参与意愿和参与能力

根据Adizes的观点,企业生命周期主要分为创业期、成长期、成熟期、衰退期四个阶段②。企业在不同的发展阶段关注点不同,经营策略和治理机制也有所不同。③ 处于创业阶段的企业更多地关注企业自身的经营管理活动,较少关注企业外部活动;在成长阶段,企业生产经营步入正轨,为树立良好的企业形象,获取外部资源,企业愿意较多地参与应急管理,但参与能力有待提升;在成熟阶段,企业经营效益平稳,为获得长期的经济效益和社会效益,企业愿意最大限度地参与应急管理,由于参与经验的不断积累,参与能力相对较

---

① Cheng Y. D., Yu J., Shen Y., et al., "Coproducing Responses to COVID with Community Based Organizations:Lessons from Zhejiang Province, China", *Public Administration Review*, 2020, 80(5), pp.866-873.
② 参见[美]伊查克·麦迪思:《企业生命周期》,中国社会科学出版社1997年版。
③ 参见刘苹、陈维政:《企业生命周期与治理机制的不同模式选择》,《财经科学》2003年第5期。

第七章　企业参与应急管理的影响因素:基于中国抗击新冠疫情的调查

强;在企业的衰退阶段,企业效益大幅下降,更多地关注如何恢复正常的生产经营状况,此时的企业参与意愿相对较弱,参与能力也不足。[1] 国外学者 Boatsman[2] 和 Buchholtz[3] 的研究发现,企业规模是影响企业捐赠最重要的因素之一,无论利润如何,大企业似乎总愿意为慈善提供更多捐助。此外,Thompson 等人研究发现小企业的捐赠与企业的员工数量呈正相关[4],因此企业规模和其慈善捐赠水平可能呈现正相关性[5]。另外,企业规模往往影响企业的防灾备灾,规模较大的企业通常比规模较小的企业应急准备更加充分,更可能有专门的应急管理部门或安全管理人员[6],其自身的危机防范能力和危机处理能力更强,对外部环境突发事件的参与意愿更高,参与能力更强。此外,企业参与应急管理的经济实力取决于企业的经营状况,山立威等对汶川地震后中国上市公司的捐款研究发现,公司捐赠行为是由自身能够承担的经济能力所决定的,经营业绩较好的公司参与意愿较强,捐款数额较高[7]。故企业生命周期、企业规模和企业业绩等企业自身特征可能对参与意愿和参与能力产生影响。由此假设:

---

[1] 参见陈宏辉、王鹏飞:《企业慈善捐赠行为影响因素的实证分析——以广东省民营企业为例》,《当代经济管理》2010 年第 8 期。

[2] Boatsman J. R., Gupta S., "Taxes and Corporate Charity: Empirical Evidence from Micro-Level Panel Data", *National Tax Journal*, 1996, 49, pp.193-213.

[3] Buchholtz A. K., Amason A. C., Rutherford M. A., "Beyond resources: The Mediating Effect of Top Management Discretion and Values on Corporate Philanthropy", *Business and Society*, 1999, 38(2).

[4] Thompson J. K., Smith H. L., and Hood J. N., "Charitable Contributions by Small Businesses", *Journal of Small Business Management*, 1993, 31(3), pp.35-51.

[5] Brammer S., Millington A., "Firm Size, Organizational Visibility and Corporate Philanthropy: An Empirical Analysis", *Business Ethics*, 2006, 15(1), pp.6-18.

[6] Webb G. R., Tierney K. J., Dahlhamer J. M., "Businesses and Disasters: Emprical Patterns and Unanswered Questions", *Natural Hazard Review*, 2000, 1(2), pp.83-90; Drabek T., *Disaster Evacuation and the Tourist Industry*, Boulder, CO: Institute of Behavioral Science, University of Colorado, 1994.

[7] 参见山立威、甘犁、郑涛:《公司捐款与经济动机——汶川地震后中国上市公司捐款的实证研究》,《经济研究》2008 年第 11 期。

H1：企业特征影响其参与意愿；

H2：企业特征影响其参与能力。

2.灾后经营状况影响企业参与意愿和参与能力

突发事件一旦发生，对企业的负面冲击最先体现在企业的经营状况方面。以新冠疫情暴发为例，为响应国家号召、控制疫情传播，企业停工停产导致产品产量锐减[1]、原材料供应链断裂导致生产成本上升[2]、需求萎缩导致企业经营收入降低[3]等问题层出不穷。不仅企业的生产、经营、销售等环节受到巨大的冲击，由于市场的退出和重新进入[4]，企业的净利润、现金流等方面也会受损，而稳健的现金流管理、稳定的产品供应链对于企业应对危机具有重要作用[5]。此外，疫情的暴发不仅影响企业的营业收入，还会面临人员返岗不足的问题，同时返岗人员又会增加企业的防疫成本[6]，这就使企业同时面临支出增加与收入紧缩的境况。此时企业自身要快速从灾害中恢复，对企业外部应急参与活动可能会产生负面效应。但是不同的企业会受到不同程度的影响，企业的恢复速度和恢复程度不同，企业的经营状况也就有所不同。故灾后运营相对稳定和经济实力较为雄厚的大型企业参与意愿往往较高，加之充足的资金支持也有助于提升企业的参与能力。由此假设：

---

[1] Thompson J. M., Seitzinger A. H., "Economic Evaluation of Low Pathogenic Avian Influenza in North Eastern US Live Bird Markets", *Journal of Applied Poultry Research*, 2019, 28(1), pp.78-84.

[2] 参见宋华：《新冠肺炎疫情对供应链弹性管理的启示》，《中国流通经济》2020年第3期。

[3] Jenny H., *How Has the COVID-19 Pandemic Affected Chinese Enterprises? Chinese'Foreign*, 2020(2):30-32.

[4] 参见李涵、吴雨、邱伟松等：《新冠肺炎疫情对我国中小企业的影响：阶段性报告》，《中国科学基金》2020年第6期。

[5] 参见敏、杨波、李丹青等：《新冠肺炎疫情对中小企业的影响及对策研究》，《财会月刊》2020年第12期。

[6] Jenny H., *How Has the COVID-19 Pandemic Affected Chinese Enterprises? Chinese'Foreign*, 2020(2), pp.30-32.

第七章　企业参与应急管理的影响因素:基于中国抗击新冠疫情的调查

H3:灾后经营状况正向影响其参与意愿;

H4:灾后经营状况正向影响其参与能力。

3. 企业应急能力影响参与意愿和参与能力

企业自身的抗风险能力和应急参与能力是企业参与应急管理的重要基础。企业应急能力主要是指通过建立健全应急管理体系,开展常规性风险排查,制定完善应急预案,组织应急培训和演练,加强应急物资储备,开发应急物资和技术,促使企业自身应急常态化、专业化、高效化等方面的能力。[①] 当灾害来临时,企业不仅是灾害损失的重要承担者,还是灾害相关经济活动的主体,是应急管理的潜在参与者和资源提供者。尽管企业在应急管理的过程中扮演重要的角色,但其作用能否真正发挥取决于企业本身的应急能力,企业应急能力不足极易造成参与行动的失败。在实际的应急案例中,企业的应急参与方式很少,尤其是民营企业主要通过捐赠的方式参与灾害救助,应急能力的低下制约着企业的功能发挥。[②] 2020年,笔者曾在对新冠疫情后我国企业应急参与情况的调查中发现,愿意参与和已经参与过应急管理的企业比例分别为46%和28%。在不参与的主要原因中,52%的企业认为自身不具备应急能力,42%的企业没有参与动力。由此可见我国企业应急参与意愿不高、参与能力不足主要是因为自身的应急能力有限、参与动力不足。由此假设:

H5:企业应急能力正向影响其参与意愿;

H6:企业应急能力正向影响其参与能力。

4. 制度环境影响企业参与意愿和参与能力

企业应急参与的制度环境是指企业参与应急管理的宪法、法律、行政法

[①] 参见杨安华、田一:《企业参与灾害管理能力发展:从阪神地震到3·11地震的日本探索》,《风险灾害危机研究》2017年第1期。

[②] Chen Y., Zhang J., Tadikamalla P. R., et al., "The Mechanism of Social Organization Participation in Natural Hazards Emergency Relief:A Case Study Based on the Social Network Analysis", *International Journal of Environmental Research and Public Health*, 2019, 16(21).

规、部门规章、地方政府规章、规范性文件、领导讲话等制度层面的外在情况和条件。新制度主义认为企业行为受制度环境的约束,强调制度的功能,制度既包括内在的约束性规则,又包括外在的强制和处罚性规则[1],因此企业参与应急管理可能是受到制度环境激励的主动选择,也可能是制度环境约束下所做的被动选择。由于企业的参与能够为政府缓解财政压力和治理压力,加强政企关系,提高政治地位,树立良好形象,从而获得如税收优惠政策、限制竞争、减少政府监管等政治资源和经济利益,故企业参与应急管理的出发点并不仅仅是主动承担社会责任,也可能是为了得到政府、非政府组织以及公众等利益相关者的支持,是制度环境下的被动行为。[2] 同时,为了抢险救灾、维护社会稳定,地方政府往往会通过"劝募"等行政手段来干预民营企业的参与行为。[3]由此,法律法规、经济政策、行业规范、政府干预方式等制度环境不同,企业受到的制度激励和压力大不相同,故企业参与应急管理的意愿也会存在差异。目前我国应急管理相关法律法规不完善,企业参与应急管理并未形成一种制度,企业参与应急管理组织化程度较低,参与渠道不畅通,故参与意愿不强烈,参与能力较低。制度环境的不断完善,为企业参与应急管理提供了基本准则和模式,一定程度上有助于引导和规范企业参与应急管理,提高企业的参与意愿和参与能力。由此假设:

H7:制度环境正向影响其参与意愿;

H8:制度环境正向影响其参与能力。

5. 企业参与意愿影响其参与水平

计划行为理论的核心理念认为意愿是影响个人行为最直接的因素,该

---

[1] Di Maggio P. J., Powell W. W., "The Iron Cage Revisited: Institutional Isomorphism and Collective Rationality in Organi-Zational Fields", *American Sociological Review*, 1983, 48(2), pp.147-160.

[2] 参见唐跃军、左晶晶、李汇东:《制度环境变迁对公司慈善行为的影响机制研究》,《经济研究》2014年第2期。

[3] 参见黄伟、王旸:《地方政府财政压力、政治身份与企业慈善捐赠——基于全国民营企业调查的证据》,《当代财经》2020年第10期。

第七章　企业参与应急管理的影响因素:基于中国抗击新冠疫情的调查

理论以期望价值理论为基础解释个体行为选择的过程,认为主体的认知与意识是行为发生的前提条件①,因此也是影响行为能力水平的重要因素。参与意愿是主体认知产生的行动趋向,来源于对事物的认可程度。一般而言,主体对行为的认可程度越高,付诸行动的概率也就越大,行动的能力水平可能越强。故企业的政治、经济、文化动机和公众期望等都可能激发企业的参与意愿。如果企业的参与意愿很弱,参与广度存在局限,参与方式单一,参与专业化程度不够,参与水平可能很低;反之,参与意愿越强烈,参与广度不断拓宽,参与方式越趋于多样化,参与专业性越强,参与水平可能越高。由此假设:

H9:企业参与意愿正向影响其参与水平。

6. 企业参与能力影响其参与水平

能力是指个体是否具备足够的知识、技能和物质资源来实现目标,代表了个体是否具备完成一项任务所必备的技术和信心。② 企业应急参与能力是指企业所具备的参与应急管理的知识、技能与资源等,决定企业能否胜任应急管理相关事务的能力,主要指的是应急参与方式的多样化和专业化水平。企业参与应急管理的水平必然建立在企业参与能力的基础之上,企业应急参与能力越强,越能够摆脱传统捐款捐物的参与方式,从参与方式和专业服务上更加契合灾时需要,因此参与水平可能越高。由此假设:

H10:企业的参与能力正向影响其参与水平。

综上所述,我们建立了企业参与应急管理的影响因素模型(见图21):假设企业特征、经营状况、应急能力、制度环境均对应急参与意愿和参与能力有

---

① Fishbein M., Ajenze I., *Belief, Attitude, Intention and Behavior: An Introduction to Theory and Research*, Reading, MA:Addison-Wesley Publish Company, 1975,pp.332-334.
② 参见张振刚、付斯洋、余传鹏:《个体知识吸收能力对员工创新绩效的影响》,《中国人力资源开发》2018年第3期。

影响,进而影响到企业的应急参与水平,则增强企业的参与意愿和参与能力将大大提升企业参与应急管理的积极性和有效性。

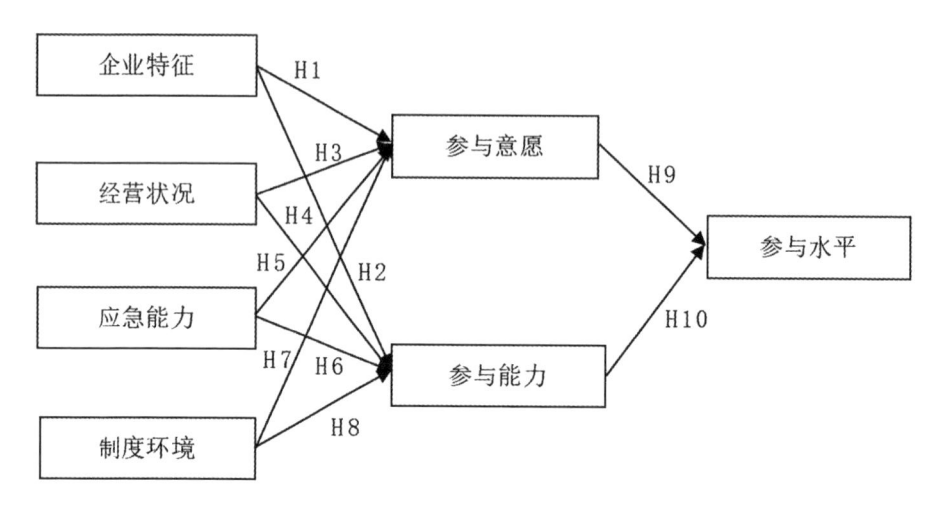

图 21　企业参与应急管理的影响因素模型

三、研究设计

(一)量表设计

由于国内针对企业参与应急管理的定量研究很少,故笔者基于企业参与应急管理的定性研究,结合企业慈善捐赠和社会救助等相关文献,参考课题组在 2020 年开展的"企业参与新冠疫情防控情况问卷调查"和实地访谈,确定各潜在变量的观测变量,具体量表如表 20 所示。选取 7 个潜在变量,其中 1 个因变量、4 个自变量和 2 个中介变量,结合已有研究设计调查问卷中的题项,答案的设置采用李克特五点量表,1 分代表最低,5 分代表最高。

第七章 企业参与应急管理的影响因素:基于中国抗击新冠疫情的调查

表 20 初始量表设计

类型	潜在变量	观测变量	变量来源
自变量	企业特征	生命周期 EP1 企业规模 EP2 企业业绩 EP3	Webb 等(2000); Brammer 等(2006); 田利华等(2007)
	经济状况	资金周转情况 OC1 员工返岗情况 OC2 灾后经营业绩 OC3	唐果等(2017); Jenny(2020); 李涵等(2020)
	应急能力	应急预案制定 EA1 培训与演练 EA2 预警与评估 EA3 应急物资储备 EA4 应急响应时间 EA5 恢复经营时间 EA6 恢复资金来源 EA7	周秀平等(2011); 薛澜等(2013); 周金恋等(2017); Chen 等(2019); 杨安华(2020)
	制度环境	政策支持程度 PR1 公开透明程度 PR2 制度完善程度 PR3 可接受程度 PR4 政策执行有效性 PR5	张敏等(2013); Ansell 等(2016); 杨安华等(2020); 黄伟等(2020)
中介变量	参与意愿	管理者参与意识 PW1 企业慈善文化 PW2 战略性动机 PW3 政治动机 PW4 舆论压力 PW5	Godfrey(2005); 山立威等(2008); 许年行等(2016); 潘越等(2017); 杨安华等(2018)
	参与能力	信息获取 PA1 预案编制 PA2 应急演练 PA3 决策执行 PA4 沟通协调 PA5 专业优势发挥 PA6	杨安华等(2017); 马晓东(2021); 周秀平等(2011); 史晨等(2021); 陈迎欣等(2018)

续表

类型	潜在变量	观测变量	变量来源
因变量	参与水平	社区培训与演练 PB1	金太军等（2011）；杨安华等（2017）；陈迎欣等（2018）
		社区应急文化建设 PB2	
		危机监测预警 PB3	
		灾后捐款捐物 PB4	
		灾后专业服务 PB5	
		灾后技术支持 PB6	
		灾后项目重建 PB7	

因变量是企业参与应急管理的水平，主要反映在两个方面，即参与广度和参与深度，参与广度的测量主要是依据企业参与应急管理过程的多少，参与深度的测量主要是依据企业参与应急管理方式的多样性和专业化水平。我们从参与风险防范、应急准备、应急响应、恢复重建的应急管理全过程考虑，结合参与方式和专业化程度，选取参与社区培训与演练、社区应急文化建设、危机监测预警、灾后捐款捐物、提供专业服务和技术支持以及灾后项目重建等变量作为观测变量。[1] 自变量是企业特征、经济状况、应急能力、制度环境。其中，在田利华等[2]与前述 Brammer、Webb 等学者研究的基础上，我们选择了生命周期、企业规模、企业业绩等对企业特征进行观测；基于现有文献对灾后经济状况的研究，我们选择了资金周转情况、员工返岗情况和灾后经营业绩来进行测量[3]；

---

[1] 参见杨安华、田一:《企业参与灾害管理能力发展：从阪神地震到3·11地震的日本探索》,《风险灾害危机研究》2017年第1期；陈迎欣、张凯伦、安若红:《公众参与自然灾害应急救助的影响因素研究》,《重庆大学学报（社会科学版）》2018年第4期。

[2] 参见田利华、陈晓东：《企业策略性捐赠行为研究：慈善投入的视角》,《中央财经大学学报》2007年第2期。

[3] 参见唐果、贺翔、敖丽红：《企业参与社会救助：影响因素与政策启示——基于浙江省11市的调查》,《中国行政管理》2017年第9期。

第七章　企业参与应急管理的影响因素:基于中国抗击新冠疫情的调查

企业自身应急能力具体表现为应急预案制定、培训与演练、预警与评估、应急物资储备、应急响应时间、恢复经营时间、恢复资金来源等变量[1];企业参与应急管理的制度环境主要通过政策支持程度、公开透明程度、制度完善程度、企业可接受程度、政策实施有效性等变量进行观测[2]。中介变量是参与意愿和参与能力,其中,参与意愿是指企业对参与应急管理的主观态度或心理倾向,我们从管理者意愿、文化动机、经济动机、政治动机和公众期望的层面选取了管理者的参与意识、企业慈善文化、战略性动机、政治动机、舆论压力等变量进行观测[3];参与能力考虑到企业的参与方式和专业优势,主要从信息获取、预案编制、应急演练、决策执行、沟通协调、专业优势发挥等因素进行观测[4]。

(二)数据来源

1. 预调研

在初始量表的基础上,为确保问卷的合理性和可测性,我们将问卷调查分

---

[1] 参见 Chen Y., Zhang J., Tadikamalla P. R., et al., "The Mechanism of Social Organization Participation in Natural Hazards Emergency Relief: A Case Study Based on the Social Network Analysis", *International Journal of Environmental Research and Public Health*, 2019, 16(21);周秀平、刘求实:《非政府组织参与重大危机应对的影响因素研究——以应对"5·12"地震为例》,《南京师大学报(社会科学版)》2011 年第 5 期;周金恋、门钰璐:《社会组织参与自然灾害救助困境的影响因素探究——基于 Nvivo11 的质性分析》,《河南社会科学》2017 年第 12 期。

[2] 参见 Brammer S., Millington A., "Firm Size, Organizational Visibility and Corporate Philanthropy: An empirical Analysis", *Business Ethics: A European Review*, 2006, 15(1), pp.6-18;[美]伊查克·麦迪思:《企业生命周期》,中国社会科学出版社 1997 年版;张振刚、付स洋、余传鹏:《个体知识吸收能力对员工创新绩效的影响》,《中国人力资源开发》2018 年第 3 期;田利华、陈晓东:《企业策略性捐赠行为研究:慈善投入的视角》,《中央财经大学学报》2007 年第 2 期。

[3] 参见杨安华、张伟:《公司导向与社区导向——理解企业灾害参与的两种不同模式》,《风险灾害危机研究》2018 年第 2 期;许年行、李哲:《高管贫困经历与企业慈善捐赠》,《经济研究》2016 年第 12 期;张敏、马黎珺、张雯:《企业慈善捐赠的政企纽带效应——基于我国上市公司的经验证据》,《管理世界》2013 年第 7 期。

[4] 参见史晨、钟灿涛、耿曙:《创新导入的接力赛——健康码案例中的初创企业、平台企业和地方政府》,《科学学研究》2021 年第 1 期;周秀平、刘求实:《非政府组织参与重大危机应对的影响因素研究——以应对"5·12"地震为例》,《南京师大学报(社会科学版)》2011 年第 5 期。

为预调研与正式调研两个阶段,通过预调研测量题项设置的合理性与表述的准确性,将信效度分析不合理的题项删除,从而对初始量表进行修正,以确保正式调查结果的可靠性。2020年新冠疫情防控充分彰显了政府、社会组织、企业、个体经营者作为社会主体的奉献精神和责任意识。企业作为营利性组织,其内部具有明确的分工体系,一般而言,企业管理层对企业应急能力和参与情况较为了解,故此次调查选择了各企业的管理者作为调查对象。预调研采用自填问卷法中的个别发送法在湖南省发放问卷,选取大型企业50家,中小企业150家,共发放问卷200份,收回有效问卷175份,有效回收率87.5%。

通过对各维度的Cronbach's Alpha系数进行计算,企业特征、经营状况、应急能力、制度环境、参与意愿、参与能力、参与水平等拟测量的7个潜在变量的信度都符合大于0.7的基本标准,由此可见,本研究采用的调查问卷具有良好的信度。

由于我们所采用的量表是基于文献归纳设计,而非已得到验证的成熟量表,所以我们拟采用两种验证方法相结合的方式进行效度检验。对调查数据进行KMO检验,检验结果为0.914,大于0.70,且显著性概率为0.000($P<0.01$),说明该问卷效度结构较好,可进行因子分析。首先,采用探索性因子分析进行效度检验,将预调研数据以最大方差法正交旋转进行因子旋转,所选36个问题选项归类为8类因子,与本研究设计的7个变量不符。通过观察因子载荷系数发现PW4的载荷未达到0.5的标准,而其他变量的因子载荷系数均在0.5以上,因此建议将PW4题项删除。其次,由验证性因子模型结构可知除PW4题项因子载荷系数小于0.45之外,其他题项均具有良好的效度。综合两种效度检验方法,将正式问卷中PW4题项删除。

2. 正式调研

笔者通过对预调研题项的删除以及题目的修改,最终确定正式调查问卷。

第七章　企业参与应急管理的影响因素:基于中国抗击新冠疫情的调查

课题组在2021年1月至3月,采取线上调查与线下调研相结合的方式发放问卷。一方面,选取疫情暴发严重的湖北省、黑龙江省、北京市的200家企业进行实地调研,调研工作分两步进行:第一步,在工业园区、写字楼等企业聚集区,随机选取调查企业100家,对企业管理者进行访谈并现场填答问卷;第二步,根据网上信息查询筛选300人以上的大型企业50家,300人以下的中小型企业50家,通过电话访谈的形式填答问卷,有效回收问卷96份。另一方面,线上调查主要通过问卷星网站向全国各企业的管理者定向发放问卷,通过个别发送法和滚雪球法,分层抽取高层、中层、基层管理者的方式确定调查对象,坚持"一企一卷"制,线上回收问卷450份,剔除公司名称不明、信息模糊及重复提交问卷146份,回收有效问卷354份。正式调研最终得到有效问卷550份,问卷有效率84.6%。

(三)研究样本

从调查问卷的整体情况来看,男性占48.73%,女性占51.27%,男女比例接近于1∶1,基本排除性别因素所带来的干扰。从企业性质来看,私有企业占72.18%,国有企业占16.91%,集体所有制企业、联营企业、外商投资企业及其他性质的企业仅占10.73%,较为符合我国的企业分布实际状况。从行业性质来看,制造业最多,占30%;其次是高科技(含软件、互联网)企业占21.09%;其他行业占比均在15%以下。由于本次选择的是企业管理者作为调查对象,所以将管理者职位进行了细化,结果显示接受调查的中层管理者最多,占总数的80.36%;高层管理者,占16.18%;总监级人数最少,占3.46%,符合我国企业各层管理者的实际比例。从样本的基本情况来看,样本特点与我国企业的实际情况相近,具有较强的代表性和参考性。

四、数据分析

(一)信度和效度检验

1. 信度检验

信度检验即对样本数据进行一致性或稳定性程度的检验,检验结果Cronbach's Alpha系数越大,信度越高。通过对正式调查问卷各维度的Cronbach's Alpha系数进行计算可知(见表21),企业特征、经营状况、自身应急能力、制度环境、参与意愿、参与能力、参与水平的Cronbach's Alpha值分别为0.806、0.856、0.868、0.874、0.855、0.869、0.874,均大于0.7的基本标准且大于0.8,说明本次调查所采用的各变量及其维度量表具有较好的信度。

表21 正式问卷的信度

测量项	Cronbach's Alpha	项目数
企业特征	0.806	3
经营状况	0.856	3
应急能力	0.868	7
制度环境	0.874	5
参与意愿	0.855	4
参与能力	0.869	6
参与水平	0.874	7

第七章　企业参与应急管理的影响因素:基于中国抗击新冠疫情的调查

2. 效度检验

效度检验即测量数据与所需观测内容的有效性检验。前测问卷中通过探索性因子分析与验证性因子分析将PW4删除后,为了便于测算与观察,将前测问卷的PW5在正式问卷中命名为PW4。利用SPSS20.0对量表的信度进行检验,调查数据的取样适当性系数KMO值为0.894,大于0.7的基本标准,且显著性概率为0.000($P<0.01$),说明该问卷效度结构较好,适合进行因子分析(见表22)。对数据进行探索性因子分析,将35个问题选项归类为7类因子,从旋转成分矩阵可以看出每个测量题项的负荷均高于0.5,且不存在双重因子负荷均高的情况,说明该问卷有很好的内容效度。

表22　正式问卷的效度检验

取样足够度的Kaiser-Meyer-Olkin度量		0.894
Bartlett球形度检验	近似卡方	9600.509
	df	595
	Sig.	0.000

根据验证性因子分析结果(见表23),每个观察变量对于潜在变量的因子负荷系数均大于0.45,故调查数据的整体信度较好。此次问卷的设计和收集的数据均通过了信度检验和效度检验,由此可见,问卷的设计较为合理,收集的数据较为可靠,确保后文的数据分析和结论具有现实的参考性和较强的可靠性。

表23 样本验证性因子分析结果

潜在变量	问项	因子载荷系数	潜在变量	问项	因子载荷系数
企业特征	EP1	0.68	参与意愿	PW1	0.83
	EP2	0.98		PW2	0.74
	EP3	0.69		PW3	0.72
经济状况	OC1	0.82		PW4	0.79
	OC2	0.84	参与能力	PA1	0.79
	OC3	0.79		PA2	0.72
应急能力	EA1	0.75		PA3	0.61
	EA2	0.66		PA4	0.71
	EA3	0.66		PA5	0.73
	EA4	0.70		PA6	0.78
	EA5	0.71	参与水平	PB1	0.77
	EA6	0.66		PB2	0.70
	EA7	0.73		PB3	0.69
制度环境	PR1	0.81		PB4	0.71
	PR2	0.75		PB5	0.68
	PR3	0.72		PB6	0.67
	PR4	0.77		PB7	0.71
	PR5	0.77		—	

（二）参数估计和模型修正

利用最大似然法进行参数估计，其模型的适配度指标和初始拟合结果如表24所示。模型得到初步验证，模型的各项参数均已达到最低拟合标准，但拟合指标GFI、AGFI、NFI的数值均未达到最优拟合标准，如果要达到0.9以上，则需要参照AMOS提供的模型修正指数进行模型修正，将修正系数较大

第七章　企业参与应急管理的影响因素:基于中国抗击新冠疫情的调查

的误差项建立相关关系,可以大幅度提高模型的拟合程度,修正后的模型路径图及标准化系数如图 22 所示。通过对结构方程模型进行修正,拟合优度指标结果如表 25 所示:CMIN/DF、GFI、NFI、RMR、CFI、TLI 和 RMSEA 均达到最优标准,AGFI 通过修正后十分接近最优标准,故修正后的结构方程模型拟合度较好。

表 24　初始拟合结果

指标	CMIN/DF	GFI	AGFI	RMR	RMSEA	NFI	CFI	TLI
判别标准	<3.00	>0.90	>0.90	<0.05	<0.08	>0.90	>0.90	>0.90
可接受标准	<5.00	>0.80	>0.80	<0.08	<0.10	>0.80	>0.80	>0.80
计算值	2.080	0.897	0.880	0.046	0.044	0.885	0.936	0.930
符合程度	符合	达标	达标	符合	达标	达标	符合	符合

表 25　修正后的模型拟合参数

指标	CMIN/DF	GFI	AGFI	RMR	RMSEA	NFI	CFI	TLI
判别标准	<3.00	>0.90	>0.90	<0.05	<0.08	>0.90	>0.90	>0.90
可接受标准	<5.00	>0.80	>0.80	<0.08	<0.10	>0.80	>0.80	>0.80
计算值	1.777	0.911	0.896	0.044	0.038	0.903	0.955	0.950
符合程度	符合	符合	达标	符合	符合	符合	符合	符合

(三)假设检验与路径检验

1.相关性分析

首先分析自变量之间的相关性,确定变量之间相互独立。由表 26 可知,企业特征、经营状况、应急能力、制度环境 4 个自变量之间的相关性系数均小于 0.7,说明自变量之间不存在高度的共线性,变量之间具有良好的独立性。

2. 直接效应检验

根据直接效应检验(见表27)可知,企业特征、应急能力、经营状况、制度环境对参与意愿的标准化路径系数均为正,且P值小于0.05,说明各变量对参与意愿具有显著的正向影响作用,故假设H1、H3、H5、H7成立;应急能力、经营状况、制度环境对参与能力的标准化路径系数均为正,且P值小于0.05,说明这三个变量对参与能力具有显著的正向影响作用。故假设H4、H6、H8成立;企业特征对参与能力的标准化路径系数为0.030,但P值为0.462(>0.1),表明企业特征对参与能力没有显著的影响作用,故假设H2不成立。此外,参与意愿和参与能力对参与水平的标准化路径系数为正,P值均小于0.05,表明参与意愿和参与能力的提升能够显著提升参与水平,故假设H9、H10成立。

3. 中介效应检验

由于企业特征对参与能力的直接效应不成立,不满足中介效应检验的前提条件,所以不进行中介效应检验。笔者通过Bootstrap法进行中介效应检验(见表28),中介路径检验的P值均小于显著水平0.05,95%置信上下区间均不包含0,说明中介效应均存在。

表26 相关性系数检验

	企业属性	经营状况	应急能力	政策法规
企业特征	1	—	—	—
经营状况	0.17	1		
应急能力	0.22	0.41	1	
制度环境	0.10	0.30	0.34	1

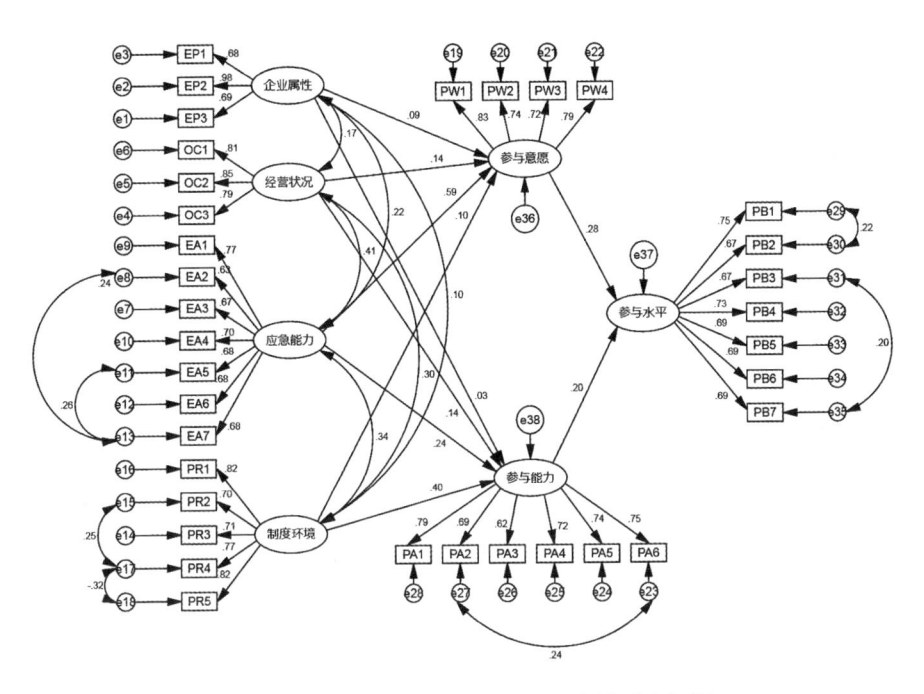

第七章 企业参与应急管理的影响因素:基于中国抗击新冠疫情的调查

图 22 修正后模型参数及影响因素模型路径图

表 27 路径、载荷系数估计结果

假设路径			非标准化路径系数	S.E.	T	P	标准化路径系数	结果
参与意愿	←	企业特征	0.077	0.032	2.418	0.016	0.091	支持 H1
参与能力	←	企业特征	0.023	0.032	0.735	0.462	0.030	不支持 H2
参与意愿	←	经营状况	0.177	0.056	3.159	0.002	0.141	支持 H3
参与能力	←	经营状况	0.161	0.056	2.867	0.004	0.139	支持 H4
参与意愿	←	应急能力	0.789	0.075	10.561	***	0.592	支持 H5
参与能力	←	应急能力	0.298	0.063	4.739	***	0.244	支持 H6
参与意愿	←	制度环境	0.133	0.055	2.434	0.015	0.101	支持 H7
参与能力	←	制度环境	0.481	0.061	7.930	***	0.398	支持 H8
参与水平	←	参与意愿	0.245	0.046	5.334	***	0.281	支持 H9
参与水平	←	参与能力	0.194	0.050	3.917	***	0.205	支持 H10

注:*、**、*** 分别表示 0.1、0.05、0.01 的显著性水平。

231

表 28　中介效应检验

中介效应假设	Estimate	Lower	Upper	P
企业特征—参与意愿—参与水平(标准化)	0.026	0.005	0.052	0.014
经营状况—参与意愿—参与水平(标准化)	0.040	0.013	0.082	0.001
经营状况—参与能力—参与水平(标准化)	0.028	0.008	0.056	0.002
应急能力—参与意愿—参与水平(标准化)	0.166	0.100	0.244	0.001
应急能力—参与能力—参与水平(标准化)	0.050	0.023	0.093	0.000
制度环境—参与意愿—参与水平(标准化)	0.028	0.005	0.061	0.019
制度环境—参与能力—参与水平(标准化)	0.081	0.040	0.131	0.001

(四)模型估计结果

模型路径图和模型估计结果(图22和表27)反映了各变量之间的如下关系。

(1)企业特征、制度环境、经营状况、应急能力对参与意愿的标准化路径系数分别为0.091、0.101、0.141、0.592,说明企业特征、制度环境、经营状况、应急能力对参与意愿有显著的正向影响,影响程度依次增强。应急能力对参与意愿的影响最为显著,应急能力每增加1个单位,其参与意愿会提升0.592个单位,在应急能力中"预案制定"和"物资储备"两个观测因子的影响程度较大,解释值分别为0.77、0.70。经营状况对应急参与意愿的影响效应次之,其每增加1个单位,参与意愿会提升0.141。在经营状况中,"资金周转情况"、"员工返岗情况"和"灾后经营业绩"的解释值都比较大,分别为0.81、0.85、0.79,其中"员工返岗情况"的解释值最大,表明"员工返岗情况"对经营状况的影响最大。

(2)经营状况、应急能力、制度环境对参与能力的标准化路径系数分别为0.139、0.244、0.398,说明经营状况、应急能力、制度环境对参与能力有显著的正向影响,影响程度依次增强。制度环境对参与能力的影响最为显著,制度环境每增加1个单位,参与能力会增加0.398个单位。在制度环境中,"政策支持程度"和"政策有效性"两个因子的影响程度最大,解释值均为0.82。从表27可以看到,由于企业特征与参与能力的P值为0.462,大于0.1,因此,企业特征对参与能力的影响不显著。可能的原因是企业应急参与能力主要还是在突发事件的背景下考量,在这一背景下参与应急管理需要现实行动的支撑,如物资调配、技术参与、恢复重建等,更强调企业参与应急管理的现实环境、自身应急能力和灾后经营状况,相对而言企业特征对参与能力的影响不太大。

(3)参与意愿和参与能力对参与水平有显著的正向影响,两者比较,参与意愿比参与能力对参与水平的影响程度更大,且参与意愿中,"企业管理者的参与意识"的解释值最大,为0.83,表明其在参与意愿的因子测量中影响最大;在参与能力中,"信息获取"的解释值最大,其次是"专业优势发挥",分别为0.79和0.75,说明信息获取能力和专业优势发挥能力在参与能力的因子测量中影响较大。根据中介效应检验(见表28),参与意愿和参与能力在各影响因素与参与水平之间的中介效应存在。即企业特征、经营状况、应急能力和制度环境可以通过影响参与意愿间接影响企业参与应急管理的水平,同时经营状况、应急能力和制度环境能够通过影响参与能力进而影响企业参与应急管理的水平。

五、本章结论与启示

(一)结论与启示

随着企业参与应急管理实践的不断发展,影响企业参与应急管理的因素成为亟待研究的重要议题。基于自我决定理论,采用新冠疫情期间的调查数据,运用结构方程模型,我们对企业参与应急管理的影响因素和作用机制进行了实证检验和理论解释。根据企业参与应急管理的四个影响因素以及两个中介变量的实证分析,结果显示,在 H1 至 H10 十大假设中,除了 H2,即企业特征影响其参与能力验证不成立之外,其他假设验证均成立。可见,影响企业参与应急管理的因素是多样而复杂的。我们构建的有关企业特征、经营状况、应急能力、制度环境、参与意愿、参与能力和参与水平的量表具有较好的信度和效度,较好地识别出各影响因素同企业参与应急管理的多重关系,厘清了企业的应急能力、参与意识、参与意愿、参与能力和参与水平之间的多重交互关系。基于实证研究的支撑,我们有如下发现。

(1)应急预案和物资储备是影响企业自身应急能力的关键因素;(2)企业自身应急能力是影响企业应急参与意愿最为关键的因素;(3)国家政策支持程度与政策有效性直接影响企业的应急参与能力;(4)企业的应急参与意愿直接影响其参与水平,主要通过企业管理者的参与意识发挥作用,因此表明了企业社会责任建设在强化企业应急参与意识与提升企业应急参与水平的至关重要性;(5)企业的应急参与能力通过信息获取和专业化水平两大因素直接影响应急参与水平。

因此,我们研究揭示了政府开展企业应急参与管理工作的一条清晰路径,即提高企业应急能力→强化企业参与意识→提高企业参与意愿→增强企业参与能力→提升企业参与水平。企业应急能力是基础,参与意识和参与意愿是前提,参与能力是保障,参与水平是根本。可见,企业的应急能力并不等于应急参与能力,企业应急参与能力高也不等于应急参与水平高。因为在参与突发事件应急管理实践中,企业应急能力强并不意味着就会参与,更不意味着参与水平就高,还得强化参与意识,增强参与意愿,并提高参与应急管理的广度和深度。这样才能真正提高企业的应急参与水平。我们所揭示的影响企业参与应急管理的关键因素及其作用机制,不仅为该问题的进一步研究提供了可供参考的框架模型与分析工具,同时也为政府加强企业应急参与管理指明了方向。因此能为企业参与应急管理实践提供如下政策启示。

一是完善企业的应急物资储备与应急预案体系建设,提高企业应急管理

第七章　企业参与应急管理的影响因素:基于中国抗击新冠疫情的调查

能力。将企业应急物资储备纳入国家应急物资储备体系,通过强制手段增加企业的应急物资储备;同时将企业应急预案纳入国家应急预案体系建设,促进企业应急预案体系转化为应急治理效能。

二是强化企业社会责任,提高企业的应急参与意愿。当务之急是将参与应急管理纳入企业社会责任评价体系,建立以提高应急参与能力作为重要指标的企业社会责任评价制度,包括在观念上倡导参与应急管理是企业社会责任的重要组成部分,强调企业应将参与应急管理作为一项常规管理工作,在管理上建立将参与应急管理作为一项核心指标的企业社会责任评价制度。以此强化企业的应急参与意识。

三是优化制度环境,为提高企业应急参与能力提供有效的政策支持。包括建立与完善企业参与应急管理的政策,如应在《突发事件应对法》修订版中,明确规定将企业纳入国家应急管理体系,并形成系列相关的法律制度,以此明确企业在国家应急管理体系中的地位与角色,为企业参与应急管理提供合法渠道和法律保障,规范与激励企业参与应急管理。

四是完善企业应急管理信息数据库,提高企业应急的专业化水平。本研究显示,企业的专业化水平是影响企业应急参与水平的一大关键因素。事实也证明,企业的专业化水平越高,应急参与水平往往也越高。这就要求,需要建立与完善企业的应急管理信息数据库,充分发挥企业专业优势在应急管理中的作用,以此提高企业的应急参与水平。

五是严格落实信息公开制度。SARS以来的经验反复证明,公开、透明的信息是一剂良好的"镇定剂",不仅有助于消除公众恐慌、赢得公众信任,也有助于提高企业的应急参与水平。因为及时、准确的信息披露能表明国家应对事件的坚定决心和信心,从而提升广大企业尤其是企业管理者的信心,同时也能让企业及时了解灾情态势和工作进展,以便深度参与应急管理工作。我国已建立的应对突发事件法律规范体系,对"公开透明原则"均做了明确规定,需要进一步严格落实和遵守。

(二)研究局限

需要指出的是,作为企业参与应急管理影响因素的初步探索,我们的研究还存在一些不足之处。其一,在企业特征、应急能力、经营状况、制度环境等维度的测量上,由于尚未有可供参考的规范量表,指标选取主要从现有文献中进行归纳,量表设计得不够全面、精准,未来可进一步考察企业类型、行业特征、政府公信力等因素对企业参与应急管理的影响。其二,由于调研受到新冠疫情的影响,部分问卷通过网络收集,为控制答题时间、确保问卷的有效性,每个维度的观测变量题项有限,不能全面反映该维度的变量特征。其三,我们的研究以新冠疫情的调查数据为例,属于突发公共卫生事件,只是突发公共事件的一种类型,得出的结论不一定完全适用于自然灾害与事故灾难等其他类型的突发事件应急管理。未来可以探讨其他类型突发事件下企业参与应急管理的影响因素,以验证上述结论。由此,上述不足也成为我们下一步努力的方向。

第八章 应急服务"政府—企业—公众"协作供给的作用机制

应急服务协作供给是满足人类安全需求增长、转变政府职能、提升应急服务质量、推动应急管理现代化的必然要求。基于演化博弈理论,本章针对"政府—企业—公众"三方协作供给应急服务过程中出现的配合渠道不畅、参与意识不强等问题,构建了考虑各主体决策的成本投入、公信力效益、政策性优惠、公众需求满足收益和企业形象提升收益等相关利益因素在内的三方演化博弈模型,并求解演化稳定策略均衡解,揭示应急服务协作供给行为的动态演化特征与作用机制,为国家制定应急服务协作供给政策提供理论依据与决策参考。

一、中国应急服务协作供给的政策演变历程

在多种风险因素交加的现代社会,应急服务供给不当不仅可能引发新的冲突,更可能造成严重灾难,应急管理成为全社会共同关注的焦点问题。在我国积极推进国家应急管理体系与能力现代化的当前,既要更好地发挥政府在应急服务协作供给中的主导作用,同时也不能忽略企业、社会组织、公众等多主体在突发事件应对过程中的潜在优势。1995年上海浦东新区"罗山会馆"

的建立被认为是我国公共服务政府购买的实践起点①。自此,由政府购买、社会组织供给公共服务的模式开始实行。2008年汶川地震吸引了对于企业和社会组织参与应急服务供给的关注,应急服务作为特殊的公共服务在此后也逐步被纳入到政府购买范围中。依据相关政策文件对应急服务协作供给内容的针对性与操作性强弱以及是否针对应急服务协作供给出台单独文件,本文将我国应急服务协作供给的政策演变历程分为2008年汶川地震—2014年末、2015年初—2017年末、2018年初至今三个阶段。

(一)萌芽阶段:2008年汶川地震—2014年末

2007年我国通过了《中华人民共和国突发事件应对法》,应对法规定所有社会组织均对突发事件应对工作的参与负有责任,但该项内容在全篇所占篇幅较少,且未提出具有可操作性的参与方案。事实上,社会力量参与应急管理、实现应急服务的协作供给的初步显露是在2008年汶川地震期间。根据相关数据统计,参与汶川地震救援工作的社会团体有6000余家,参与供给应急服务的公众达1000万②。汶川特大地震之后,社会力量参与应急服务供给的热情大涨,但社会力量参与应急服务协作供给的诸多问题也随之凸显,如志愿者在缺乏统一组织的情况下迅速进入突发事件现场,一方面会引发救援工作的重复、应急服务供给重叠;另一方面由于信息资源不对等、救援过程不规范、物资供给不匹配等造成应急服务供给的低效、无序甚至混乱,反而加大了应急处置工作的压力。随后,在公众舆论和专家学者积极讨论的情况下,应急服务协作供给开始进入政策议程。2011年6月6日,国家发布了《国家防灾减灾人才发展中长期规划(2010—2020年)》,确立了"政府主导,社会参与"的基本原则。在之后的突发事件应对工作中,国家对突发事件的反应速度有了很大提高,开启了建立突发事件应对机制的探索之路。2013年在四川芦山地震

---

① 杨安华:《美国地方政府回购公共服务问题研究》,中国社会科学出版社2018年版。
② 俸锡金:《社会力量参与救灾的政策分析》,《中国减灾》2018年第9期。

发生后的次日,国务院办公厅迅速下发了《关于有序做好支援四川芦山地震灾区抗震救灾工作的通知》,通知中明确指出要整合社会各界救援力量,构建有效的救援机制。虽然这只是针对芦山地震事件发布的一个临时性政策文件,但是其显露出了一种信号——即有关社会力量参与应急服务协作供给开始引发政策制定者的关注,进入政策议程。

(二)探索阶段:2015年初—2017年末

2015年8月12日,天津发生滨海新区爆炸事故,此次事故救援期间同样暴露出政府部门同参与供给应急服务的组织、个人沟通不畅、志愿者人力物力浪费的情况,这一事件加速了社会力量在应急服务供给方面的政策确立进程,应急服务协作供给政策窗口期开启。同年10月8日,民政部发布了《关于支持引导社会力量参与救灾工作的指导意见》(以下简称《意见》),意见的发布标志着社会力量参与应急服务供给工作第一次被正式纳入政府规范体系。从这次意见的出台开始,社会力量参与应急服务协作供给也逐渐被纳入政府购买服务范围内。从2015年《意见》的出台到2018年末可以视为是我国社会力量参与应急服务协作供给的探索阶段,这一阶段我国出台与社会力量参与应急服务协作供给相关的一系列文件与指南大多较为分散,且可操作性不强,仍处于探索阶段。

表8.1 2015—2017年社会力量参与应急服务供给的政策法规

发布时间	政策或指南名称	发布部门	主要内容
2015.10.08	《关于支持引导社会力量参与救灾工作的指导意见》	民政部	首次将社会力量参与救灾工作纳入政府规范体系,对社会力量参与应急工作的范围、原则作出明确规定,将社会力量参与应急救助工作纳入政府购买服务范畴,确定购买的项目、内容和标准,并积极协调地方财政及相关部门。

续表

发布时间	政策或指南名称	发布部门	主要内容
2016.12.19	《中共中央、国务院关于推进防灾减灾救灾体制机制改革的意见》	中共中央、国务院	要完善社会力量参与应急防灾减灾工作机制,研究制定和完善社会力量参与防灾减灾救灾的相关政策法规、行业标准、行为准则,积极引导社会各界全方位参与减灾、救灾、安置和重建等工作,推动减灾防灾救灾工作社会化、多元化发展。
2016.12.29	《国家综合防灾减灾规划（2016—2020年)》	国务院办公厅	坚持在应急工作中由政府为主导,充分发挥市场机制和社会力量的重要作用,强化政府与社会力量、市场机制的合作配合,通力合作提升防灾减灾水准。
2017.01.12	《国家突发事件应急体系建设"十三五"规划》	国务院办公厅	提高民众的自救互救能力。引导扶持社会救援力量发展。
2017.07.10	《应急产业培育与发展行动计划（2017—2019年)》	工信部	加快政府购买应急服务方案的制定,引导应急服务发展。支持具有发展实力的企业大力发展应急产业,促进国家应急行业骨干力量的形成,与核心企业建立联络机制。
2017.07.10	《应急产业培育与发展行动计划（2017—2019年)》	工信部	加快政府购买应急服务方案的制定,引导应急服务发展。支持具有发展实力的企业大力发展应急产业,促进国家应急行业骨干力量的形成,与核心企业建立联络机制。
2017.12.28	《社会力量参与一线救灾行动指南》	民政部指导,社会组织指导并发布	5条基本原则和18条具体行动指南。涵括了备灾、响应、救助、有序撤退等主要流程和措施,指导协助有关组织加强内部管理、规范救灾程序,更加高效有序参与应急工作。

通过梳理2015年初—2017年末有关社会力量参与应急服务协作供给的政策法规及行动指南(见表8.1),可以看到从2015年民政部发布《意见》开始,我国政府加大了有关社会力量参与应急服务协作供给的关注,将社会力量参与应急服务协作供给的规范化、标准化、制度化提上日程。但在这一阶段,通过表8.1所梳理出的相关政策文件和行动指南可以看到,从2015年到2017

第八章 应急服务"政府—企业—公众"协作供给的作用机制

年1月这三年,除了2015年民政部出台的《意见》是针对社会力量参与应急服务协作供给所作出的针对性文件之外,这三年中的其他政策文件对社会力量在应急服务供给工作中的参与均是一笔带过,只在文件中部分提及社会力量参与应急服务供给,多数描述只从宏观上提出参与目标,且大多数为原则上的规定,并未给出具有操作性的指导意见。以2015年《意见》为例,文件中虽提到要"完善政策体系""明确社会力量参与救灾的协调机制、研究制定的支持措施和监督办法、制定工作预案和操作规程"等,但对于具体的协调机制、支持措施、监督方法和操作流程却未作出具体解释。《意见》中还提到要"通过政策保障、物质支持、改进服务、激励表彰等方式,鼓励和引导社会力量积极参与应急工作"但后续政策如何保障?如何开展资金支持?在后续的政策法规中并未给出具体规定,以至于各种保障和支持、激励手段在各地标准不一,甚至流于形式,难以形成统一的规章。

2017年7月10日颁布了《应急产业培育与发展行动计划(2017—2019年)》,这份计划有效的促进了政府购买应急服务的落实。行动计划鼓励具备发展实力的企业,尤其是规模企业要加快发展应急产业,同时将重点应急设备纳入到国家首台套扶持目录中,鼓励国产应急产品应用,积极推动应急服务行业发展。这份行动计划对培育和发展应急产业起到了很好的促进作用,也推动了企业参与应急服务协作供给。党的十九大报告明确提出要发挥社会组织作用,打造共建共治共享的社会治理格局,为社会组织、企业和公众在应急领域的参与指明了方向。同年12月28日由民政部指导,由中国扶贫基金会主导,其他有关基金会和相关救灾团体参与制定的《社会力量参与一线救灾行动指南》对社会组织在应急服务供给中的基本原则和具体行动指南作出了明确规定,虽然《指南》并非政策法规,但其制定既体现了民间组织在应急服务供给工作中的自发性和积极性,也是政府与社会组织等多元主体在应急工作中良性互动关系的体现。2017年所颁布的《应急产业培育与发展行动计划(2017—2019年)》与《社会力量参与一线救灾行动指南》可以说是我国社力量参与应急服务协作供给的分界线,在这之后的应急服务协作供给相关政策文件逐步走向规范化、可操作化与具体化。

(三)规范阶段:2018年初至今

自2018年应急管理部成立以来,我国社会力量参与应急服务协作供给逐渐走向规范化。2018年4月16日应急管理部的挂牌成立不仅标志着我国正式进入了"大应急"时代,更标志我国应急管理逐步走向规范化与现代化之路。自应急管理部成立之后,我国社会力量参与应急服务协作供给也逐渐走向规范化、专业化。2018年8月8日,应急管理部领导在浙江调研社会救援力量参与应急工作时表态,将全力支持社会力量参与应急救援工作,促进其规范化、有序化发展,同时健全相关法律法规、加快应急服务协作平台构建。近四年来,从国家层面和地方政府层面来看,我国制定实施的一系列有关购买应急服务、社会力量参与应急服务协作供给的政策文件愈发规范和具体。

续表8.2　2018年至今有关社会力量参与应急服务协作供给的政策文件

颁布时间	名称	颁布部门	主要内容	意义
2018.01	《关于推进城市安全发展的意见》	中共中央办公厅、国务院办公厅	制定完善政府购买安全生产服务指导目录,强化城市安全专业技术服务力量	不同于传统安全生产文件立足于企业,《意见》不仅针对企业,还针对社会、居民等。
2019.06	《关于培育支持社会救援力量发展的指导意见》	浙江省应急管理厅	将社会救援力量提供的社会应急救援服务纳入政府购买服务范围,明确购买服务的内容和标准。	国内首个正式出台支持社会力量发展的地方文件。
2019.12	《关于进一步推进社会应急力量健康发展的意见》征求意见	应急管理部、民政部	再次提出"将社会应急力量参与防灾减灾和应急救援工作纳入政府购买服务范围",希望增加应急救援领域的社会力量供给。	国家层面推动购买应急服务、促进应急服务协作供给。

第八章 应急服务"政府—企业—公众"协作供给的作用机制

续表

颁布时间	名称	颁布部门	主要内容	意义
2021.04	《深圳市支持社会应急力量参与应急工作的实施办法（试行）》	广东省深圳市应急管理局	将社会应急力量参与应急工作纳入政府购买服务范围。鼓励各级政府和有关部门与社会应急力量签订协作契约。在设备、场所等方面对社会力量开展应急训练、演练和培训提供支持。	国内首个地方政府出台的公益性社会组织参与应急的政策文件。
2021.08	《法治政府建设实施纲要（2021—2025年)》	中共中央、国务院	引导、规范社会力量参与突发事件应对。明确社会组织、志愿者个体等相关参与者的法律地位及权责，健全激励和保障机制，健全社会应急力量调度补偿、人身保险、后勤保障等相关制度。	
2021.12	《中华人民共和国突发事件应对管理法（草案）》	全国人大常委会法制工作委员会	国家鼓励和支持社会组织建立和壮大社会应急救援队伍，提高综合应急和协作应急能力。	自2007年突发事件应对法实施后的首次修订。
2021.12	《"十四五"国家应急体系规划》	国务院	引导社会应急力量有序发展。推动将社会应急力量参与防灾减灾救灾、应急处置等纳入政府购买服务和保险范围。推广政府与社会组织、企业合作参与救援救助。	应急管理部组建后针对应急管理领域编制的第一个五年规划。

从表8.2可以看出，自2018年之后，我国针对社会力量参与应急服务供给出台了一系列针对性的文件，文件内容也逐渐具体。2018年1月发布的《关于推进城市安全发展的意见》区别于以往的安全生产文件，对企业、公众和社会均提出了要求，这也从侧面反应出今年来应急管理领域公众参与的必要性，与党的十九大报告提出的打造共建共治共享的社会治理格局遥相呼应。随后出台的政策文件对政府购买应急服务的内容、标准、范围和社会力量参与应急服务协作供给的补偿机制、合作机制及资金支持均作出了具体的、可执行的规范，而非笼统性的原则性规定。如《深圳市支持社会应急力量参与应急

243

工作的实施办法(试行)》明确规定,在"谁使用、谁负责"的大原则下,相关部门对社会力量参与应急服务供给过程中产生的一系列费用要作出相应补偿。补偿费用主要包括劳务费、食宿费、设备损耗费、运输费等费用。同时规定社会力量参与应急服务供给或协助进行应急管理期间,政府部门应当积极主动与工作单位协调,充分保障参与人员的工资、福利待遇不变,必要时当地政府或主管调度部门可适当补贴。从某种意义上来说,2003年非典疫情催生了我国的应急管理体制,也催生了《中华人民共和国突发事件应对法》。同样,2020年发生的新冠疫情推动了突发事件应对法的修改,这也是自2007年突发事件应对法公布后我国作出的首次修改。在突发事件应对管理法(草案)发布后不久,应急管理部发布了自组建后针对应急管理领域编制的第一个五年规划,在"十四五"国家应急体系规划中,明确提到要推广政府与企业在应急救援救助中的协作。从2018年后至今发布的有关社会力量参与应急服务协作供给的法律文件来看,一方面显示了应急领域未来的发展方向是政府与企业、社会组织及公众协商合作,明确了企业及公众在应急服务协作供给中的重要地位;另一方面文件内容也更具体化和可操作性化,这显示了我国社会力量参与应急服务协作供给在近年走向规范化。

二、应急服务三方协作供给的作用机制

(一)理论分析

在当今风险社会的应急管理实践中,世界各国应急管理的总体发展趋势是倡导政府机构、私人部门、社会组织与公众共同发挥作用[①]。而如何增加应急服务供给数量、提升应急服务供给效率,以便满足人们日益增长的公共安全需求,

---

① 参见张海波、童星:《中国应急管理结构变化及其理论概化》,《中国社会科学》2015年第3期。

第八章 应急服务"政府—企业—公众"协作供给的作用机制

成为应急管理工作的难点,对政府单一供给应急服务的传统模式提出了挑战。为此,2019年12月应急管理部、民政部就《关于进一步推进社会应急力量健康发展的意见》公开征求意见时再次提出"将社会应急力量参与防灾减灾和应急救援工作纳入政府购买服务范围",旨在加快政府职能转变、创新应急服务供给方式。应急服务协作供给是指政府、第三部门、企业和公众等多元主体为了有效防范和应对突发事件,最大限度的保障公众的生命财产安全、降低突发事件带来的负面影响,通过广泛参与和协作配合而实现应急服务有效供给的过程。

在抗击新冠疫情过程中,企业发挥自身专业技术、效率、资源和沟通优势,从捐钱捐物到应急生产、技术支援、应急救援,企业在疫情防控中积极履行社会责任,积极参与应急救援服务、应急信息服务、应急物资服务等方面的供给活动,成为疫情防控阻击战的重要力量,但也暴露出了我国现有应急管理体系存在参与主体衔接不够顺畅、部分群体参与意识不强等短板[1]。如由于活动场所的开放性导致对接触人群的跟踪困难,致使疫情传播范围扩大,事实上支付宝、微信等移动支付数据对使用过的客户的出行轨迹能精准定位,从而协助有关部门精准追踪可能感染者的情况,但目前政府与企业在数据共享上尚未有效建立共享数据库;企业与政府就应急物资沟通不明确,导致捐赠物资与急需物资品种、型号、标准不一致,造成仓库饱和而医用物资"紧平衡";2021年河南特大暴雨灾害救援中,多支救援部队返乡时未享受到承诺的救援车辆免费通行政策,甚至因为"没有上高速的记录卡",收费站无法计算出具体收费金额,以致交费也不能走,打击了公众参与应急服务供给的积极性;等等。为什么会出现各主体衔接不畅、参与意识不强的问题? 影响各方主体行为决策的关键因素是什么? 有学者从政府与非政府组织合作的角度针对应急管理合作的持续性展开了探讨[2],为理解政府与非政府组织合作供给应急服务提供了新的思路。但是,在如今的

---

[1] 参见杨安华:《论企业参与应急管理的制度化建设》,《探索》2020年第5期。
[2] 参见朱华桂、吴丹:《基于演化博弈的政府——社会组织应急管理合作持续性研究》,《风险灾害危机研究》2020年第2期。

应急服务供给中,不仅需要发挥非政府组织的作用,企业在应急管理中的重要作用也不断凸显。同时,公众作为应急服务的潜在供给者、参与者和监督者,在应急服务供给中扮演着重要角色,在应急服务中充分激发公众潜能已成为当前有效供给应急服务,提高国家整体应急管理能力不可或缺的重要环节。

为此,该部分以演化博弈理论为工具,着力对"政府—企业—公众"三方协作行为展开深入分析。第一,基于对投入成本和其他主体对政府公信力所产生影响的参数化设置对政府供给应急服务的积极性展开研究;第二,基于企业参与成本、政府对企业的政策性优惠、企业形象影响以及企业不参与的投机收益的参数化设置对企业是否参与应急服务供给的影响因素展开讨论;第三,基于公众参与成本、企业和政府参与供给对公众的收益以及不参与的机会成本对影响公众参与的主要因素展开研究,从而探讨三方主体间的利益互动对应急服务供给行为产生的影响,为建立协作供给应急服务的治理模式奠定基础。

政府部门在应急服务协作供给过程中占主导地位,但在当今风险社会,突发事件往往具有耦合性、系统性与极端性,突发事件应急管理经常超越了政府的能力[1]。故由政府单一供给应急服务的传统应急管理模式已经难以满足公众日益增长的公共安全需要。近年来国内外学者注开始关注社会力量与政府的共同治理,强调多主体协作供给对提升服务效率的重要性。张振波认为多元协同是对后工业社会公共性扩散的应然回应[2]。目前针对应急服务中的多元主体协作供给研究集中在研究多元主体协作供给的体制、机制问题。一方面,对应急服务在实践供给中存在的问题及其影响因素展开探讨。针对应急服务供给在实践中存在的问题,于江等认为,参与主体缺乏共识、既得利益集团的危害及精英人士的抱团商议是制约当前多元主体协同治理现代化的主要因素[3]。卢安

---

[1] 参见王宏伟:《应急管理新论》,中国人民大学出版社2021年版,第171页。
[2] 参见张振波:《论协同治理的生成逻辑与建构路径》,《中国行政管理》2015年第1期。
[3] 参见于江、魏崇辉:《多元主体协同治理:国家治理现代化之逻辑理路》,《求实》2015年第4期。

第八章　应急服务"政府—企业—公众"协作供给的作用机制

文等认为,政府部门对协会与公众在治理过程中的作用条件认识不清使得多元共治模式的最大效用难以实现[1]。张勤等分析了应急志愿服务在合作协调中面临跨越区域的"碎片化"、跨越功能的"防火墙"、跨越国界的"非传统"等困境,提出政府需突破自身边界向外寻求合作资源,突破"局域壁垒"[2]。

影响应急服务供给的因素是该领域研究的一个关键问题。Namkyung等通过对卡特里娜飓风与古斯塔夫飓风应对体系的比较分析,提出有效沟通,企业探测、处理和传递信息的能力对协作应对灾害至关重要[3]。徐松鹤等通过构建区域突发事件组织合作治理的演化博弈分析,发现演化系统稳定性受地域内社会组织的资本资源、政府初期行为策略和固定成本的影响[4]。陈玉梅运用主因子分析法归纳发现信息技术对应急合作中信息的共享无显著影响,而组织内部的支持、相互间的沟通协商、监督奖惩以及外部环境对信息共享有重要影响[5]。Zhang等研究了企业应急物资储备的最优决策和政府的最佳补贴政策,认为政府补贴对企业应急物资储备有积极影响[6]。Gao等通过比较政府多期激励合同与单期合同对政企合作储备物资的激励效果,发现多期激励合同的影响效果更加显著[7]。Dai等研究发现详细的信息、积极的沟通、辟谣和供给对应急防护行为具有正向预测作用,积极情绪和风险知觉对保护行

---

[1]　参见卢安文、何洪阳:《互联网信息服务业多元共治模式的作用机制研究——基于多参数影响的演化博弈视角》,《中国管理科学》2021年第3期。

[2]　张勤:《志愿服务参与应急管理》,中央党校出版社2021年版。

[3]　NAMKYUNG O., "Strategic uses of Lessons for Building Collaborative Emergency Management System: Comparative Analysis of Hurricane Katrina and Hurricane Gustav Response Systems", *Journal of Homeland Security and Emergency Management*, 2012, 9(1).

[4]　参见徐松鹤、韩传峰、邵志国:《基于演化博弈的区域突发事件企业合作治理策略分析》,《中国管理科学》2017年第8期。

[5]　陈玉梅:《协同治理下应急管理协作中的信息共享之关键影响因素分析》,《暨南学报(哲学社会科学版)》2018年第12期。

[6]　ZHANG Z L, Li X Y., "The Optimal Manufacturer's Reserve Investment and Government's Subsidy Policy in Emergency Preparedness", *Journal of Inequalities&Applications*, 2013(1), pp.62-73.

[7]　GAO X N, TIAN J., "Multi-period Incentive Contract Design in the Agent Emergency Suppliesreservation Strategy with Asymmetric Information", *Computers&Industrial Engineering*, 2018(120), pp.94-102.

为有显著的预测作用[1]。

另一方面,如何解决应急服务供给过程中存在的各种难题,成为该领域研究必须面对的问题。目前已有研究成果主要包括:一是通过建立规范化的路径、鼓励引导社会力量参与应急服务供给。如 Kapucu 等认为应急管理系统的结构属性影响着企业之间多重关系的发展,提出要发展可持续的合作应对灾害关系[2]。王法硕提出要建立国家层面制度规范、构筑嵌入式同心圆结构与发展多元交互合作机制[3]。Zhao 等探讨了自组织作为公民抗击病毒的主要非正式渠道如何在抗击新冠疫情中取得成功的问题[4]。Huanming wang 等创造性地探讨了私营企业在危机期间领导跨部门协作的作用和优势[5]。Daniel 等以浙江疫情防控为例,论述了政府与企业合作对新冠疫情应急管理和危机后经济社会复苏的至关重要性[6]。Torrence[7]、Stevenson 等[8]认为政府部门与非政府组织持续深入的合作有利于提高灾后恢复效率,提高灾害抗逆力。二是

---

[1] DAI B B, DI F, MENG G T, et al. "The Effects of Governmental and Individual Predictors on COVID-19 Protective Behaviors in China: A Path Analysis Model", *Public Administration Review*, 2020, 80(5), pp.797–804.

[2] KAPUCU N, HU Q, "Understanding Multiplexity of Collaborative Emergency Management Networks", *The American Review of Public Administration*, 2016, 46(4), pp.399–417.

[3] 王法硕:《我国应急志愿服务协同治理的实践与对策》,《学习与实践》2014 年第 11 期。

[4] ZHAO T, WU Z, "Citizen-State Collaboration in Combating COVID-19 in China: Experiences and Lessons From the Perspective of Co-Production", *The American Review of Public Administration*, 2020, 50(3), pp.1–7.

[5] WANG H M, QI H T, RAN B, "Public-Private Collaboration Led by Private Organizations in Combating Crises: Evidence From China's Fighting Against COVID-19", *Administration & Society*, 2021(69), pp.1–26.

[6] CHENG Y, YU J X, SHEN Y D, et al, "Coproducing Responses to COVID-19 with Community-Based Organizations: Lessons from Zhejiang Province, China", *Public Administration Review*, 2020, 80(5), pp.866–873.

[7] TORRENCE R, "Social Resilience and Long-Term Adaptation to Volcanic Disasters: The Archaeology of Continuity and Innovation in the Willaumez Peninsula", *Papua NewGuinea. Quaternary International*, 2016, 394, pp.6–16.

[8] STEVENSON, J R, CHANG R, et al, "Organizational Networks and Recovery Following the Canterbury Earthquakes", *Earthquake Spectra*, 2014, 30(1), pp.555–575.

第八章　应急服务"政府—企业—公众"协作供给的作用机制

建立协同化、系统化、专业化的应急机制。如张勤等提出要加强志愿服务应急管理组织化建设,以促进应急高效、节约应急资源①。Peirice 提出政府应急管理部门可与企业基于地理信息系统建立联合储备系统②。魏娜等运用危机生命周期理论,建构了多主体协同参与应急志愿服务的行动机制,其中包括征兆期的预警、爆发期的联络与筹款、持续期的资源调度分配、恢复期的重建等机制③。王连印等提出构建"互联网+政府服务"的电梯应急救援服务平台,引入用户思维、迭代思维等互联网思维创新电梯应急救援服务方式④。李阳等探索以情报工程化为主导、情报平行化为支撑的"两融合"应急决策情报服务模式,为应急决策情报服务提供新的思路⑤。

随着公共服务研究的不断深入,公共服务合作供给成为研究热点。应急服务作为一种重要的公共服务,其协作供给也随之引起了学术界的重视,但已有研究大都关注政府与非政府组织、跨部门跨区域政府以及中央与地方政府间的合作,对政府—企业—公众在应急服务中的协作供给研究不足,缺乏对政府—企业—公众协作供给应急服务过程中互动关系的系统性研究。我们认为,对应急服务协作供给的研究,一方面需要将公众纳入供给主体,分析其参与行为对整个供给效率的影响;另一方面需要从供给主体的角度针对各主体的参与意愿和行为演化展开研究。这是因为公众作为应急服务的享受者与潜在供给者,对应急服务供给质量有着最为直观的感知。因为公共政策的执行效果、公共产品的数量和质量往往都要依赖公众的合作供给(简称"合供"),

---

① 参见张勤、张书菡:《志愿服务参与应急管理的能力提升探析》,《中国行政管理》2016年第5期。
② PEIRICE E F,"Background to the Four Stages of Emergency Management: the Role of Enterprise GIS", *Journal of Emergency Management*, 2018, 16(4), pp.229-243.
③ 参见魏娜、王焕:《突发公共卫生事件下应急志愿服务体系与行动机制研究》,《南通大学学报(社会科学版)》2020年第5期。
④ 参见王连印、凌建华、黄景涛、李洪浩:《"互联网+政务服务"模式创新研究——以电梯应急服务为例》,《电子政务》2016年第12期。
⑤ 参见李阳、李纲:《工程化与平行化的融合:大数据时代下的应急决策情报服务构思》,《图书情报知识》2016年第3期。

任何公共政策离开了公众合供,就难以达到预期效果①。对公众参与应急救助服务的研究表明,公众有效参与应急救助是构建多元治理模式的必然要求,也是完善应急救助体系的前提保证②。因此需要将公众纳入分析主体,通过研究政府—企业—公众应急服务供给过程中的博弈关系,探讨促进其参与的策略。此外,现有研究多以定性分析为主,从静态分析视角出发研究政企合作供给的影响因素、合作模式、现实困境及治理策略,尽管有学者从演化博弈的视角分析了政府与社会组织合作的可持续性问题[3],但针对应急服务供给过程中多方主体行为间的动态博弈研究仍然不足。而随着企业在应急管理中作用的不断凸显,应急管理中的企业参与开始引起学术界的重视,如杨安华等从企业参与应急管理的现实需求、现实基础、主要短板及制度化建设等方面对该问题做了不同程度的探讨③。因此,如何充分发挥企业的作用成为应急管理理论与实践中的重要议题,而如何激励与规范以营利为天性的企业积极参与应急服务供给成为应急管理中的重要问题④。应急服务作为一种重要的公共服务,其排他成本高、共用性较强,供给时享受者的参与意愿和生产者的供给意愿多受自身利益最大化的有限理性考量,因此,采取演化博弈模型来分析三者应急服务协作供给中的利益互动更加符合内在逻辑。基于此,我们通过构建"政府—企业—公众"三方演化博弈模型,对影响各主体决策的成本投入、公

---

① 参见李华芳:《合供:过去、现在与未来》,《公共管理与政策评论》2020年第1期。
② 参见陈迎欣、张凯伦、于春红:《系统论视角下公众参与自然灾害应急救助的动力机制》,《价值工程》2019年第28期。
③ 相关成果参见杨安华、田一:《企业参与灾害管理能力发展:从阪神地震到3.11地震的日本探索》,《风险灾害危机研究》2017年第4辑;杨安华、田一:《参与灾害管理:日本企业参与应对3.11地震的实践与启示》,《江海学刊》2016年第1期;杨安华、许珂玮:《风险社会企业如何参与灾害管理:基于沃尔玛公司参与应对卡崔娜飓风的分析》,《吉首大学学报(社会科学版)》2016年第1期;杨安华、许珂玮:《论企业参与灾害治理中的政府责任与作用》,《武汉科技大学学报(社会科学版)》2018年第4期;杨安华:《企业参与:新时代中国灾害治理的新趋势》,《电子科技大学学报(社会科学版)》2018年第5期。
④ 参见杨安华、张伟:《公司导向与社区导向——理解企业灾害参与的两种不同模式》,《风险灾害危机研究》2018年第2期。

第八章　应急服务"政府—企业—公众"协作供给的作用机制

信力效益、企业社会形象效益、政府政策性优惠、公众需求满足收益等相关利益因素展开研究,揭示应急服务协作供给行为的动态演化特征,探究利益互动对应急服务协作供给效果产生的影响与作用机制。

(二)基本假设与模型构建

本书研究的应急服务主体分别是政府、企业与公众,三方均是大量且无限群体的集合。在有限理性和信息不对称的前提下,三方会面临多种行为策略选择,其中地方政府的行为策略包括两种,即积极作为和消极作为;企业的行为策略分为参与和不参与两种;公众的行为策略同样有两种,即参与和不参与。立足于当下我国国情,政府部门在突发事件应急服务供给中常常面临公众的部分利益和整体利益、眼前利益和长远利益,公共利益与部门业绩的两难选择,企业在积极承担社会责任与坐地起价、冲动逐利之间权衡取舍,公众通过公信力表达对政府与企业的信任,从而对政府与企业利益产生影响,但当公众的自身权益无法得到满足时将与政府和企业产生信任冲突。事实上,基于理性选择理论利益最大化原则,在应急服务协作供给过程中,参与主体受利益驱使会根据其他主体策略变化做出最符合自身利益的行为选择。在本书中,影响主体决策的利益因素包括各自的成本投入、政府公信力收益、政府政策性优惠、企业投机收益、公众需求满足收益等,参与主体通过对上述影响因素的利益权衡,选择最利于自身发展的行为策略。当其投入成本过高而所获得的效益较低时,参与主体倾向于消极、不参与的行为策略选择;当参与应急服务供给所获得的收益较高时,各方主体积极参与应急服务协作供给的概率也随之增大。但参与主体自身利益最大化并不意味着应急服务供给效率的最大化,效用最大化原则指出有限理性下当消费者最为满足的时候效用达到最大[1],也就是要实现作为应急服务的享受者的公众的满足感最大化。为此,我

---

[1] [美]詹姆斯·马奇、[美]赫伯特·西蒙:《组织》,邵冲译,机械工业出版社2008年版。

们有必要对政府、企业和公众在应急服务协作供给效率最大化下的行为策略选择条件进行分析,也就是参与主体不断调整各自行为策略,最终选择利己并有助于其他主体作用效果发挥的策略,即演化博弈均衡状态。

1. 参数设置

对地方政府来说,应急服务供给中政府的收益主要体现在其公信力的增加 R_1,公众对政府的公信力 R_1 主要受三部分影响,即 $R_1 = R_{11} + R_{12} + R_{13}$。一是对政府自身行为的感知,政府作为应急服务的提供者,当其积极作为时能增加对应急服务的投入,同时监督企业提供更高效的服务,带来公众对政府公信力的提升 R_{11};二是对参与应急服务供给的企业行为的感知。企业作为应急服务的另一供给者,其参与对应急服务供给质量能产生明显影响,而政府对企业具有监管职责。因此,企业的应急服务供给行为对政府的公信力会带来间接影响。当企业积极参与应急服务供给时,公众对政府的公信力会产生间接增长 R_{12};三是当政府积极作为、企业参与或者双方同时参与供给时,应急服务质量和数量显著提高,而公众参与其中会对政府和企业行为有更深层次的了解,基于了解的加深会带来额外的政府公信力提升 R_{13}。当政府在应急服务供给中积极作为时,将投入更多的人力物力和监督成本 C_1,而选择消极作为的政府虽然没有产生额外成本,但其公信力将被削弱 L_1。

对提供应急服务的企业来说,企业参与应急服务供给所付出的固定成本为 C_2,其收益 R_2 主要体现在两部分,一是当政府积极作为时所提供的政策性优惠 R_{21},二是企业积极参与,有效提升了应急服务的质量所带来的企业形象的提升 R_{22}。当企业不参与应急服务供给所获额外收益为 R_3,相应带来的是企业社会形象的损失。公众参与能对企业供给效果产生更为直观的感知,监督也更为深入和到位,此时可能产生企业形象的额外损失 L_2。

对公众来说,当公众积极参与应急培训、应急宣传等项目时,会产生一定的时间成本和参与成本 C_3,而所获得的收益 R_4 包括满足个人需求所带来的自

我获得感的提升 R_{41}、政府积极投入应急服务建设,社会的应急服务水平和公众所能享受到的应急服务质量得到提高,为公众带来隐性收益 R_{42} 以及当企业参与应急服务供给促进社会总体应急服务质量增加,同样给公众带来隐性收益增加 R_{43}。当公众选择不参与策略时,不需付出成本,但可能损失个人需求的机会成本 L_3。

2. 基本假设

政府作为应急服务协作供给的主导者,企业作为应急管理的参与者与应急服务的提供者,公众作为应急服务的参与者、享受者和潜在供给者,三者之间存在着信息不对称和利益偏差。作为有限理性主体,三方均不能完全了解其他供给方同时间的策略,但主体各自的行为策略选择对应急服务协作供给的效率尤为重要。因此,在充分结合市场情况的前提下,进行如下合理化假设。

1. 在协作供给过程中,地方政府选择"积极作为"的概率为 $x(0 \leqslant x \leqslant 1)$,故选择"消极作为"策略的概率为 $1-x$。积极作为是指在政府在提供应急服务过程中明确分工,积极履行其监管职责,对企业的不当行为予以监督。消极作为是指政府在监管过程中对企业不当行为不采取任何惩罚措施,自身在应急服务供给上敷衍了事、推诿扯皮。

2. 在协作供给过程中,企业选择"参与"策略的概率为 $y(0 \leqslant y \leqslant 1)$,故选择"不参与"策略的概率为 $1-y$。

3. 在协作供给过程中,公众选择"参与"策略的概率为 $z(0 \leqslant z \leqslant 1)$,故选择"不参与"策略的概率为 $1-z$。

3. 支付矩阵

由上文分析可知,地方政府、企业和公众三方合作性博弈各有两种策略行动,其博弈组合共为(积极作为、参与、参与)、(积极作为、参与、不参与)、(积极作为、不参与、参与)、(积极作为、不参与、不参与)、(消极作为、参与、参与)、(消极作为、参与、不参与)、(消极作为、不参与、参与)、(消极作为、不参与、不参与)8种,针对不同情况下的博弈组合,表1列出了各种策略组合下的三方主体预期收益。

表1 政府、企业和公众博弈的支付矩阵

策略组合	预期收益 政府	预期收益 企业	预期收益 公众
积极作为、参与、参与	$R_{11} + R_{12} + R_{13} - C_1 - R_{21}$	$R_{21} + R_{22} - C_2$	$R_{41} + R_{42} + R_{43} - C_3$
积极作为、参与、不参与	$R_{11} + R_{12} - C_1 - R_{21}$	$R_{21} + R_{22} - C_2$	$R_{42} + R_{43} - L_3$
积极作为、不参与、参与	$R_{11} + R_{13} - C_1$	$R_3 - L_2$	$R_{41} + R_{42} - C_3$
积极作为、不参与、不参与	$R_{11} - C_1$	R_3	$R_{42} - L_3$
消极作为、参与、参与	$R_{13} + R_{12} - L_1$	$R_{22} - C_2$	$R_{41} + R_{43} - C_3$
消极作为、参与、不参与	$R_{12} - L_1$	$R_{22} - C_2$	$R_{43} - L_3$
消极作为、不参与、参与	$-L_1$	$R_3 - L_2$	$R_{41} - C_3$
消极作为、不参与、不参与	$-L_1$	R_3	0

(三)政府购买应急服务下三方行为演化稳定策略分析

基于表1,可以得到购买应急服务中地方政府、企业、公众三者之间的期望收益。政府"积极作为"时的期望收益用 E_{11} 表示,"消极作为"时的期望收益用 E_{12} 表示;企业"参与"的期望收益为 E_{21},"不参与"的期望收益为 E_{22};公众"参与"的期望收益为 E_{31},"不参与"的期望收益为 E_{32}。

1. 地方政府

政府选择"积极作为"策略的期望收益:

$$E_{11} = yz(R_{11} + R_{12} + R_{13} - C_1 - R_{21}) + y(1-z)(R_{11} + R_{12} - C_1 -$$

第八章 应急服务"政府—企业—公众"协作供给的作用机制

$R_{21}) + (1-y)z(R_{11} + R_{13} - C_1) + (1-y)(1-z)(R_{11} - C_1) = y(R_{12} - R_{21}) + zR_{13} + R_{11} - C_1$ 政府选择"消极作为"策略的期望受益:

$E_{12} = yz(R_{12} + R_{13} - L_1) + y(1-z)(R_{12} - L_1) + (1-y)z(-L_1) + (1-y)(1-z)(-L_1)$

政府的平均期望收益:$E_1 = xE_{11} + (1-x)E_{12}$

由此得到地方政府的复制动态方程为:

$$G(x) = \frac{dx}{dt} = x(1-x)(R_{11} - C_1 + L_1 + zR_{13} - yR_{21} - yzR_{13})$$

当 $y = \dfrac{R_{11} + L_1 - C_1 + zR_{13}}{R_{21} + zR_{13}}$ 时,此时 x 取任何值函数都为稳定状态。

当 $y \dfrac{R_{11} + L_1 - C_1 + zR_{13}}{R_{21} + zR_{13}}$ 时,令 $G(x) = 0$,得 $x = 0$, $x = 1$ 两个稳定状态。

在此基础上对三方动态复制方程分别求偏导,得:

$G'(x) = (1-2x)(R_{11} - C_1 + L_1 + zR_{13} - yR_{21} - yzR_{13})$ (1)

将 $x = 0$ 和 $x = 1$ 代入(1)式,则为:

$G'(x)|_{x=0} = R_{11} - C_1 + L_1 + zR_{13} - yR_{21} - yzR_{13}$

$G'(x)|_{x=1} = -(R_{11} - C_1 + L_1 + zR_{13} - yR_{21} - yzR_{13})$

①当 $y < \dfrac{R_{11} + L_1 - C_1 + zR_{13}}{R_{21} + zR_{13}}$ 时,$G'(x)|_{x=0} > 0$,$G'(x)|_{x=1} < 0$,此时地方政府稳定策略为 $x = 1$,政府选择积极作为为稳定策略。

②当 $y > \dfrac{R_{11} + L_1 - C_1 + zR_{13}}{R_{21} + zR_{13}}$ 时,$G'(x)|_{x=0} < 0$,$G'(x)|_{x=1} > 0$,此时地方政府稳定策略为 $x = 0$,地方政府选择消极作为为稳定策略。地方政府的策略演化相位图如下图1所示。

推论1:地方政府采取积极作为的概率与政府公信力增减正相关,与政府提供给企业的政策性优惠以及自身积极作为时的投入成本负相关。公信力是影响政府策略选择的主要因素。因此,积极作为时政府公信力提升效益越高、

企业参与应急管理

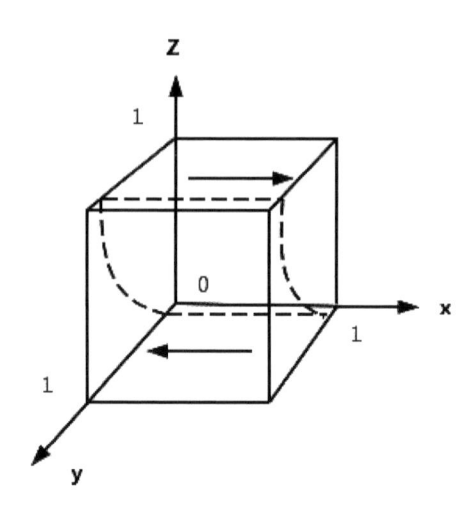

图 1 地方政府策略演化相位图

以及消极作为时公信力损失越大,越能促进政府积极作为。同时对企业参与所给予的政策性优惠越大,越容易促使政府采取消极作为。此外,政府积极作为的概率越大,企业参与应急服务供给的概率也就越大,从而有助于提升应急服务供给效率。

推论2:在演化过程中,地方政府积极作为的概率随着企业和公众积极参与的概率增加而下降。当企业参与应急服务供给概率较大时,地方政府会减少其积极作为的概率,此时将公众纳入监督主体能很好避免政府消极作为。

2. 企业

企业选择"参与"策略的期望收益:

$E_{21} = xz(R_{21} + R_{22} - C_2) + x(1-z)(R_{21} + R_{22} - C_2) + (1-x)z(R_{22} - C_2) + (1-x)(1-z)(R_{22} - C_2) = xR_{21} + R_{22} - C_2$ 企业选择"不参与"策略的期望受益:

$E_{22} = xz(R_3 - L_2) + x(1-z)R_3 + (1-x)z(R_3 - L_2) + (1-x)(1-z)R_3 = R_3 - zL_2$

第八章　应急服务"政府—企业—公众"协作供给的作用机制

企业的平均期望收益：$E2 = yE21 + (1-y)E22$

由此得到企业的复制动态方程为：

$$G(y) = \frac{dy}{dt} = y(1-y)(xR_{21} + R_{22} + zL_2 - R_3 - C_2)$$

当 $x = \dfrac{R_3 + C_2 - R_{22} - zL_2}{R_{21}}$ 时，此时 y 取任何值函数都为稳定状态。

当 $x \dfrac{R_3 + C_2 - R_{22} - zL_2}{R_{21}}$ 时，令 $G(y) = 0$，得到 $y = 0$，$y = 1$ 两个稳定状态。

在此基础上对三方动态复制方程分别求偏导，得：

$$G'(y) = (1-2y)(xR_{21} + R_{22} + zL_2 - R_3 - C_2) \quad (2)$$

将 $y = 0$ 和 $y = 1$ 代入（2）式，则为：

$$G'(y)\,\mathrm{I}_{y=0} = xR_{21} + R_{22} + zL_2 - R_3 - C_2$$

$$G'(y)\,\mathrm{I}_{y=1} = -(xR_{21} + R_{22} + zL_2 - R_3 - C_2)$$

①当 $x < \dfrac{R_3 + C_2 - R_{22} - zL_2}{R_{21}}$ 时，$G'(y)\,\mathrm{I}_{y=0} < 0$，$G'(y)\,\mathrm{I}_{y=1} > 0$，此时企业稳定策略为 $y = 0$，企业选择不参与为稳定策略。

②当 $x > \dfrac{R_3 + C_2 - R_{22} - zL_2}{R_{21}}$ 时，$G'(y)\,\mathrm{I}_{y=0} > 0$，$G'(y)\,\mathrm{I}_{y=1} < 0$，此时企业稳定策略为 $y = 1$，企业选择参与为稳定策略。企业的策略演化相位图如下图 2 所示。

推论 3：企业参与应急服务供给的概率与企业的投机收益和自身投入成本负相关，与政府所给予的政策性优惠以及不参与带来的企业形象损失正相关。因此，当企业在应急服务供给中采取投机行为所获收益较大时，地方政府有必要加强对企业的监管，通过有效的信息沟通、引入多主体监督方式、培育企业良好社会责任感等减少其投机行为。作为影响企业行为选择的重要因素，政府政策性优惠能促进企业提升供给动力。此外，企业社会形象的高低作为一种无形资产，对企业供给行为策略选择有决定性影响。

企业参与应急管理

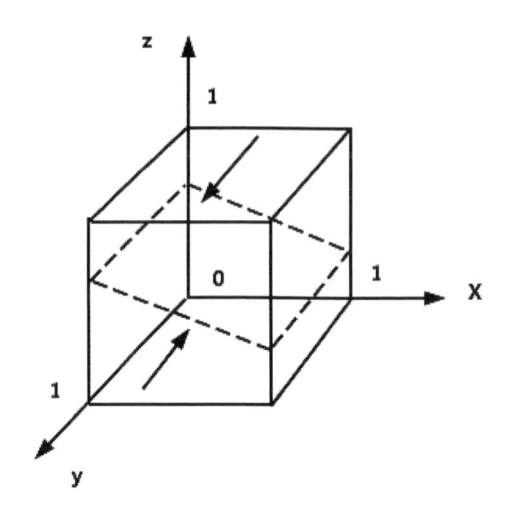

图 2 企业策略演化相位图

推论4:在演化过程中,企业参与应急服务供给的概率随着地方政府积极作为和公众参与的概率增加而增加。因此,为了加强应急服务供给的有效性,需要地方政府的严格监管以及公众的有效参与。

3. 公众

公众选择"参与"策略的期望收益:

$E_{31} = xy(R_{41} + R_{42} + R_{43} - C_3) + x(1-y)(R_{41} + R_{42} - C_3) + (1-x)y(R_{41} + R_{43} - C_3) + (1-x)(1-y)(R_{41} - C_3) = xR_{42} + yR_{43} + R_{41} - C_3$ 公众选择"不参与"策略的期望收益:

$E_{32} = xy(R_{42} + R_{43} - L_3) + x(1-y)(R_{42} - L_3) + (1-x)y(R_{43} - L_3) = xyL3 + x(R_{42} - L_3) + y(R_{43} - L_3)$ 公众的平均期望收益:$E_3 = zE_{31} + (1-z)E_{32}$

由此得到社会公众的复制动态方程为:

$$G(z) = \frac{dz}{dt} = z(1-z)[R_{41} - C_3 + x(L_3 - yL_3) + yL_3]$$

当 $y = \dfrac{C_3 - xL_3 - R_{41}}{L_3 - xL_3}$ 时,此时 z 取任何值函数都为稳定状态。

第八章 应急服务"政府—企业—公众"协作供给的作用机制

当 $y \dfrac{C_3 - xL_3 - R_{41}}{L_3 - xL_3}$ 时,令 $G(z) = 0$,得到 $z = 0$,$z = 1$ 两个稳定状态。

在此基础上对三方动态复制方程分别求偏导,得:

$$G^{'}(z) = (1 - 2z)(R_{41} - C_3 + x(L_3 - yL_3) + yL_3) \qquad (3)$$

将 $z = 0$ 和 $z = 1$ 代入(3)式,则为:

$G^{'}(z)\mathrm{I}_{z=0} = R_{41} - C_3 + x(L_3 - yL_3) + yL_3$

$G^{'}(z)\mathrm{I}_{z=1} = -(R_{41} - C_3 + x(L_3 - yL_3) + yL_3)$

①当 $y < \dfrac{C_3 - xL_3 - R_{41}}{L_3 - xL_3}$ 时,$G^{'}(z)\mathrm{I}_{z=0} < 0$,$G^{'}(z)\mathrm{I}_{z=1} > 0$,此时公众稳定策略为 $z = 0$,公众选择不参与为稳定策略。

②当 $y > \dfrac{C_3 - xL_3 - R_{41}}{L_3 - xL_3}$ 时,$G^{'}(z)\mathrm{I}_{z=0} > 0$,$G^{'}(z)\mathrm{I}_{z=1} < 0$,此时公众稳定策略为 $z = 1$,公众选择参与为稳定策略。公众的策略演化相位图如下图3所示。

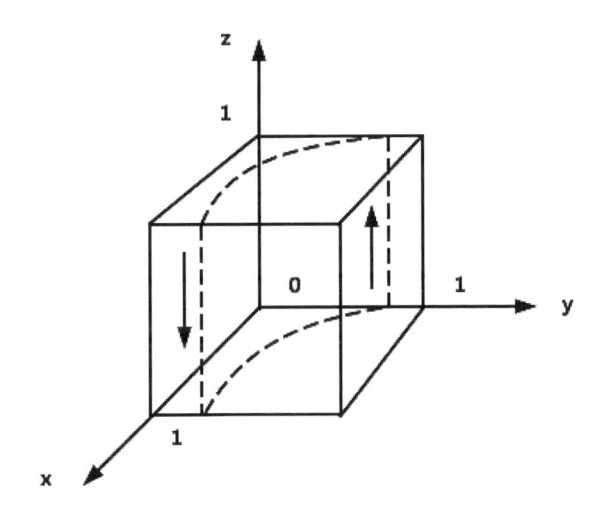

图3 公众策略演化相位图

推论5:公众选择参与的概率与公众需求满足带来的收益和不参与的机会损失正相关,与参与带来的成本损失负相关。因此,政府和企业可以有针对性地提供公众更为需要的应急服务,对公众进行思想教育,在培育良好社会氛围的同时对公众参与成本进行合理估算,尽可能降低其参与成本。

推论6:在演化过程中,公众积极参与应急服务供给行为的概率随着地方政府积极作为和企业参与应急服务供给的概率增加而增加。因此,为了促进公众参与应急服务供给,政府与企业要全面了解公众需求,营造良好的社会氛围。

4. 均衡点及稳定性分析

经上述分析可知在博弈过程中,地方政府、企业及公众三方的博弈概率 x、y、z 都与时间 t 相关,同时在三方利益主体博弈过程中会产生博弈均衡解其中存在八个特殊的均衡点(0,0,0)、(1,1,1)、(0,0,1)、(1,1,0)、(0,1,0)、(1,0,0)、(1,0,1)、(0,1,1)。由此有地方政府、企业和公众博弈的动态复制方程组均衡解域[0,1]x[0,1]x[0,1],同时还存在一个未知数均衡解 $E(x^*, y^*, z^*)$,即同时满足以下三个方程组:

$$R_{11} - C_1 + L_1 + zR_{13} - yR_{21} - yzR_{13} = 0$$

$$xR_{21} + R_{22} + zL_2 + xL_{21} - R_3 - C_2 = 0$$

$$R_{41} - C_3 + x(L_3 - yL_3) + yL_3 = 0$$

得:$x* = \dfrac{C_3 - R_{41} - yL_3}{L_3 - yL_3}$ $Y* = \dfrac{R_{11} - C_1 + L_1 + zR_{13}}{R_{21} + zR_{13}}$ $Z* = \dfrac{R_3 + C_2 - R_{22} - xR_{21}}{L_2}$

当该均衡点不在均衡解域时则省去。三方演化博弈系统的 Jacobian 矩阵

为:$J = \begin{matrix} F_{11} & F_{12} & F_{13} \\ F_{21} & F_{22} & F_{23} \\ F_{31} & F_{32} & F_{33} \end{matrix} =$

第八章 应急服务"政府—企业—公众"协作供给的作用机制

$G'(x)$	$x(1-x)(-R_{21}-zR_{13})$	$-xy(1-x)R_{13}$
$y(1-y)R_{21}$	$G'(y)$	$y(1-y)L_2$
$z(1-z)(L_3-yL_3)$	$z(1-z)(L_3-xL_3)$	$G'(z)$

通过计算,表 2 列出了博弈系统在不同均衡点处的特征值取值情况。

表 2 局部特征值取值表

均衡点	F_{11}	F_{22}	F_{33}
(0,0,0)	$R_{11}-C_1+L_1$	$R_{22}-R_3-C_2$	$R_{41}-C_3$
(1,1,1)	$C_1-R_{11}-L_1+R_{21}$	$R_3+C_2-R_{21}-R_{22}-L_2$	$C_3-R_{41}-L_3$
(0,0,1)	$R_{11}-C_1+L_1+R_{13}$	$R_{22}+L_2-R_3-C_2$	C_3-R_{41}
(1,1,0)	$C_1+R_{21}-R_{11}-L_1$	$R_3+C_2-R_{21}-R_{22}$	$R_{41}-C_3+L_3$
(0,1,0)	$R_{11}-C_1+L_1$	$R_3+C_2-R_{22}$	$R_{41}-C_3+L_3$
(1,0,0)	$C_1-R_{11}-L_1$	$R_{21}+R_{22}-R_3-C_2$	$R_{41}-C_3+L_3$
(1,0,1)	$C_1-R_{11}-L_1-R_{13}$	$R_{21}+R_{22}-R_3-C_2$	$C_3-R_{41}-L_3$
(0,1,1)	$R_{11}-C_1+L_1-R_{21}$	$R_3+C_2-R_{22}-L_2$	$C_3-R_{41}-L_3$

由于我们着重探讨政府—企业—公众协作供给应急服务,因此主要分析点(1,1,1)处的稳定性。若假设(1,1,1)为稳定点,根据李雅普诺夫间接法①,则需满足 $R_{11}-C_1-R_{21}>-L_1$、$R_{21}+R_{22}-C_2>R_3-L_2$ 且 $R_{41}-C_3>-L_3$,政府—企业—公众倾向于采取{积极作为、参与、参与}策略。为此,地方政府自身带来的公信力收益与其成本的差额至少要高于其公信力损失,

---

① 李雅普诺夫(Lyapunov)间接法:雅克比矩阵的所有特征值均具有负实部,则均衡点为渐进稳定点;雅克比矩阵的特征值至少有一个具有正实部,则均衡点为不稳定点;雅克比矩阵除具有实部为零的特征值外,其余特征值都具有负实部,则均衡点处于临界状态,稳定性不能由特征值符号确定。参见 Slotine J J E, Li W, *Applied nonlinear control. Englewood Cliffs*, NJ: Prentice hall, 1991。

261

企业参与所获收益与其成本之差要高于其投机收益,公众参与的获得感价值至少要高于其机会损失和成本之和,才能有效促使三方博弈系统出现{积极作为、参与、参与}的稳定策略组合。并且,企业参与带来的政府公信力提升收益、政府积极作为带来的公众隐性增加收益、企业参与带来的公众隐性增加收益的变化均不改变演化稳定结果。

从政府角度看,只要地方政府公信力的提升额足以弥补积极作为时的人力、物力和在政策性优惠上付出的成本,地方政府最终都将采取积极作为策略。从上述分析可以看出,影响政府行为策略选择的主要外部因素是政府公信力收益,政府公信力收益与其积极参与应急服务供给的概率正相关。这既包括当政府积极作为能够获得较高的政府公信力,从而促使其积极参与的情形,又包括当政府因其消极作为所需承担的公信力损失过大而倒逼政府选择积极作为的情形。影响政府行为策略选择的内部因素集中在政府提供给企业的政策性优惠与积极作为时投入的监督和人力成本。这两者在一定范围内与企业参与应急服务供给概率呈正相关关系。随着投入成本和政策性优惠的加大,能有效吸引企业参与到应急服务供给中来并通过强化监督来确保责任落实。但超出一定限度,会增加政府的财政负担,且过度的补助会扰乱正常的市场竞争机制,影响企业参与应急服务供给的公平性。从企业角度看,只要选择参与带来的纯收益大于投机收益,企业就倾向于参与应急服务供给。企业参与带来的企业形象提升收益与其所获得的政府政策性优惠对企业参与有促进性作用。而作为盈利性机构,当企业不参与应急服务供给所获得的投机收益过大时,会降低企业参与应急服务供给的概率,此时需要引入政府的监督机制。随着政府积极作为时投入的监督和人力成本的加大,对企业供给中的违约行为的约束力度也随之增强,能有效约束企业的利己之心,促使其走向应急服务协作供给。从公众角度看,政府公信力和企业形象是影响约束政府和企业积极参与应急服务供给决策的关键因素,而由于政府、企业与公众之间存在严重的信息不对称,当公众不参与供给时信息不对称导致公众对政府和企业的供给行为无法全面了解,政府的消极作为和企业的参与难以被公众知晓并通过政府公信力和企业形象感知反馈出来,无法对政府和企业的供给行为产生有效约束。因此,要想使整个博弈系统最终走向稳定,公众的参与必不可少。而由于公众参与所带来的需求感满足收益与不参与的机会损失在现实生活中都是不可控因素。因此要想推动公众参与应急服务供给,就需要在合理范围内降低公众的参与成本,随着公众参与成本的降低,其参与应急服务供给的概率将增大。

三、本章结论与政策启示

(一)结论

针对应急服务协作供给过程中可能出现的多主体配合不畅、参与意识不强等问题,本书突破了已有研究的静态分析视角,基于演化博弈模型分析了政府—企业—公众三方主体协作供给应急服务行为的动态演化;而与已有相关研究主要关注政府、社会与市场,或政府、社会与公众协同提供应急服务不同,我们着力探讨政府—企业—公众协作供给应急服务,考察参与政府—企业—公众三大主体的成本投入、公信力效益、投机收益、政府政策性优惠、公众需求满足收益和企业形象收益等利益因素对应急服务协作供给行为的影响。结果显示,参与主体间的利益互动对演化博弈系统稳定有显著性影响。其中,地方政府行为策略选择与政府所获公信力提升和损失正相关,与政府给予企业的政策性优惠以及自身积极作为成本负相关;企业行为策略选择与政府所给予的政策性优惠以及企业形象损失正相关,与企业的投机收益和自身投入成本负相关;公众行为策略选择与公众需求满足带来的收益和不参与的机会损失正相关,与参与成本负相关。由此得出以下结论。

首先,政府和企业在决策时,除经济效益之外,社会效益同样对主体决策具有重要影响。朱华桂等在分析政府与社会组织合作应对突发事件的博弈关系时考量了政府补贴和培训资助对其行为选择的影响,研究认为当所需培训成本和补贴过高时,政府在是否采取鼓励社会组织方面的态度会变得不稳定[1]。这与我们"当政府投入成本与政策性优惠过高时,政府选择积极作为策略的可能性将会降低"的研究结果相吻合。但除上述经济效益因素之外,我们还考察了政府公信力等社会效益对其策略选择的影响。研究结果显示,政府公信力收益对政府行为策略选择具有决定性影响。此外,朱华桂等认为声誉效益对社会组织的持续合作具有促进作用,声誉效益越大,社会组织越倾向于选择持续合作,这是因为社会组织通常具有公益性和非营利性,精神收益是它们参与突发事件治理合作的动力和热情所在。但我们的研究结果显示,在协作供给应急服务时,企业形象所带来的声誉效益对以营利为天性的企业的参与同样具有促进作用。基于此,经研究发现,主体行为策略选择除受个体经济利益得失权衡影响之外,政府公信力、企业社会形象、公众需求满足感等社会效益因素对主体行为策略选择同样有重要影响。

其次,企业社会形象对企业行为选择有决定性影响,这也揭示了企业要兼顾和平衡其商业责任与社会责任。企业形象的提升对企业积极配合应急服务供给具有正向影响,而消费者和政府共同构成企业形象的评价主体,要想塑造良好的企业形象,在应急服务供给过程中,企业必须关注公众和其他利益相关者的利益。尽管企业与政府有着不同的价值追求,但趋利避害构成了双方协同参与危机治理的耦合点[2],企业的生存依赖于社会的发展,公共危机所带来的的破坏力和危害力不具有排他性,对企业甚至整个社会都会造成一定影响。因此,关注和保护利益相关者的利益就是保护企业自身利益。近年来,学术界也开始关注企业在突发事件中的社会责任重构、社会责任与社会

---

[1] 朱华桂、吴丹:《基于演化博弈的政府——社会组织应急管理合作持续性研究》,《风险灾害危机研究》2020 年第 2 期。

[2] 沈荣华、周定财:《公共危机治理中政企协同研究》,《行政论坛》2017 年第 3 期。

第八章 应急服务"政府—企业—公众"协作供给的作用机制

效益的契合、社会责任对企业决策的影响等,强调企业社会责任的重要性。在公共服务领域,一个合格的公共服务参与者应当摒弃个体私利,具备公共服务精神。为此,要培育公共服务参与主体的责任意识和奉献精神①。我们认为企业作为应急管理的重要利益相关者和主体,要想有效提升企业形象,在追求个体利益的同时有必要积极践行企业社会责任,在商业责任与社会责任中寻找平衡。

最后,推动公众参与应急服务供给能促进政府积极作为和企业参与应急服务。现有研究对公众在应急服务供给中的自救与互救、参与志愿服务、监督评估企业与政府的供给质量等问题展开了探讨。我们研究发现企业积极配合应急服务供给的概率随着政府积极作为的概率增加而增加,而当企业积极配合应急服务供给概率较大时,政府会减少其积极作为的概率,出现监管缺失现象。此时,将公众纳入监督能很好弥补这种缺陷。但不同于其他学者对公众在应急管理中的定位侧重于辅助者与配合者,我们发现公众作为政府公信力和企业社会形象的评价主体和应急服务的直接享受者,其行为策略分析对企业和政府行为策略选择有重要影响。因此,应当将公众放在与企业、政府平等的主体地位上参与应急服务供给。影响公众参与应急管理的因素是多样的,陈迎欣等基于系统论的视角,将公众参与自然灾害应急救助的影响因素分为参与自系统和参与他系统,对包括公众的参与意识、社会组织的组织能力、公众受到的相关教育和自身能力、政府部门的重视程度、经济情况、法律保障及媒体宣传等因素展开了全面的分析,研究显示公众的参与意识和参与能力对其参与应急灾害救助行为有显著正向影响②。而我们基于演化博弈分析框架,仅针对影响公众参与应急服务的利益因素展开分析,发现公众参与概率与

---

① 夏志强、付亚南:《公共服务多元主体合作供给模式的缺陷与治理》,《上海行政学院学报》2013年第4期。
② 陈迎欣、张凯伦、安若红:《公众参与自然灾害应急救助的影响因素研究》,《重庆大学学报(社会科学版)》2018年第4期。

公众需求满足带来的收益和不参与的机会损失正相关,与参与带来的成本损失负相关。

(二)政策启示

该部分研究为下一步我国应急服务协作供给公共政策的制定提供了如下启示:

第一,政府在确保自身价值的同时要努力追求社会价值最大化,为应急服务协作供给创造良好条件。首先,政府要为应急服务协作供给创造良好环境。这既包括营造良好的社会氛围,如通过多种渠道、多种方式进行覆盖各类群体的宣传教育,鼓励引导公众参与应急服务协作供给,通过有针对性的培训提升灾害发生时公众的自救和互救能力;又包括维护风清气朗的制度环境,地方政府要制定应急服务协作供给的具体细则,对应急服务协作供给行为和程序作出法律上的约束,明确企业参与突发事件治理的主体地位,并适度赋权企业。其次,政府要在效率与公平之间寻找到合适的平衡点,既要维护维护应急服务市场的公平,又要降低城市与乡镇应急服务供给差距。为此,在选择协作供给对象时有必要依据应急服务的难度系数合理设置企业参与门槛,不能一刀切,给予中小企业参与应急服务协作供给的机会,避免挤压中小企业在应急服务供给市场上的份额。同时政府应关注少数弱势群体的需求,畅通弱势群体需求表达渠道,增加服务公平。为此政府要拓宽与公众的沟通渠道,建立弱势群体应急信息服务保障机制,倾听少数弱势群体的发声,在注重提升应急服务整体效率的同时兼具人文关怀,加大对乡镇地区应急服务供给投入,为少数弱势群体和偏远地区群体构建一道应急最后防线。除此之外,政府还需加强与企业、公众之间的信息沟通,扩宽沟通渠道、完善沟通机制、转变沟通方式,将三者放在平等位置上展开对话,在确保个人隐私的情况下适度公开信息,打破信息管理的地域割据和部门分割现象。最后,政府在转变职能、创新服务方式的同时要避免过度依赖企业,丧失其自身价值。

第八章 应急服务"政府—企业—公众"协作供给的作用机制

第二,企业应进一步强化社会责任意识,积极参与应急服务。首先,企业要培育自身社会责任意识,提高突发事件应急参与意识和能力。企业与政府协作供给应急服务的最终价值取向在于实现公众利益的最大化,因此企业要将重点放在协作过程中责任的履行而不是从中获益上。为此,在考核企业绩效、评价企业社会责任时,将企业在应急服务供给中的表现作为评价标准之一,由政府、公众和第三方评估机构共同参与评估,倒逼企业履行社会责任。其次,企业要发挥好沟通优势,积极推进公众—企业—政府的需求表达渠道和信息交流渠道的建立。一方面全面了解公众需求,尤其是少数弱势群体的需求,有针对性的供给应急服务;另一方面,加强有关突发事件信息的沟通交流,积极推动建立突发事件风险共享数据库。再次,企业要将社会肯定转变为企业效能。借由应急服务供给过程中的先进事迹与动人情节,将社会肯定与公众嘉奖转化为企业的品牌效能,鼓励员工参与应急服务供给,营造企业参与应急管理、供给应急服务的良好氛围。此外,企业要强化应急培训,提升应急服务供给质量。企业要根据自身专业领域和特长有针对性地展开专业技能和知识水平的培训,积极提升应急物资产品研发制造、应急教育培训、应急物资储备等各项应急服务水准。最后,企业要保持自身独立性,科学设置内部监督机制,将公众纳入监督主体,避免政府对企业过度"行政嵌入"[1]。

第三,政府应加强企业应急参与管理,使更多企业的应急参与由公司导向模式向社区导向模式转变。在百年未有之大变局的新时代,灾害发生呈高度复杂性和高度不确定性趋势。拥有先进技术的企业成为应急管理的重要主体。充分发挥企业在应急管理中的作用,成为完善国家应急管理体系的客观要求。我们基于对企业灾害参与动机差异性的认识,对企业参与应急管理行

---

[1] "嵌入"概念源自于经济社会学领域,最早由波兰尼在《大转型》一书中提出,指市场经济和社会并非相互独立,而是受到社会因素的持续性制约和影响。在本书中,"行政嵌入"用以表述政府与企业间的互动关系,即政府行政系统在应急服务供给过程中利用自身行政资源,通过一系列行政举措对企业发展产生重要影响。

为做了类型学分析,提出了公司导向与社区导向两种不同的企业灾害参与模式。公司导向的灾害参与模式主要关注企业自身的利益,社区导向的灾害参与模式关注更广泛的社区利益相关者的利益。只有社区导向的企业才能有效促进社区抗逆力的提高。因此采取社区导向模式,实现由公司导向向社区导向灾害参与模式转变对企业、社区乃至国家应急管理能力建设至关重要。这就需要在公共政策上为国家层面的应急管理提供思路与方法,应通过制度建设克服企业逐利本性而最大限度地激发企业利他性的一面,使企业的利他精神越来越有力地约束利己之心,进而使企业在自身抗逆力建设过程中同时兼顾社区层面的抗逆力建设,让更多的企业实现由公司导向的灾害参与模式向社区导向的灾害参与模式发展与转变。

第四,政府应进一步提高公众的应急服务参与感。公众参与应急服务协作供给一方面能充分表达主体需求偏好,监督和考评政府与企业服务行为,有助于政府应急服务供给项目决策与评估;另一方面能提高公众参与素质与能力,配合培育丰富的社会应急文化。为此,首先,政府要对公民在危急状态下的权利和义务作出法律意义上的明确规定,在保障公民合法权益的同时积极引导公民在突发事件中的理性行为,在日常中各级政府工作人员要以身作则,通过一系列情感、物质等激励,有序引导公众参与相关培训和演练,加强基层社区的公众应急培训体系和能力体系建设,构建全社会、多方面的应急文化培训体系,创造丰富的社会应急文化。其次,政府要加强与公众之间的信息对接,建立联系群众常态化机制,设立相关服务机构,扩大民意征集渠道,根据实际情况固定每月某一天或两天为固定接待群众日,分类收集整理群众应急需求、应急管理建议。最后,政府要创新社会动员机制。应急管理能力现代化要求进一步建立政府应急管理体系与社会动员程度的精细化匹配,针对突发事件影响程度不同按照分级分类原则启动不同级别的社会动员模式。因此,各级政府要因地制宜划分科学合理的社会动员级别。

第九章　企业参与应急管理的制度化建设

前述几章显示,企业参与应急管理是中国应急管理体系与能力现代化的客观要求。汶川地震以来,中国企业在应急管理中的作用日益凸显。在2020年新冠疫情防控中,我国大量企业高效参与,首次展现了企业参与应急管理的中国力量与中国速度。我国能够在较短时间内取得疫情防控阻击战的重大战略成果,企业功不可没。尽管如此,这次疫情仍然暴露出我国应急管理领域存在诸多不足,其中企业作用发挥不充分、市场力量缺失而导致应急管理体系的结构性失衡,仍然是我国灾害治理的关键短板之一。应急管理制度化是影响应急管理能力的关键要素[1]。以这次疫情防控为契机,通过制度化建设将企业纳入国家应急管理体系,建立健全企业参与应急管理制度,将企业参与疫情防控的经验制度化,对提高我国企业参与应急管理的水平与能力、完善国家应急管理体系和推动国家应急管理现代化,都具有重要意义。

一、中国企业参与应急管理的现实基础

随着"非典"以来我国应急管理体系的逐步完善以及国家对企业重视程

---

[1] Ansell C., Boin A., Kuipers S., *Institutional Crisis and the Policy Agenda*, ZAHARIADIS N. *Hand-Book of Public Policy Agenda Setting*, Northampton:Edward Elgar Publishing,2016,pp. 415-433.

度的不断提高,中国企业参与应急管理的条件逐渐成熟。

(一)政府职能转变为企业参与应急管理带来了机遇

在我们今天的日常生活中,越来越多的服务依赖于私营而非公共部门提供的服务,包括私营部门在内的企业往往也以更高的效率、更佳的管理与更雄厚的资源基础为民众提供这些服务。但企业要更好地发挥作用,需要政府简政放权。应急服务供给也是如此。企业参与应急管理离不开国家通过转变政府职能为其创造条件。近年来我国已经在这方面做了大量工作。党的十八届三中全会提出社会治理理念。治理的核心要义就是主张公共事务管理的多主体参与。党的十八届五中全会对加强和创新社会治理进行了专门部署,提出"推进社会治理精细化,构建全民共建共享的社会治理格局"[1]。党的十九大报告进一步提出,"打造共建共治共享的社会治理格局"[2]。从社会管理到社会治理,表明我国公共治理方向的根本性变化,也意味着政府职能的重要变革,即从单一主体的政府管理模式转变为政府、市场、社会多元主体共同参与管理的现代国家治理模式[3]。国家职能的这一根本性转变,不仅为我国企业参与救灾等各类应急服务工作提供了条件,也为企业参与应急管理带来了新的机遇。

(二)相关法律法规为企业参与应急管理奠定了基础

自从 2003 年"非典"发生以来,我国高度重视应急管理,在不断完善应急管理体制机制的同时,出台了系列相关法律法规,为企业参与应急管理奠定了重要基础。2007 年颁布实施《中华人民共和国突发事件应对法》,标志着我国应急管理走向法制化道路。其中规定:"公民、法人和其他组织有义务参与突

---

[1] 《十八大以来重要文献选编(中)》,中央文献出版社 2016 年版,第 819 页。
[2] 习近平:《决胜全面建成小康社会 夺取新时代中国特色社会主义伟大胜利——在中国共产党第十九次全国代表大会上的报告》,人民出版社 2017 年版,第 49 页。
[3] 参见杨安华:《企业参与:新时代中国灾害治理的新趋势》,《电子科技大学学报(社会科学版)》2018 年第 5 期。

发事件应对工作。"汶川地震发生后,针对恢复重建的艰巨任务,出台了《汶川地震灾后恢复重建条例》。基于对社会力量参与地震救援作用的肯定,该条例将"坚持政府主导与社会参与相结合的原则"作为基本原则之一。这是我国首次将社会力量纳入国家灾害救助体系,表明我国开始重视社会力量在应急管理中的作用。2017年出台的《中共中央国务院关于推进防灾减灾救灾体制机制改革的意见》,要求"完善社会力量和市场参与机制",进一步突出了企业在国家应急管理体系中的作用。《国家综合防灾减灾规划(2016—2020年)》与《国家突发事件应急体系建设"十三五"规划》等均强调,应急管理应"培育和提高市场主体参与灾害治理的能力"。显然,这些相关法律法规为企业参与应急管理奠定了基础。

(三)企业参与灾害救援实践提高了企业参与应急管理的能力

中华人民共和国成立以来,党和国家领导人高度重视灾害治理。经过多年的努力,我国灾害管理已从农业为重、经济为先、能力为轴转向治理为核[①]。改革开放以来,随着我国经济的持续增长和社会的不断进步以及企业的发展壮大,企业在应急管理中的作用逐步凸显,特别是2008年汶川地震发生之后,我国企业利用自身优势,开始以各种方式参与灾害的应对工作,其参与水平在实践中也得以不断提高。经历了汶川地震、舟曲泥石流与雅安地震等多次灾害的参与实践,企业参与灾害救援不再只是捐款捐物,而是开始向"理性救灾、科学救助"方向发展。雅安地震救援与重建中的企业参与,已经成为"重技术、重效率、人性化的系统救援"[②]。在雅安地震的救援与重建中,企业响应迅速,参与有序,企业的参与开始走向专业化;通过公益基金平台进行捐助,企业捐赠开始走向规范化;灾害需求回应精细化,开始结合企业核心业务参与灾

[①] 参见张强:《灾害治理——从汶川到芦山的中国探索》,北京大学出版社2015年版,第52页。

[②] 姚冬琴、赵磊:《驰援芦山,企业有力量!》,《中国经济周刊》2013年第16期。

害救助①。而笔者所在课题组对企业参与新冠疫情防控的调查显示,84%的企业表示有能力参与应急管理②。这表明,经过近年来参与多次灾害应急救援的历练,我国企业的应急管理能力已经大幅提升。

(四)国外成功经验为我国企业参与应急管理提供了示范

企业在世界范围内的社会影响力不断增加,相比而言,各国政府满足所面临的大量社会需求的能力却在减弱③。因此,企业开始承担不少原本由政府及其他公共机构所应承担的责任。这在应急管理中表现得尤为突出。如在灾后恢复的应急服务中,自世纪之交以来,灾害发生后企业提供公共产品的频率和规模得到前所未有的增长。如在1999年至2015年间,国际上最大的1万家公司中做出捐赠的比例从15%上升到70%以上,它们的平均捐款数额增加了18倍④。基于对企业作用的肯定,各国开始将企业纳入国家应急管理体系,如日本在国家防灾组织中设置中小企业厅,负责协调企业的应急参与工作;在2008年出台的《国家减灾战略》中,加拿大规定各级政府应急管理部门必须与非政府组织和私营部门共同打造减灾的公众参与、教育及其他相关活动平台;美国在卡特里娜飓风发生之后,在联邦应急管理署设置私营部门分部,负责应急管理中的公私合作,2008年发布的《国家应急响应框架》明确规定了私营部门在

---

① 参见杨安华:《企业参与:新时代中国灾害治理的新趋势》,《电子科技大学学报(社会科学版)》2018年第5期。
② 为了解企业参与新冠疫情防控情况,笔者所在课题组于2020年2月18日至29日做了企业参与新冠疫情防控情况问卷调查。此次调查一共收到来自全国20个省(区、市)的536家企业管理层填写的550份问卷,剔除重复问卷和无效问卷,有效问卷505份。
③ Ballesteros L., *How Firms Bring Social Innovation and Efficiency to the Global Effort to Recover from National Uncertainty Shocks*; George G., *Handbook of Inclusive Innovation: The Role of Organizations, Markets and Communities in Social Innovation*, Northampton: Edward Elgar Publishing, 2019, pp. 225-247.
④ Ballesteros L., Useem M., Wry T., "Masters of Disasters? An Empirical Analysis of How Societies Benefit from Corporate Disaster Aid", *Academy of Management Journal*, 2017(5), pp. 1682-1708.

应急管理体系中的作用与职责;印度也正式提出建设基于公私伙伴关系的韧性国家的目标。研究表明,参与受灾害影响国家的应急服务,有助于企业感知重要需求领域,抓住灾害响应机会,打破常规管理,进行资源重组,从而比政府等公共部门做出更快、更有效的应急响应[①]。可见,国际上企业参与应急服务正变得越来越成熟。这些做法也为我国企业参与应急管理提供了借鉴。

(五)新冠疫情防控展示了企业参与应急管理的中国力量

汶川地震以来,我国企业开始在应急救援与恢复重建中发挥积极作用。在这次新冠疫情防控中,企业的作用得到进一步彰显。为抗击疫情,大量企业除了在第一时间捐款捐物之外,不少企业还利用自身所长,积极加入抗击新冠疫情队伍。其中搜索、社交、电商、外卖、出行等互联网科技平台公司和物流、通信领域企业,以其基础设施、业务优势、响应能力和运转效率,在这一过程中充分显现出各自的独特价值。其他不少企业也纷纷利用自身优势参与疫情防控。如,物流企业的参与解决了一度陷入困境的应急物资调配,缓解了防控物资极度缺乏的问题。以中建三局为主承包商,协调各类参建主体修建火神山医院,以中建三局武汉火神山医院项目指挥部为枢纽,协调多家单位搭建高效协调各方的治理结构体系,实现了在专业技能和保障领域的有序衔接。十天就建成了能高效运转的现代化呼吸系统传染病医院[②],充分展示了企业参与应急管理的中国力量与中国速度。调查显示,89%的企业表示有责任和义务参与疫情防控。而在2003年抗击"非典"疫情中,很少看到企业等社会力量的身影[③]。同

---

① Ballesteros L., *How Firms Bring Social Innovation and Efficiency to the Global Effort to Recover from National Uncertainty Shocks*; George G., *Handbook of Inclusive Innovation: The Role of Organizations, Markets and Communities in Social Innovation*, Northampton: Edward Elgar Publishing, 2019, pp. 225-247.

② 参见李维安:《抗疫情亟需提升应急治理的有效性》,《经济管理》2020年第3期。

③ 参见朱虹:《SARS危机:公共卫生体系的断裂与重构》,《南京大学学报(哲学·人文科学·社会科学)》2003年第5期。

抗击"非典"疫情相比,不少企业运用自身所掌握的物联网、大数据、人工智能与云计算等新兴技术,投身于新冠疫情防控。不仅如此,此次疫情防控还激活了"码全科技"等小型企业的参与潜能。

二、中国企业参与应急管理的主要短板

汶川地震发生以来,我国企业灾害参与意愿有所增强,参与能力不断提高。但无论从国家相关政策还是从企业自身能力上看,我国企业参与应急管理都还存在一些短板与不足。

(一)法律法规有待健全

由于非政府组织等社会力量在汶川地震救援与重建中发挥了积极有效的作用,从而开始改变人们对传统应急管理模式的看法,人们对社会力量在包括应急管理在内的公共管理中的作用有了新的认识。一方面,在汶川地震以来的应急管理实践中,"政府主导与社会参与相结合"已经成为我国应急管理重要而宝贵的经验[1],2013年雅安地震之后,我国已初步形成了"政府主导、多方参与、协调联动、共同应对"的应急管理新格局[2];另一方面,《突发事件应对法》等相关法律法规中虽然提到了应鼓励包括企事业单位在内的社会力量参与突发事件应对,但对企业在突发事件应对中的具体作用并没有做出明确规定。2015年民政部出台的《指导意见》,虽然"首次将社会力量参与救灾工作纳入政府规范体系"[3],但对社会力量是否包括企业这一问题,未做出明确说

---

[1] 参见郭虹、钟平:《鲁甸抗震:政府主导社会组织协同机制发挥更大力量》,载杨团主编:《慈善蓝皮书:中国慈善发展报告(2014)》,社会科学文献出版社2014年版,第246—253页。

[2] 参见《民政部关于支持引导社会力量参与救灾工作的指导意见》,《中华人民共和国国务院公报》2016年第6期。

[3] 杨晓东:《引导社会力量有序参与提高救灾工作整体水平——解读〈民政部关于支持引导社会力量参与救灾工作的指导意见〉》,《中国社会工作》2015年第31期。

第九章　企业参与应急管理的制度化建设

明,也未明确承认企业在灾害救援中的地位与职责,尤其是没有明确国有企业、事业单位和民营企业的不同性质与作用,如国有企业掌握通信、能源、交通、金融等重要基础设施,对应急管理至关重要,但已有的法律法规对其地位和职责都缺乏明确规定。法律的缺失直接导致企业应急参与的组织化与保障性不足。单个企业力量有限,如何将它们组织起来参与应急救援,是应急管理的一大核心问题。而缺乏法律保障,则会大大削弱企业参与应急管理的意愿。

(二)参与渠道不够畅通

畅通的参与渠道是企业参与应急管理的基本条件之一。但我国没有明确将企业纳入国家应急管理体系,相关法律法规没有对企业在应急管理中的地位、责任与义务做出明确规定,目前的国家应急管理体系中没有明确企业的角色和责任,导致企业参与应急管理缺乏正规渠道,因此企业参与应急管理的路径不畅通,从而制约了应急管理中企业作用的充分发挥。如在新冠疫情防控中,不少企业与非政府组织积极参与疫情援助,支援物资高效送到了武汉红十字会,却因分配效率低,导致一线防疫物资极度紧缺,一度严重影响了疫情防控工作的正常开展。重要原因就是因为企业参与渠道不畅通,未实现市场与政府的有效对接。后来由专业医疗物流公司接管,只用了2个小时就把物资分给了各大医院。我们的调查也显示,目前影响企业参与应急管理的重要因素是缺乏畅通的参与渠道[①]。缺乏必要的参与渠道不仅会影响企业参与应急管理的积极性,还会影响参与效率。

(三)参与意识不够强,能力有待提高

我国应急管理发展起步晚,再加上应急管理工作主要由政府负责,对企业参与重视不够,相应的制度尚未完善,对企业参与应急管理缺乏有效的制度激

---

① 在问卷开放式问题"您认为目前企业参与灾害管理主要存在哪些困难?"的回答中,不少受访者填写的答案是"缺乏畅通的参与渠道"与"参与渠道不畅通"。

励和约束,导致我国企业应急参与意识不强、能力不足。如在2003年抗击"非典"疫情中,很难看到非政府组织的影子,更不用说企业了。汶川地震虽然激发了社会力量参与灾害救援的热情,但调查表明,参与此次地震应急救援的社会组织中,企业只占9.9%[1]。对雅安地震中主要参与主体参与次数的统计显示,私营企业与国有企业分别占比8%与14%,明显低于非营利组织(38%)和政府机构(60%)[2]。针对新冠疫情中我国企业应急参与情况的调查显示,愿意参与和已经参与过应急管理的企业比例分别为46%和28%。不参与的主要原因有:不具备参与能力(52%)、没有参与动力(42%)、缺乏参与渠道(45%)。虽然汶川地震开启了我国企业参与灾害救援的新征程,但从总体上看,最近十几年的发展,我国企业参与应急管理的意识不够、意愿不强。加上法律不健全,国家层面缺乏对企业应急参与的有效激励、约束和引导,企业参与应急管理的动力不足、能力不强。

(四)参与方式较单一、水平不太高

目前我国企业参与应急管理的总体水平不高。主要表现在:一是参与方式单一,大多数企业还停留在捐款捐物这样的低层次参与。如我们的调查显示,在参与此次疫情防控中,只有18%的企业表示为疫情防控提供技术支持,而提供了捐款和捐物的企业分别为77%和74%。二是专业性不强。由于参与意识不强,企业未将应急管理能力建设列入日常管理,平时缺乏训练,难以充分发挥专业优势,灾害发生时临阵磨枪,有的不仅起不到应有的救援作用,反而给灾区带来不必要的麻烦,添乱添堵。三是参与程度不深,大部分企业只是局限于紧急救援阶段的短期参与行为,而未能从企业社会责任的高度加强

---

[1] 参见北京师范大学社会公益研究中心:《抗震救灾中NGO的参与机制研究》,https://blog.sina.com.cn/s/blog_5c46fbf70100cvrn.html。

[2] 参见吕倩:《危机响应中的多元参与——以"芦山地震"为例》,南京大学硕士学位论文,2015年。

第九章　企业参与应急管理的制度化建设

自身应急参与能力建设,缺乏全过程参与。四是与政府、非政府组织的协同不足。虽然有部分企业在参与雅安地震救援与重建的过程中,联合中国扶贫基金会等社会组织以及当地政府,形成了灾害响应网络,但企业与政府、非政府组织的联动总体上仍然不足。协同能力不足不仅制约了企业自身应急参与能力的发挥,也限制了整个应急网络工作效率的提高,不利于整体应急管理能力的进一步发挥。这也表明,我国企业的应急参与主要是公司导向模式,是一种策略性应急参与,旨在从应急参与中获利或提高知名度与美誉度[①]。

我国企业参与应急管理存在的上述不足,导致尽管当前不少企业有参与应急管理的热情,但主要是以非制度化的形式参与,其参与意愿和方式取决于企业的传统与企业主要领导人的认识以及企业与政府的关系等外在不确定因素,而非制度化的激励或约束,因此参与水平不高,参与能力不强,甚至还经常会发生无序参与或过度参与的现象,加强制度化建设迫在眉睫。

三、企业参与应急管理的政府责任与作用[②]

如何进一步推动企业灾害参与,使之更加高效有序,离不开政府的积极作为。一方面,在企业灾害参与过程中,政府需要承担起政治责任、法律责任和社会责任。另一方面,政府需要从法律、政治与社会多方面发挥积极作用,为企业的灾害参与创造良好条件,走出以政府为中心的传统应急管理模式,迈向政府、市场与社会多元合作的共建共治共享现代灾害治理新格局。

(一)企业参与应急管理中的政府责任

在应急管理中,政府是天然主体。而私营部门作为一种最为重要的经济

[①] 参见杨安华、张伟:《公司导向与社区导向——理解企业灾害参与的两种不同模式》,《风险灾害危机研究》2018年第2期。

[②] 参见杨安华、许珂玮:《论企业参与灾害治理的政府责任和作用》,《武汉科技大学学报(社会科学版)》2018年第4期。

社会力量,近年来已开始显示出其在应急管理中的独特优势和巨大潜力。[1]尤其是灾害发生后,拥有各自技术与装备优势的企业所形成的强大"合力",更是任何政府和非政府组织难以具备的。如今,在应急管理中,"私营部门发挥着重要作用,其灾害参与填补了公共部门和非政府组织之间的短板"[2],"私营组织在灾害事件之前、之中和之后均发挥着关键性作用"[3],"企业必须成为所有各级政府的直接合作伙伴并与政府应急工作完全整合在一起"[4]。

然而,企业参与应急管理,并不意味着政府责任的缺失或让渡,相反,企业灾害参与离不开政府的支持和引导。只有政府承担起切实的职责,才能保证企业灾害参与工作的顺利开展,使企业灾害参与更加高效有序。因此,帮助企业更好地参与应急管理,也是政府应急管理工作的重要组成部分。

责任是民主政治和公共行政的核心问题。[5] 在当代政治与公共行政实践中,责任越来越成为中心概念。政府责任是政府的义务、法律责任、回应性与说明责任的整体概念。政府责任意味着政府组织及其公职人员履行其在整个社会中的职能和义务[6];政府责任还意味着政府机关及其工作人员违反法律规定的义务,以及违法行使职权时所承担的法律责任;政府责任还指政府能够积极地对社会民众的需求做出回应,并采取积极有效的措施,公正、有效率地实现公众的需求和利益。[7] 就政府责任而言,在企业灾害参与过程中,政府需

---

[1] Takako Izumi and Rajib Shaw, *Disaster Management and Private Sectors: Challenges and Potentials*, Springer Publications, 2015.

[2] Ryan Scott, "How Hurricane Katrina Changed Corporate Social Responsibility Forever", *Huffington Post*, Aug 26, 2015.

[3] U. S. Department of Homeland Security, *The National Response Framework*, Washington, DC., 2008.p.18.

[4] F. F. Townsend, *The Federal Response to Hurricane Katrina: Lessons Learned*, Washington, DC: The White House, 2006, p.81.

[5] Herman Finer, "Administration Responsibility in Democratic Government", *Public Administration Review*, 1941(4), pp.335-350.

[6] 参见张成福:《政府责任论》,《中国人民大学学报》2000年第2期。

[7] 参见朱冠鍱:《论政府在缩小贫富差距中的责任》,吉林大学博士学位论文,2008年。

第九章　企业参与应急管理的制度化建设

要承担政治责任、法律责任和社会责任。

1. 政治责任

政治责任是政治官员履行制定符合民意的公共政策、推动符合民意的公共政策执行的职责,以及没有履行好这些职责时所应承担的谴责和制裁。[1]即政府机关及其工作人员的所作所为,必须合乎目的性(即合乎人民的利益、权利和福利),其决策(体现为政策与法规、规章、行政命令、决定或措施)必须合乎人民的意志和利益。如果政府决策失误或行为有损国家和人民利益,虽不受法律追究,却要承担政治责任[2]。政治责任是政府责任体系的核心内容。从内容上来说,在企业灾害参与中,政府主要肩负着巩固政治统治、维护政府形象以及保证社会发展的责任,而从程序上来说,政府在政策制定、政策执行两个方面也都肩负着重要责任。

掌握国家政治权力是政府承担政治责任的前提。如果政府(特别是地方政府)在灾害参与中出现严重失职,影响企业灾害参与工作,并因侵犯了企业公民的基本权利,政府便会受到社会舆论的谴责,其公信力就会降低。例如,在卡特里娜飓风中,布什政府由于将大批的军队调往伊拉克,导致救灾人力严重不足。这使布什政府的支持率大大降低,其政府的合法性也因此受到威胁。在企业灾害参与过程中,政府必须使企业公民的基本权利得到保障,其中包括企业员工生命财产的安全、对灾害的知情权等。因此,政府在制定政策的过程中,必须充分考虑企业及其员工的利益,确保企业在参与灾害响应的过程中企业员工及其家人的生命财产安全,并及时公布信息,使企业了解灾害的进展情况。同时,在政府履行政策的过程中,不应当侵犯企业的利益,要依法行政,保护企业及社区的生命财产安全。

---

[1] 参见苗雨:《论我国政府责任实现的法制困境与出路》,山东大学博士学位论文,2012年。

[2] 张成福:《政府责任论》,《中国人民大学学报》2000年第2期。

总的来说,政府在企业灾害参与过程中所需承担的政治责任主要包括如下几个方面。

(1)维护社会稳定。灾害事件最严重的伤害并不在于对人身和财产造成的伤害,而在于使社会出现人心不安与秩序紊乱,进而导致整个社会的根本性危机。① 因此,如何在灾害发生后的第一时间内维护社会秩序的稳定与人心的安定,是政府必须承担的政治责任。在中国汶川地震中,时任总理的温家宝在地震发生后的第一时间,带领国务院抗震救灾总指挥部奔赴汶川,亲自指挥抗震救援工作,维护了灾区社会秩序的稳定,缓解了人民的恐慌心理。这个意义上的"维稳"已经成为政府在应急管理工作中所需承担的最重要责任之一。

(2)保障信息公开。政府掌握巨大的政治权力,因此也能够获得大量的有用信息。灾害发生后,政府有责任运用其政治权力搜集和获取有用信息,并将这些信息经过筛选后传递给社会与企业,为民众与企业应对灾害投入充足的资金。灾害应对的特点之一便是时间和信息极其有限,要求决策者在重重压力之下做出重要决策。政府应大力推进灾害时期的信息公开,开辟官方信息传递渠道,为企业灾害参与提供信息支持。

(3)降低社会危害。应急管理尤其是灾害应对的目的,是在最短的时间内,运用最少的支出,取得最佳的效果。政府吸纳了大量的应急管理人才,拥有先进的技术设备,且具有丰富的应急管理经验。因此,当灾害发生时,政府必须充分发挥这些优势,帮助企业进行防灾减灾工作,最大程度地降低灾害给社会与企业带来的损失。尤其对于企业来说,应急管理同时也是一场经济上的斗争,那么如何为企业做好"成本—收益"分析,且帮助企业将经济损失降至最低,也是政府在灾害应对过程中的分内之事。

---

① 参见张海波、童星:《公共危机治理与问责制》,《政治学研究》2010 年第 2 期;Ali Farazmand, Ed., *Global Cases in Best and Worst Practice in Crisis and Emergency Management*, CRC Press, 2016, p.25。

2. 法律责任

法律责任是政府在企业灾害参与中所需承担的另一大重要责任。政府的法律责任是政府对公民,对公民生存的社会所应承担的法律上的责任。[①] 主要包括以下三个方面。

(1) 建立健全相关法律。政府应当不断建立和完善与灾害相关的法律法规,并将企业利益纳入灾害相关法的重要考量,使企业的灾害参与有法可依。目前中国的应急管理法律体系尚未完善,需要中国立法机关及政府作出不懈努力。只有拥有完整的法律框架,企业参与应急管理才能有法可依、有章可循。

(2) 执法必严,违法必究。无论是政府自身还是企业,开展应急管理活动都应当严格遵守相关法律。政府相关部门在带领企业从事应急管理工作的过程中,应依法对企业进行奖惩,以激励和督促企业积极参与应急管理。最重要的是,应急管理作为政府管理的重要组成部分,领导者的决策往往是在信息和时间非常有限的情况下做出的,政府自身在从事应急管理工作的过程中,应当明确自身的权力边界,在决策和执行的过程中尽量顾全大局。要避免出现触犯法律的决策和行为,更不能为了自身的利益而触犯企业的利益。

(3) 法律监督。法律监督作为最有力的监督手段,是政府正确履行法律责任的保证。在企业参与应急管理的过程中,政府的工作与企业的工作一定会出现交错和重叠,甚至会出现争夺领导权的问题。因此,政府有责任有义务将自身的应急管理工作透明化,要求法律部门对其应急管理工作进行有效的监督,以便政府在帮助企业开展应急管理工作时,能够不断地调整行政行为,确保应急管理工作的合法性、有效性。此外,除了法律监督,政府还应当加强自身的内部监督与社会监督,充分保证其行政行为的合法性。

[①] 参见田思源:《论政府责任法制化》,《清华大学学报(哲学社会科学版)》2006年第2期。

3. 社会责任

社会责任是指政府要从整个国家和社会的公平、公正和正义角度来实施对国家和社会的管理,使整个社会处于和谐有序状态。[①] 相对于其他责任而言,社会责任是一种更高层次的政府责任形态。强调政府对社会的服务与促进公平等社会方面的责任,是完善政府社会治理职能的必然要求,也是建设服务型政府的应有之义。社会良性运行,协调社会关系,促进社会有序互动,是政府应尽之责。[②] 政府应当在企业灾害参与过程中给予企业员工充分的社会保障。当灾害威胁到企业员工及其家人的生命财产安全,政府有义务对其进行救助,保障其基本生活。例如,政府有责任建立针对企业的灾害救助基金,保障企业员工及其家人的基本生活。另外,在企业参与灾害应对的同时,政府有责任保证社区秩序的稳定,避免出现无政府、无秩序的现象。政府应当采取合理的方式,引导、帮助企业参与应急管理,并最大程度地保护企业不受灾害的侵袭;对那些遭受严重打击的企业以及没有能力参与灾害救援的企业,要给予及时的救助,保障人员的生命财产安全。总的来说,企业灾害参与中政府所应承担的社会责任至少包括以下三个方面。

(1) 优化资源配置。政府具有社会治理职能,这其中最重要的方面便是运用政治手段优化资源配置,实现社会公平。企业参与应急管理的基础,一方面取决于企业自身的条件,另一方面则取决于政府的宏观调控。政府在制定财政政策时应当充分考虑到灾害因素,并且有针对性地通过资金、政策等方式帮助企业实现有效的防灾减灾工作,做到未雨绸缪。例如,政府应当对那些处于灾害频发地区的企业以及自身没有能力负担灾害支出的企业予以适当的援

---

① 参见毛中根:《政府责任演变与构建和谐社会》,《中共南京市委党校学报》2009 年第 3 期。
② 参见孙静:《论政府在公共安全危机管理中的政治责任》,《中国人民公安大学学报(社会科学版)》2008 年第 6 期。

助,使这些企业成为参与应急管理的主体,而不是灾害发生时亟待救援的对象。

(2)加强灾害防治基础设施建设。不少国家尤其是西方资本主义国家,私营部门掌握着大量的基础设施,如美国85%的基础设施掌握在私人企业手中,因此私人企业在基础设施建设方面肩负着重要甚至主要责任。而在目前的中国,基础设施建设主要由政府负责,其中就包括灾害防治设施的建设与维护,企业在灾害防治设施建设过程中处于被动地位。众所周知,基础设施的建设将直接影响社区及企业在灾害中的脆弱性,因此政府必须大力加强灾害防治的基础设施建设,加大投入力度,提高专业性,以保障社区安全。

(3)加大防灾减灾教育投入。政府在防灾减灾教育方面的投入与其基础设施建设的投入是相辅相成的。总体而言,现阶段企业管理者及其员工存在社会责任缺失、防灾减灾意识不强、缺乏灾害应对的专业性以及参与的积极性等问题。这些问题在很大程度上都可以通过教育的方式加以解决。灾害准备是应急管理过程中的重要环节,因此政府有责任加大防灾减灾方面的教育,尤其针对企业,政府应当为其灾害教育工作的开展提供资金支持,并定期派遣专业人员帮助企业开展防灾减灾培训。对那些有条件的大企业,政府应当制定相应政策,敦促其定期进行灾害培训和灾害教育,且政府有义务做好监督工作。

以上分析可见,政府有责任在宏观上把握好应急管理公共资源的合理分配,并通过法制建设等方式,规范和约束自身与企业在应急管理中的行为。另外,企业自身在灾害参与过程中具有特定的需要,并且在某些方面存在一定的短板和不足,政府有责任帮助企业克服这些缺点,使企业在不断提高自身应急管理水平的基础上增强灾害参与意愿和能力。

首先,企业自身需要良好的发展环境。企业想要发展,就离不开有利的环境。而由于企业自身的营利性本质,企业所有者不可能将大量的资金、技术及人员投入到对周边环境的优化上,在应急管理上更是如此。第一,企业的发展

企业参与应急管理

依托于所在社区的状况,企业自身对应急管理的投入和灾害参与能力,依赖于社区整体防灾水平的提升。第二,企业在发展过程中时刻面临着外部的竞争,市场竞争的压力也迫使企业自身无法将大量的精力与资金投入到应急管理工作中去,因为企业必须时刻保持自身履行社会责任与追求经济利润之间的平衡。在中国,不少企业具有灾害参与的优势和潜力,也有着灾害参与的意愿,但是迫于环境的压力与营利的需要,它们不得不弱化自身的灾害参与意识。即使企业能够积极地参与到应急管理过程中,与政府协同应对灾害,这种合作也具有很大的不稳定性,企业在资金、人员、技术上的投入随时会因市场的变化而减少。

其次,有的企业自身并不具备灾害参与的能力。Webb 与 Tierney 等学者研究发现,企业规模是影响企业进行灾害防御的最主要因素,较大的企业往往比较小的企业有着更好的防灾准备。[①] 中国的国有大中型企业及其他大型企业拥有雄厚的资金实力,其充足的储备资金可以用于应急管理投入。但对于那些中小企业来说,由于规模较小、资金紧缺,管理者难以将有限的资金用于应急管理工作。另外需要特别注意的是,企业的所有制形式也会在很大程度上影响企业灾害参与的倾向性。例如,以租赁方式获得企业的企业主,往往不愿意将过多的资金投入到应急管理工作中,因为这样会给企业所有者带来沉重的负担。而且从所有权上来说,租赁者也没有义务承担非人为因素给企业带来的损失(主要是物理性伤害)。

最后,企业独立开展应急管理工作具有盲目性。与政府进行应急管理一样,企业自身参与应急管理工作,也存在着一系列先天性不足。造成这些缺陷的原因是多方面的,企业自身往往难以克服。例如,企业虽然拥有雄厚的资金,但是由于缺乏经验和指导,在灾害防治方面的投入很可能是无效的或收效甚微的。另外,一些企业由于无法明确与政府之间的权力边界问题,往往在灾

---

① Webb J. Tierney and Dahlhamer, "Businesses And Disasters: Emprical Patterns And Unanswered Questions", *Natural Hazards Review*, 2000(6), pp.86-87.

害参与过程中,出现"越权"现象与权力混乱的现象,例如在灾害发生之后对社区开展救援工作的领导权问题。权力边界的模糊,使政府与企业出现应急管理工作的重叠与权力的冲突,会对灾害救援工作造成极大的阻碍。还有,企业立足社区,虽然能够熟知社区的情况和需要,但是企业管理者往往并不具备对灾害做出宏观把握的能力,不清楚政府已经做了什么,哪些是需要企业去做的。因此,企业在参与灾害救援工作时往往会与政府的应急管理工作相重叠,导致资源的浪费,这也极大地影响企业灾害参与的有效性与积极性。

总而言之,政府无论是履行政治责任、法律责任还是社会责任,都应注重从两个方面进行把握。一是在政策、法律制定的过程中,应充分体现对企业的重视,将企业灾害参与真正纳入到政策与法制的轨道之中,这是政府帮助与引导企业参与应急管理工作的前提;二是政府在具体的操作过程中应当严格遵守法律法规,依法行政,在应急管理过程中充分保障企业的利益。

(二)政府在企业参与应急管理中的作用

政府作为应急管理的核心主体,需要在整个应急管理过程中发挥主导作用,同时为了提高效率,还必须开发与利用包括企业在内的各种社会力量参与应急管理。对企业灾害参与而言,需要为企业参与应急管理创造良好条件并做好服务工作。一方面,政府需要在应急管理制度建设过程中充分吸纳企业力量,将企业应急管理与企业灾害参与纳入国家应急管理体系;另一方面,政府通过制度建设,赋予企业灾害参与工作的合理性与合法性,为企业参与应急管理扫清制度障碍并提供有利环境。

1.鼓励企业参与应急管理

一方面,作为营利性经济组织,企业保护自身财产不受损失的内在动机驱使着企业参与应急管理;另一方面,这种动机在某种程度上与企业追求利益最大化的目标相冲突,使企业灾害参与活动往往具有被动性与滞后性特点。对企业管理者来说,在进行决策时永远都需要平衡应急管理支出与收益之间的关系,这与政府行政人员担心受到行政问责一样,会导致决策的保守。政府具有社会治理的职能,其拥有的强大政治权力使之能够在灾害发生时动员一切社会力量参与到灾害救援中,共同维护社会的安全与稳定。因此,政府应该充分鼓励企业,使企业有意愿参与应急管理工作。政府可以通过一系列相应的奖惩措施,促进企业尽最大努力参与应急管理,发挥其最大潜能。此外,政府需要通过防灾减灾教育,同时辅之以思想教育,并通过舆论宣传使企业认识到,在当今风险社会,参与应急管理是企业履行社会责任的重要表现,企业有责任同政府与其他组织一道,共同承担起应急管理的重任,战胜各类天灾人祸,从而提高企业的灾害参与意识。政策性的鼓励是对企业积极参与应急管理活动最有效的推动力。政府应该通过制定一系列针对性的政策,为企业参与应急管理提供便利,在企业开展防灾减灾措施的道路上广开绿灯,并给予一定的资金、技术与政策支持。这不仅有利于企业自身做好防灾减灾工作,也有利于企业的经济发展,从而提高企业灾害参与的积极性。

2. 引导企业参与应急管理

企业参与应急管理的有效性直接影响其工作效率。企业参与应急管理的途径多种多样,但是究竟采取何种途径参与应急管理,除了企业自身条件之外,离不开政府的宏观指引。一般企业参与应急管理时,主要凭借自身经验行事,对其所采取的方法与途径是否有效、决策是否科学可行缺乏应有的认知[1]。由于政府有从事宏观调控的经验,加上政府掌握大量相关信息,使其对企业所做决策的可行性、管理方法的科学性有着更加客观的认识,因此政府往往能够更加合理地引导企业,提高企业参与应急管理过程中方法与决策的

---

[1] 参见翟富炜:《企业参与灾害管理的方式与路径研究》,江苏师范大学硕士学位论文,2017年。

第九章　企业参与应急管理的制度化建设

合理性。政府建立相关的防灾减灾机构、出台相应的政策,并且通过有力的宣传使企业明确参与的方法与途径,能够更加合理地实现资源配置,并且避免企业灾害参与过程中同政府的权力冲突、资源重叠与决策相悖等现象。另外,政府强化对企业参与应急管理方面的引导和规范,为企业参与应急管理提供统一的评价标准,有助于企业参与应急管理制度化发展,从而大大提高企业灾害参与的效率。一般而言,政府可以通过政策引导、法律引导与实践引导三种方式推进企业参与应急管理工作。

(1)政策引导。即政府制定相关的政策或通过颁布发展规划来引导企业参与应急管理。政府通过宏观引导,帮助企业审视灾害参与的方向,以便使企业能够思考自身参与应急管理的途径。例如,政府出台相关政策,向小微企业提供用于应急管理的无息或低息贷款,那么这些企业便可以减少自有资金的投入,从而转向对技术、管理方面的改进。另外,政府所颁布的发展规划尤其是应急管理规划,也能为企业参与应急管理提供指导,因为政策的发布是最为宏观的,可以使所有企业都一目了然,从而提前做好准备,提高参与的效率。

(2)法律引导。各级政府通过法律法规尤其是地方性法规的形式,明确规定企业在灾害参与过程中哪些可以做,哪些不可以做,为企业灾害参与活动划清边界。对企业来说,这并不是戴着镣铐跳舞,而是政府引导与帮助企业做好其分内之事,避免与政府出现冲突,提高企业参与应急管理的有效性。

(3)实践引导。这指的是政府在进行应急管理活动的过程中,以自身的实践为榜样,引导企业参与应急管理。应对卡特里娜飓风的经验表明,在应急管理方面,政府虽然需要大力向私营部门学习,但政府也有值得私营部门学习的地方。[1] 传统的政府主导的应急管理模式诚然存在一系列的弊端,但是政府在协调能力与资源动员等方面具有企业难以具备的优势,在不少方面可以做得更好。更重要的是,政府相关部门和人员在长期工作中积累了丰富的应

---

[1] Daniel Gross, *What FEMA Could Learn from Wal-Mart: Less Than You Think*, http://www.slate.com/id/2126832.

急管理经验,这些经验往往是企业与企业管理者所欠缺的。在应急管理过程中,政府应当成为企业做好应急管理工作的榜样,包括对应急管理工作的重视、相关法律法规的出台与实施等,为企业参与应急管理搭建良好平台,让企业感受到参与应急管理是自身社会责任的重要组成部分。

3. 支持企业参与应急管理

政府掌握着丰富的公共资源,又具有很强的宏观调控能力。企业参与应急管理时,政府应当充当企业的强大后盾,为企业提供资金、技术、政策与人力资源等方面的支持。政府合理利用社会资源帮助企业参与应急管理,能够极大地减轻企业自身的防灾减灾压力,使企业得以将灾害参与活动的重点放在自身所擅长的领域,以进一步实现应急管理中企业、政府与社会组织的优势互补。另外,政府开发的资源共享机制,应最大限度地吸收企业与社会组织的力量,推进应急管理主体的多元化发展。目前,各国政府都在逐步建立资源共享平台,以便在危机和灾害来临时能够充分整合有用的信息与资源,帮助企业与政府、社会组织实现资源共享与资源互补,加快信息传达的速度,集中一切力量为灾害救援服务。例如,中国已经建立起统一的自然灾害信息系统,灾害来临时,政府通过其中的灾害信息监测系统、灾害信息分析系统与预警信息发布系统,将政府掌握的信息与做出的决策及时反馈给企业及其他社会组织,为其提供信息支持与决策支持,帮助企业更好地参与应急管理。

四、企业参与应急管理的制度化建设路径[①]

企业参与应急管理远非只是捐款捐物那么简单,高水平的企业参与是多途径、多方式、全方位、全过程的参与,需要通过公共政策进行相关放权、赋能。

---

① 参见杨安华:《论企业参与应急管理的制度化建设》,《探索》2020 年第 5 期。

第九章　企业参与应急管理的制度化建设

我国应该以此次疫情防控为契机,同时充分利用应急管理部成立后的制度优势,超前思维,精准施策,通过制度化建设、将企业纳入国家应急管理体系等多途径,实现企业参与应急管理制度化、组织化,通过形成制度化的激励与约束机制,进一步提高企业参与应急管理的水平和能力。

(一)健全法律法规,推动企业应急参与的法制化

习近平总书记强调,各级党委和政府要全面依法履行职责,在处置重大突发事件中推进法治政府建设,提高依法执政、依法行政水平。推动企业参与应急管理首先需要做的是健全相关法律法规。2018年,中华人民共和国应急管理部的组建虽然提高了应急管理工作的系统性、整体性、协同性,但也存在不足。此次疫情是对应急管理部组建以来我国应急能力的一次重要检验,暴露出一些新情况、新问题,其中最重要的问题之一是当前的应急管理分工只是针对常态化管理和应对一般突发事件,而对超出了单个部门应对能力的重特大灾害事件应对缺乏充分考虑。即当前的应急管理体制没有充分考虑常态化和非常态化两种完全不同的灾害应对模式对应急能力截然不同的要求,从而使得在此次疫情应对中,作为专业机构的应急管理部被置身事外,地位非常尴尬[1]。这表明应对巨灾时的非常态化管理必须超越现有分工,采取联合行动。而在不打破现有体制的情况下,当务之急是成立一个超越当前应急管理分工的联合行动框架。需要加快成立由各级党委和政府主要负责人牵头负责,相关部门为成员单位的应急委员会,同时借鉴大多数国家的通则,制定《紧急状态法》,作为针对所有类型灾害和紧急事件应对的行动指南,通过明确规定政府(包括所有应急管理相关部门)、企业、非政府组织与公众在应急响应中的作用与职责,实现各类灾害尤其是巨灾发生后的非常规协同应对。针对企业,需根据企业优势和行业特点,规定应急响应阶段不同企业

---

[1] 参见童星:《兼具常态与非常态的应急管理》,《广州大学学报(社会科学版)》2020年第2期。

的参与责任与参与行为,包括参与责任、参与方式以及与政府、非政府组织之间的合作。这些需要在《中华人民共和国突发事件应对法》与《中华人民共和国传染病防治法》等法律以及《国家突发公共事件总体应急预案》中做出相应规定,从而形成对企业参与应急管理的法制化保障与约束,实现企业应急参与的法制化发展。

(二)将应急参与纳入企业社会责任评价体系,强化参与意识

意识往往决定行动。增强参与意识是推动企业参与应急管理的基础,要提高企业参与应急管理的能力,首先需要提高企业的应急参与意识。参与意识是在参与实践中形成的,受社会提供给其成员参与条件的重要影响。社会提供的参与条件主要分为两个方面:一是该社会的法规道德等规范所规定的和所允许的社会成员的参与权;二是能保障这些参与权落到实处的社会体制机制。具体到企业参与应急管理,第一个方面主要由前文所述通过建立健全相关法律法规、将企业纳入国家应急管理体系等措施来实现。实现第二个方面的基本措施是将参与应急管理纳入企业社会责任评价体系,完善企业社会责任制度。在观念上倡导参与应急管理是企业社会责任的重要组成部分,大力提倡企业将应急能力建设和应急参与作为常规管理工作;在制度建设方面,建立将参与应急管理作为一项重要指标的企业社会责任评价制度。为提高权威性,具体评估工作可以委托第三方独立机构来做,每年做一次,或每两年做一次,评估结果向社会公开,以此增强企业的应急参与意识,推动企业加强应急参与能力建设,使更多企业的应急参与由公司导向模式向社区导向模式发展①,提高我国企业参与应急管理能力与水平。

---

① 公司导向的灾害参与模式主要关注企业的自身利益,社区导向的灾害参与模式关注更广泛的社区利益相关者,企业积极参与应急救援并维持和修复社区在灾害中和灾害后的关键基础设施,主动与政府、客户、民众一起,共同致力于韧性社区建设,使社区能够最大限度地抗击自然灾害与其他极端事件的冲击。

(三)适度放权授权,激发企业参与应急管理的潜力

国家治理现代化的一个重要方面就是将市场等社会力量纳入国家治理体系,形成多元主体协同治理。应急管理作为国家治理的重要内容,建立与完善以市场为重要协作主体的共建共享现代化的应急体系,既是践行国家治理现代化的客观要求,也是企业参与应急管理最为有效的保障。这就要求政府适度放权并合理授权,充分激发企业的参与潜力,为企业多途径、多方式、全方位、全过程参与应急管理提供空间,让企业有机会充分发挥其对市场需求的敏感性等方面的优势,提高应急准备,尤其是灾害发生后的应急物资供应效率,弥补政府在这些方面的不足。我们的调查显示,进一步激发企业参与应急管理的潜力、提高企业参与疫情防控效率需要"政府支持企业参与,更多赋权","政府放宽政策,吸引更多企业参与"[①]。要适度赋权,第一,政府需要明确自身在应急管理中的角色。应急管理理论和国内外实践均表明,政府部门在应急管理中的主要作用是规划、协调、调度与监管,与政府其他职能一样,主要是"掌舵"而非"划桨"。第二,在明确政府责任的基础上进行赋权,也就是对于那些紧急救援与恢复重建、疫情防控等具体操作层面的工作,尤其是技术性与专业性强的工作应该通过向社会购买服务等方式让渡给企业,或与企业合作,将企业在资源、技术和装备等方面的优势整合到国家应急管理体系,实现优势互补,提高应急管理效能。

(四)搭建政企合作平台,畅通参与渠道

通畅的渠道不仅有助于提高企业参与应急管理的积极性,也便于企业高效参与应急管理。在卡特里娜飓风中美国政府行动低效,重要原因之一是未将企业整合到国家应急响应行动规划中,导致私营部门在参与灾害救援时与政府在协调行动中出现"短路",大大影响了救援效率。为吸取这一教训,

---

① 我们调查问卷的最后一题是开放式问题:"对如何进一步提高企业参与疫情防控效率,您有哪些建议?"

2008年美国发布《国家应急响应框架》,将企业纳入国家应急管理体系,并将其定位为"在突发紧急事件发生之前、之中与之后都起着关键作用",同时明确规定了私营部门在应急管理中的作用与职责,以及政府、非政府组织、企业与公众在应急管理中的合作与分工,其中规定私营部门应"通过与各级政府建立伙伴关系为灾害响应贡献力量"。在新冠疫情防控初期,我国企业的参与再次遭遇"短路",未能与政府有效对接,有力无处使。为克服这一不足,畅通参与渠道,需要在应急管理部设置企业应急管理处,作为企业与政府之间的互动平台,负责企业参与应急管理相关工作,在人员构成上应吸收企业界人士和企业家参与,以便在应急决策中充分听取企业的意见。其重要职能包括:(1)指导企业特别是高危行业制定应急计划,使之与政府应急计划相衔接;(2)组织企业人员参加政府举办的重要应急管理工作,包括应急培训与演习;(3)核心职责是组织监督企业从事应急管理能力建设和应急参与能力建设,以及灾害发生后动员企业参与紧急救援和疫情防控。

(五)推动企业实施业务持续计划,强化企业应急能力建设

自身的抗风险能力和应急能力是企业参与应急管理的重要基础。从总体上看,当前我国企业的防灾意识淡薄,应急管理能力不强,从而导致企业的应急参与能力不足。国际上,提高企业应急管理能力的重要途径是推动企业实施业务持续计划。日本、美国与欧洲国家的不少企业实施了业务持续计划,增强了企业的灾害防范与应急能力,如业务持续计划在美国卡特里娜飓风、日本"3·11"地震海啸应对与这次新冠疫情防控中都发挥了积极有效的作用。但是我国在这方面还停留在信息部门主导、以灾害恢复为主体的低级阶段[①],难以满足风险社会企业应对灾害的需求。我国可以以这次疫情为契机,在企业推广实施业务持续计划,推动企业加强以业务持续计划为核心工作的应急管

---

① 参见吴婧、翟国方、李莎莎等:《业务持续规划及其在我国防灾事业的应用展望》,《灾害学》2015年第1期。

理能力建设。可操作的做法是,由国务院正式颁布《企业业务持续指南》,并设定十年目标。先在一些大企业试点,然后逐步实施推广,做到在十年之内中型以上企业全覆盖。这样,便可通过加强企业应急管理能力建设提高企业应急参与能力,为企业参与应急管理奠定良好基础。

(六)完善应急物资储备的政企合作模式,提升储备效能

在风险社会,政府单方面的物资储备要想完全满足应急物资需求是不现实的,因为购买、储存和维护这些物资和设备的成本太高,有必要利用企业资源。集中力量办大事是我国的重要制度优势,而企业在应急救援中的关键优势在于资源与技术,但目前没有充分激活。我国应在现有应急征用制度等相关制度的基础上,根据企业优势与行业特点,对其在应急物资储备方面的职责做出明确规定,采用政企合作模式,建立一个包括所有企业在内的应急物资、技术装备信息库,形成"平战结合,藏富于民"的应急物资储备库。一旦发生灾害需要应急物资,启动该资源库,便可迅速在全国范围内调动所有资源,克服我国应急物资储备体系短板。在操作层面,可以在全国范围内逐步建立"按需即用服务"平台,以提高应急物资调度能力。该平台来自计算机领域的"按需即用软件",意思是"一经要求,即可使用"[1]。这种服务模式不仅带来了灵活性,也会提高应对巨灾发生后需求峰值的能力,对城市来说有效而经济,而且也为企业提供了很好的商业机会,为我国应急物资储备制度改革与提

---

[1] 它是一种软件服务模式,在这种模式中,软件仅需通过互联网,不需经过传统的安装步骤即可使用,软件及其相关的数据集中托管于云端服务。用户通常使用精简客户端,一般经由网页浏览器访问即能享受服务。其最大特色在于软件本身并没有被下载到用户的硬盘,而是存储在提供商的云端或者服务器。相比传统软件需要花钱购买、下载,软件按需即用服务只需用户租用软件,在线使用,不仅大大减少了用户的购买风险也无需下载软件本身,且无设备要求的限制。塞莱默公司建立的"按需即用服务"已经在全球不少城市上线使用,发生洪灾之后,服务覆盖的各地政府可以像访问云计算或汽车共享服务一样从"按需即用服务"中得到泄洪抽水泵等抗洪物资。如桑迪飓风袭击前,公司从美国各地调动大量技术人员和数百台租赁水泵来到东海岸地区,在应对桑迪飓风中发挥了重要作用。之后,这些设备被用于多个城市的抗洪救灾。

升我国应急物资供应能力,提供了新的思路。

五、本章小结

在当今高风险社会,世界应急管理的总体发展趋势是倡导政府机构、私人部门和社会组织共同发挥作用①。对于企业而言,如今的问题不再是企业是否应该在国家安全和应急管理中发挥作用,而是应该发挥什么样的作用以及如何通过建立有效的公私合作来促进这些目标的实现②。我国已经意识到了企业在应急管理中的重要作用。如《国家突发事件应急体系建设"十三五"规划》明确指出,应积极引入市场力量参与应急管理,并制定了目标——"到2020年,建成与有效应对公共安全风险挑战相匹配、与全面建成小康社会要求相适应、覆盖应急管理全过程、全社会共同参与的突发事件应急体系"。但遗憾的是,学术界和实务部门对此都重视不够。本书基于当今高风险社会中风险与灾害的特征,论述了我国企业参与应急管理的现实需求与条件,并结合企业参与新冠疫情防控实践,分析了当前我国企业参与应急管理存在的主要短板,在此基础上,从公共政策层面提出了我国企业参与应急管理的基本路径。我们认为,高水平的参与是多途径、多方式、全方位、全过程的参与,而不只是捐款捐物。因此,除了需要企业自身主动履行社会责任,更离不开国家层面的制度化推动。以此次疫情为契机,在将企业纳入国家应急管理体系的基础上,通过建立健全法律法规,明确企业在国家应急管理体系中的角色与职责,形成对企业参与应急管理的制度化激励与约束,是提升我国应急管理体系和能力现代化水平的应有之义。

---

① 参见张海波、童星:《中国应急管理结构变化及其理论概化》,《中国社会科学》2015年第3期。

② Abou-Baker A. J., *Managing Disasters Through Public-Private Partnerships*, Georgetown University Press:Washington D. C., 2012, p.1.

参考文献

1. 蔡定剑主编:《公众参与:欧洲的制度和经验》,法律出版社2009年版。
2. 陈安、夏宝成主编:《应急管理比较研究》,中国科学技术出版社2017年版。
3. 陈颙、史培军编注:《自然灾害》,北京师范大学出版社2017年版。
4. 邓国胜等:《响应汶川——中国救灾机制分析》,北京大学出版社2009年版。
5. 邓云特:《中国救荒史》,商务印书馆2011年版。
6. 范维澄、兴淳昌等:《公共安全与应急管理》,科学出版社2017年版。
7. 高小平、刘一弘:《中国应急管理制度创新:国家治理现代化视角》,中国人民大学出版社2020年版。
8. 郭雪松、朱正威:《中国应急管理中的组织协调与联动机制研究》,中国社会科学出版社2016年版。
9. 顾林生主编:《创新与实践"4·20"芦山强烈地震雅安灾后恢复重建案例》,四川大学出版社2016年版。
10. 韩俊魁:《NGO参与汶川地震紧急救援研究》,北京大学出版社2009年版。
11. 李军鹏:《责任政府与政府问责制》,人民出版社2009年版。
12. 黄群慧、钟宏武、张蒽等:《中国企业社会责任研究报告(2016)——展望"十三五":开启社会责任新时代》,社会科学文献出版社2016年版。
13. 陆奇斌:《灾害治理实证研究:受灾群众、社会工作者、社区和社会视角》,中国社会科学出版社2017年版。
14. 罗国亮:《灾害应对与中国政府治理方式变革研究》,中国社会科学出版社2012年版。
15. 闪淳昌主编:《应急管理:中国特色的运行模式与实践》,北京师范大学出版社

2011年版。

16. 闪淳昌等:《中国突发事件应急体系顶层设计》,科学出版社2017年版。

17. 孙绍骋:《中国救灾制度研究》,商务印书馆2004年版。

18. 康晓强:《公益组织与灾害治理》,商务印书馆2011年版。

19. 童星、张海波:《中国应急管理:理论、实践、政策》,社会科学文献出版社2012年版。

20. 童星:《中国社会治理》,中国人民大学出版社2018年版。

21. 王冬芳:《非政府组织与政府的合作机制:公共危机的应对之道》,中国社会出版社2009年版。

22. 王宏伟:《应急管理新论》,中国人民大学出版社2021年版。

23. 王卓等:《灾后扶贫与社区治理》,社会科学文献出版社2014年版。

24. 吴明隆:《结构方程模型——AMOS的操作与应用》,重庆大学出版社2009年版。

25. 杨团主编:《中国慈善发展报告(2014)》,社会科学文献出版社2014年版。

26. 薛澜、张强、钟开斌:《危机管理:转型期中国面临的挑战》,清华大学出版社2003年版。

27. 姚国章:《日本灾害管理体系:研究与借鉴》,北京大学出版社2009年版。

28. 张强、陆奇斌、张欢:《巨灾与NGO:全球视野下的挑战与应对》,北京大学出版社2009年版。

29. 张强、余晓敏等:《NGO参与汶川地震灾后重建研究》,北京大学出版社2009年版。

30. 张强:《灾害治理——从汶川到芦山的中国探索》,北京大学出版社2015年版。

31. 张勤:《志愿服务参与应急管理》,中共中央党校出版社2021年版。

32. 赵昌文主编:《应急管理与灾后重建:5·12汶川特大地震若干问题研究》,科学出版社2011年版。

33. 资中筠:《财富的责任与资本主义演变:美国百年公益发展的启示》,上海三联书店2015年版。

34. 钟宏武、叶柳红、张蒽:《应急管理十二讲》,人民出版社2020年版。

35. 钟宏斌等:《中资企业海外社会责任研究报告(2016—2017)——"一带一路"倡议下的责任共同体》,社会科学文献出版社2017年版。

36. 中共中央党史和文献研究院编:《习近平关于防范风险挑战、应对突发事件论述摘编》,中央文献出版社 2020 年版。

37. Lousie Comfort:《公共行政视野下的应急管理研究与实践:兴起、演变、拓展和未来方向》,载童星、张海波主编:《风险灾害危机研究(第二辑)》,社会科学文献出版社 2016 年版。

38. [美]阿莱克斯·彭特兰:《智慧社会:大数据与社会物理学》,汪小帆、汪容译,浙江人民出版社 2015 年版。

39. [英]安东尼·吉登斯:《失控的世界》,周红云译,江西人民出版社 2002 年版。

40. [美]丹尼斯·S.米勒蒂主编:《人为的灾害》,谭徐明等译,湖北人民出版社 2008 年版。

41. [澳]罗伯特·希斯:《危机管理》,王成、宋炳辉、金瑛译,中信出版社 2001 年版。

42. [美]乔治·D.哈岛等:《应急管理概论》,龚晶等译,知识产权出版社 2012 年版。

43. [美]米切尔·K.林德尔等:《应急管理概论》,王宏伟译,中国人民大学出版社 2016 年版。

44. [德]乌尔里希·贝克:《风险社会新的现代性之路》,张文杰、何博闻译,译林出版社 2004 年版。

45. [日]竹中平藏、船桥洋一编著:《日本"3·11"大地震的启示:复合型灾害与危机管理》,林光江等译,新华出版社 2012 年版。

46. [日]白泽政和:《应对地震灾害的社会工作的方法与开发——借鉴阪神淡路大地震、中越大地震、东日本大地震的经验教训》,《社会工作》2012 年第 4 期。

47. 陈述、余迪、郑霞忠、陈爱华:《重大突发事件的协同应急响应研究》,《中国安全科学学报》2014 年第 1 期。

48. 陈仕华、马超:《企业间高管联结与慈善行为一致性——基于汶川地震后中国上市公司捐款的实证研究》,《管理世界》2011 年第 12 期。

49. 陈迎欣、张凯伦、安若红:《公众参与自然灾害应急救助的影响因素研究》,《重庆大学学报(社会科学版)》2018 年第 4 期。

50. 董幼鸿、叶岚:《技术治理与城市疫情防控:实践逻辑及理论反思——以上海市 X 区"一网统管"运行体系为例》,《东南学术》2020 年第 3 期。

51. 范如国:《"全球风险社会"治理:复杂性范式与中国参与》,《中国社会科学》2017 年第 2 期。

52. 樊博、詹华:《基于利益相关者理论的应急响应协同研究》,《理论探讨》2013 年第 5 期。

53. 顾林生：《日本"3·11"大震的灾情特点及应急管理》，《行政管理改革》2011 年第 5 期。

54. 韩文龙、周文：《国家治理体系与治理能力现代化视角下构建公共卫生应急管理协同治理体系的思考》，《政治经济学评论》2020 年第 6 期。

55. 韩冰、杨安华：《业务持续管理与传统应急管理：企业灾害管理的不同模式及效率差异——基于东汽和沃尔玛的比较分析》，《安徽行政学院学报》2015 年第 6 期。

56. 贺璇、王冰：《中国突发事件应急治理的变迁与成长——构建政府—社会—市场三维互动框架》，《学习与实践》2014 年第 11 期。

57. 姜长云、姜惠宸：《新冠肺炎疫情防控对国家应急管理体系和能力的检视》，《管理世界》2020 年第 8 期。

58. 金太军、张健荣：《重大公共危机治理中的 NGO 参与及其演进研究》，《华中师范大学学报（人文社会科学版）》2016 年第 1 期。

59. 康伟、陈茜、陈波：《基于 SNA 的政府与非政府组织在公共危机应对中的合作网络研究——以"4·20"雅安地震为例》，《中国软科学》2014 年第 5 期。

60. 李妍焱：《日本志愿领域发展的契机——以阪神大地震对民间志愿组织起到的作用为中心》，《中国非营利评论》2008 年第 12 期。

61. 林闽钢、战建华：《灾害救助中的政府与 NGO 互动模式研究》，《上海行政学院学报》2011 年第 5 期。

62. 林鸿潮：《公共应急管理中的市场机制：功能、边界和运行》，《理论与改革》2015 年第 3 期。

63. 刘亚娜、罗希：《日本应急管理机制及对中国的启示——以"3·11 地震"为例》，《北京航空航天大学学报（社会科学版）》2011 年第 5 期。

64. 卢为民、马祖琦：《国外灾害治理的体制与机制初探——经验借鉴与思考》，《浙江学刊》2013 年第 5 期。

65. 潘越、翁若宇、刘思义：《私心的善意：基于台风中企业慈善捐赠行为的新证据》，《中国工业经济》2017 年第 5 期。

66. 彭勃：《技术治理的限度及其转型：治理现代化的视角》，《社会科学》2020 年第 5 期。

67. 青木尚美、李哲诚、吕梓健等：《日本 3·11 大地震后的广域协作：对负责的灾害管理的启示》，《国际行政科学评论（中文版）》2015 年第 3 期。

68. 渠慎宁、杨丹辉：《突发公共卫生事件的智能化应对：理论追溯与趋向研判》，

《改革》2020年第3期。

69. 沙勇忠、刘海娟：《美国减灾型社区建设及对我国应急管理的启示》，《兰州大学学报（社会科学版）》2010年第2期。

70. 山立威、甘犁、郑涛：《公司捐款与经济动机——汶川地震后中国上市公司捐款的实证研究》，《经济研究》2008年第11期。

71. 史培军、张欢：《中国应对巨灾的机制——汶川地震的经验》，《清华大学学报（哲学社会科学版）》2013年第3期。

72. 史培军、杜鹃、叶涛等：《加强综合灾害风险研究，提高应对灾害风险能力——从第6届国际综合灾害风险管理论坛看我国的综合减灾》，《自然灾害学报》2006年第5期。

73. 史晨、钟灿涛、耿曙：《创新导入的接力赛——健康码案例中的初创企业、平台企业和地方政府》，《科学学研究》2021年第1期。

74. 唐桂娟：《美国应急管理全社区模式的实施及对中国的启示》，《中国行政管理》2017年第6期。

75. 滕五晓：《试论防灾规划与灾害管理体制的建立》，《自然灾害学报》2004年第3期。

76. 田思源：《论政府责任法制化》，《清华大学学报（哲学社会科学版）》2006年第2期。

77. 童星：《风险灾害危机连续统与全过程应对体系》，《学习论坛》2012年第8期。

78. 童星、张海波：《基于中国问题的灾害管理分析框架》，《中国社会科学》2010年第1期。

79. 王德迅：《业务持续管理的国际比较研究》，《世界经济与政治》2008年第6期。

80. 王德迅：《日本灾害管理体制改革研究——以"3·11东日本大地震"为视角》，《南开学报（哲学社会科学版）》2016年第6期。

81. 王菁、程博、孙元欣：《期望绩效反馈效果对企业研发和慈善捐赠行为的影响》，《管理世界》2014年第8期。

82. 王光星、许尧、刘亚丽：《社会力量在应急管理中的作用及其完善——以2009年部分城市应对暴雪灾害为例》，《中国行政管理》2010年第7期。

83. 王宏伟、董克用：《应急社会动员模式的转变：从"命令型"到"治理型"》，《国家行政学院学报》2011年第5期。

84. 汪辉、徐蕴雪、卢思琪等：《恢复力、弹性或韧性？——社会—生态系统及其相关研究领域中"Resilience"一词翻译之辨析》，《国际城市规划》2017年第4期。

85. 文军:《新型冠状病毒肺炎疫情的爆发及共同体防控——基于风险社会学视角的考察》,《武汉大学学报(哲学社会科学版)》2020年第3期。

86. 吴婧、翟国方、李莎莎等:《业务持续规划及其在我国防灾事业的应用展望》,《灾害学》2015年第1期。

87. 伍国春:《志愿者服务及其制度化研究——基于日本中越冲地震灾害志愿者中心的实证分析》,《甘肃行政学院学报》2010年第5期。

88. 伍国春:《日本近现代地震及其次生灾害的社会影响》,《地震学报》2012年第5期。

89. 习近平:《全面提高依法防控依法治理能力　健全国家公共卫生应急管理体系》,《求是》2020年第5期。

90. 筱雪、吴雅琼、吕志坚等:《日本应急管理的最新进展研究》,《中国软科学》2009年第S2期。

91. 薛澜、陶鹏:《从自发无序到协调规制:应急管理体系中的社会动员问题——芦山抗震救灾案例研究》,《行政管理改革》2013年第6期。

92. 薛澜:《学习四中全会〈决定〉精神,推进国家应急管理体系和能力现代化》,《公共管理评论》2019年第3期。

93. 许年行、李哲:《高管贫困经历与企业慈善捐赠》,《经济研究》2016年第12期。

94. 颜昌武、杨郑媛:《什么是技术治理?》,《广西师范大学学报(哲学社会科学版)》2020年第2期。

95. 杨安华:《企业参与:新时代中国灾害治理的新趋势》,《电子科技大学学报(社会科学版)》2018年第5期。

96. 杨安华:《论企业参与应急管理的制度化建设》,《探索》2020年第5期。

97. 杨安华、许珂玮:《论企业参与灾害治理的政府责任和作用》,《武汉科技大学学报(社会科学版)》2018年第4期。

98. 杨安华、张伟:《公司导向与社区导向——理解企业灾害参与的两种不同模式》,《风险灾害危机研究》2018年第2期。

99. 杨安华、童星、王冠群:《跨边界传播:现代危机的本质特征》,《浙江大学学报(人文社会科学版)》2012年第6期。

100. 杨安华、田一:《企业参与灾害管理能力发展:从阪神地震到3·11地震的日本探索》,《风险灾害危机研究》2017年第1期。

101. 杨安华、田一:《参与灾害管理:日本应对3·11地震的实践与启示》,《江海学刊》2016年第1期。

102. 杨安华、许珂玮：《风险社会企业如何参与灾害管理——基于沃尔玛公司参与应对卡崔娜飓风的分析》，《吉首大学学报（社会科学版）》2016年第1期。

103. 阳镇、尹西明、陈劲：《新冠肺炎疫情背景下平台企业社会责任治理创新》，《管理学报》2020年第10期。

104. 姚国章、邓民宪：《日本地震灾害保险体系的发展与演进》，《中国应急管理》2009年第2期。

105. 余树华、周林生：《社区应急管理的定位研究》，《华南理工大学学报（社会科学版）》2016年第1期。

106. 张成福：《公共危机管理：全面整合的模式与中国的战略选择》，《中国行政管理》2003年第7期。

107. 张海波：《应急管理的全过程均衡：一个新议题》，《中国行政管理》2020年第3期。

108. 张海波、尹铭磊：《应急响应中的突生组织网络——"鲁甸地震"案例研究》，《公共管理学报》2016年第2期。

109. 张海波、童星：《高风险社会中的公共政策》，《南京师大学报（社会科学版）》2009年第6期。

110. 张海波、童星：《中国应急管理结构变化及其理论概化》，《中国社会科学》2015年第3期。

111. 张海波、童星：《中国应急管理效能的生成机制》，《中国社会科学》2022年第4期。

112. 张海波、童星：《应急管理创新：分化、前延与转向——以日本"3·11"大地震为案例》，《湖南师范大学社会科学学报》2012年第3期。

113. 张勤、钱洁：《促进社会组织参与公共危机治理的路径探析》，《中国行政管理》2010年第6期。

114. 张康之：《论社会治理中的协作与合作》，《社会科学研究》2008年第1期。

115. 张立荣、冷向明：《协同治理与我国公共危机管理模式创新——基于协同理论的视角》，《华中师范大学学报（人文社会科学版）》2008年第2期。

116. 张立荣、冷向明：《协同学语境下的公共危机管理模式创新探讨》，《中国行政管理》2007年第10期。

117. 张建君：《竞争—承诺—服从：中国企业慈善捐款的动机》，《管理世界》2013年第9期。

118. 张敏、马黎珺、张雯：《企业慈善捐赠的政企纽带效应——基于我国上市公司的经验证据》,《管理世界》2013 年第 7 期。

119. 张蒽、钟宏武、魏秀丽:《中央企业慈善捐赠特征与影响因素研究》,《学习与探索》2020 年第 9 期。

120. 赵延东、邓大胜、李睿婕:《汶川地震灾区的社会资本状况分析》,《中国软科学》2010 年第 8 期。

121. 钟开斌:《建立民间组织有序高效参与灾害管理的机制》,《中国减灾》2013 年第 8 期。

122. 张强、陆奇斌、张秀兰:《汶川地震应对经验与应急管理中国模式的建构路径——基于强政府与强社会的互动视角》,《中国行政管理》2011 年第 5 期。

123. 周秀平、刘求实:《非政府组织参与重大危机应对的影响因素研究——以应对"5·12"地震为例》,《南京师大学报(社会科学版)》2011 年第 5 期。

124. 周金恋、门钰璐:《社会组织参与自然灾害救助困境的影响因素探究——基于 Nvivo11 的质性分析》,《河南社会科学》2017 年第 12 期。

125. 朱虹:《SARS 危机:公共卫生体系的断裂与重构》,《南京大学学报(哲学·人文科学·社会科学)》2003 年第 5 期。

126. Abou-Bakraj, *Managing Disasters Through Public-Private Partnerships*, Washington D.C.: Georgetown University Press, 2012.

127. Adamou C., "Business Continuity Management in International Organisations", *Journal of Business Continuity & Emergency Planning*, 2013, 7(3), pp.221-229.

128. Agle B. R., Donaldson T., Freeman R. E., Jensen M. C., Mitchell R. K., & Wood D. J., "Dialogue: Toward Superior Stakeholder Theory", *Business Ethics Quarterly*, 2008, 18(2), pp.153-190.

129. Agle B. R., Mitchell R. K., & Sonnenfeld J. A., "Who Matters to CEOs? An Investigation of Stakeholder Attributes and Salience, Corporate Performance and CEO Values", *Academy of Management Journal*, 2017, 42(5), pp.507-525.

130. Alesi P., "Building Enterprise-Wide Resilience by Integrating Business Continuity Capability into Day-to-Day Business Culture and Technology", *Journal of Business Continuity & Emergency Planning*, 2008, 2(3), pp.214-220.

131. Agranoff R., *Collaborating to Manage: A Premier for the Public Sector*, Washington, D.C.: Georgetown University Press, 2012.

132. Agranoff R. and M. McGuire, *Collaborative Public Management: New Strategies for Local Governments*, Washington, D.C.: Georgetown University Press, 2003.

133. Ali Farazmand, Ed., *Global Cases in Best and Worst Practice in Crisis and Emergency Management*, CRC Press, 2016.

134. Allenby B. & Fink J., "Toward Inherently Secure and Resilient Societies", *Science*, 2005, pp.1034–1036.

135. An B. Y. & Tang S. Y., "Lessons from COVID-19 Responses in East Asia: Institutional Infrastructure and Enduring Policy Instruments", *American Review of Public Administration*, 2020, 50(6-7), pp.790–800.

136. Ansell C. & Bartenberger M., *Political Pragmatism and Crisis Management*, Edward Elgar, 2019.

137. Ansell C. & Boin A., "Taming deep uncertainty: The Potential of Pragmatist Principles for Understanding and Improving Strategic Crisis Management", *Administration & Society*, 2019, 51(7), pp.1079–1112.

138. Ansell C., Sørensen E., Torfing J., "The COVID-19 Pandemic as a Game Changer for Public Administration and Leadership? The Need for Robust Governance Responses to Turbulent Problems", *Public Management Review*, 2021, 23(7), pp.949–960.

139. Auerswald P. E., et al. (Eds.), *Seeds of Disaster, Roots of Response: How Private Action Can Reduce Public Vulnerability*, Cambridge, UK: Cambridge University Press, 2006.

140. Ballesteros L., Useem M., Wry T., "Masters of Disasters? An Empirical Analysis of How Societies Benefit From Corporate Disaster Aid", *Social Science Electronic Publishing*, 2017, 60(5), pp.1682–1708.

141. Ballesteros L., *How Firms Bring Social Innovation and Efficiency to the Global Effort to Recover From National Uncertainty Shocks*, Handbook of Inclusive Innovation, Edward Elgar Publishing, 2019.

142. Berman S. L., Wicks A. C., Kotha S., & Jones T. M., "Does Stakeholder Orientation Matter? The Relationship Between Stakeholder Management Models and Firm Financial Performance", *Academy of Management Journal*, 1999, 42(5), pp.488–506.

143. Birkland T. A., (1997). *After Disaster: Agenda Setting, Public Policy, and Focusing Events*, Washington, D.C.: Georgetown University Press.

144. Boin A. & McConnell A., "Preparing for Critical Infrastructure Breakdowns: The Limits of Crisis Management and the Need for Resilience", *Journal of Contingencies and Crisis Management*, 2007, 15(1), pp.50–59.

145. Boin R.A., Hart P., Stern E., & Sundelius B., *The Politics of Crisis Management*:

Public Leadership Under Pressure, Cambridge, UK: Cambridge University Press, 2005.

146. Boin R. A., Kofman-Bos C., & Overdijk W. (2004)., "Crisis Simulations: Exploring Tomorrow's Vulnerabilities and Threats", *Simulation & Gaming*, 35(3), pp.378-393.

147. Boin R.A. & Lagadec P., "Preparing for the Future: Critical Challenges in Crisis Management", *Journal of Contingencies and Crisis Management*, 2000, 8(4), pp.185-191.

148. Boin A. & Lodge M., "Designing Resilient Institutions for Transboundary Crisis Management: A Time for Public Administration", *Public Administration*, 2016, 94(2), pp.289-298.

149. Boin A., Overdijk W., Van der Ham C., Hendriks J., & Sloof D., *COVID-19: Een Analyse Van De Nationale Crisisrespons*, Crisis University Press, 2020.

150. Bolin R.C. & Stanford L., "Shelter, Housing and Recovery: A Comparison of U.S. Disasters", *Disasters*, 1991, 15(1), pp.24-34.

151. Boin A., McConnell A., t Hart P., "Governing the Pandemic: The Politics of Navigating a Mega-Crisis", *Springer Nature*, 2021.

152. Brammer S. & Millington A., "Does it Pay to Be Different? An Analysis of the Relationship Between Corporate Social and Financial Performance", *Strategic Management Journal*, 2005, 29(12), pp.1325-1343.

153. Bridoux F. & Stoelhorst J. W., "Microfoundations for Stakeholder Theory: Managing Stakeholders with Heterogeneous Motives", *Strategic Management Journal*, 2014, 35(1), pp.107-125.

154. Brammer S., Millington A., "Firm Size, Organizational Visibility and Corporate Philanthropy: An Empirical Analysis", *Business Ethics: A European Review*, 2006, 15(1), pp.6-18.

155. Bruneau M. et al., "A Framework to Quantitatively Assess and Enhance the Seismic Resilience of Communities", *Earthquake Spectra*, 2004, 19(4), pp.733-752.

156. Bryden Alen and Marina Caparini, Eds. *Private Actors and Security Governance*, Munster: LIT Verlag, 2006.

157. Bynander F. & D. Nohrstedt (Eds.), *Collaborative Crisis Management*, New York: Routledge, 2020.

158. Castillo C., "Disaster Preparedness and Business Continuity Planning at Boeing: An Integrated Model", *Journal of Facilities Management*, 2004, 3(1), pp.8-26.

159. Busch T., "Organizational Adaptation to Disruptions in the Natural Environment: the Case of Climate Change", *Scandinavian Journal of Management*, 2011, 27(4), pp.389-404.

160. Chamlee-Wright E. & Storr V. H., "Commercial Relationships and Spaces after Disaster", *Society*, 2014, 51(6), pp.656-664.

161. Chen J. et al., "Public-Private Partnerships for the Development of Disaster Resilient Communities", *Journal of Contingencies and Crisis Management*, 2013, 21(3), pp.130-143.

162. Chatterjee R., Shaw R., *Role of Regional Organizations for Enhancing Private Sector Involvement in Disaster Risk Reduction in Developing Asia*, Disaster management and private sectors, Springer, Tokyo, 2015.

163. Chen Y., Zhang J., Tadikamalla P. R., et al., "The Mechanism of Social Organization Participation in Natural Hazards Emergency Relief: A Case Study Based on the Social Network Analysis", *International Journal of Environmental Research and Public Health*, 2019, 16(21), pp.1-20.

164. Comfort L. K., Siciliano M. D., Okada A., "Resilience, Entropy, and Efficiency in Crisis Management: The January 12, 2010, Haiti Earthquake", *Risk, Hazards & Crisis in Public Policy*, 2011, 2(3), pp.1-25

165. Crampton W. & Patten D., "Social Responsiveness, Profitability and Catastrophic Events: Evidence on the Corporate Philanthropic Response to 9/11", *Journal of Business*, 2008, 81(4), pp.863-873.

166. Cutter S. L. et al., "A Place-Based Model for Understanding Community Resilience to Natural Disasters", *Global Environmental Change*, 2008, 18(4), pp.598-606.

167. Dahlberg R., Johannessen-Henry C. T., Raju E., et al., "Resilience in Disaster Research: Three Versions", *Civil Engineering and Environmental Systems*, 2015, 32(1-2), pp.44-54.

168. Dahlberg R., Rubin O., & Vendelø M. T. (Eds.), *Disaster Research: Multidisciplinary and International Perspectives*, Routledge, 2015.

169. David P., Bloom M., & Hillman A. J., "Investor Activism, Managerial Responsiveness and Corporate Social Performance", *Strategic Management Journal*, 2007, 28(1), pp.91-100.

170. Donaldson T. & Preston L. E., "The Stakeholder Theory of the Corporation: Con-

cepts, Evidence, and Implications", *Academy of Management Review*, 1995, 20(1), pp. 65-91.

171. Dunn-Cavelty M. & Suter M., "Public-Private Partnerships are No Silver Bullet: An Expanded Governance Model for Critical Infrastructure Protection", *International Journal of Critical Infrastructure Protection*, 2009, 2(4), pp.179-187.

172. Dutton J. E., Worline M. C., Frost P. J., & Lilius J., "Explaining Compassion Organizing", *Administrative Science Quarterly*, 2006, 51(1), pp.59-96.

173. Ergun O. et al., "Waffle House Restaurants Hurricane Response: A Case Study", *International Journal of Production Economics*, 2010, 126(1):111-120.

174. Farrington J., Bebbington A., Wellard K., et al., "Reluctant Partners: Non-Government Organizations, the State and Sustainable Agricultural Development", London: Routledge, *Journal of International Development*, 1993, 7(2), pp.295-296.

175. Farazmand A. (ed.), *Crisis and Emergency Management*, CRC Press, 2014.

176. Freeman R. E. (1984), "Strategic Management: A Stakeholder Approach. Toronto, Ontario, Canada: Pitman, Freeman R. E., The Wal-Mart Effect and Business, Ethics and Society", *Academy of Management Perspectives*, 2006, 20(3), pp.38-40.

177. Frooman J., "Stakeholder Influence Strategies", *Academy of Management Review*, 1999, 24(2), pp.191-205.

178. Garriga E. & Mele D., "Corporate Social Responsibility Theories: Mapping the Territory", *Journal of Business Ethics*, 2004, 53(1-2), pp.51-71.

179. Gaskell J., Stoker G., Jennings W., & Devine D., "Covid-19 and the Blunders of Our Governments: Long-Run System Failings Aggravated by Political Choices", *The Political Quarterly*, 2020, 91(3), pp.523-533.

180. Godfrey P. C., "The Relationship Between Corporate Philanthropy and Shareholder Wealth: A Risk Management Perspective", *Academy of Management Review*, 2005, 30(4), pp.777-798.

181. Gresov C. & Drazin R. (1997)., "Equifinality: Functional Equivalence in Organizational Design", *Academy of Management Review*, 22(2), pp.403-428.

182. Grimm D., "Whole Community Planning: Building Resiliency at the Local Level", *Journal of Business Continuity & Emergency Planning*, 2013, 7(3), pp.253-259.

183. Gunderson L. H. & Holling C. S. (Eds.), *Panarchy: Understanding Transformations in Human and Natural Systems*, Washington, D.C.: Island Press, 2000.

184. Haibo Zhang, "What has China Learnt from Disasters? Evolution of the Emergency Management System after SARS, Southern Snowstorm, and Wenchuan Earthquake", *Journal of Comparative Policy Analysis*, 2012, 14(3), pp.234-244.

185. Hall C. M., Malinen S., Vosslamber R., & Wordsworth R. (Eds.), *Business and Post-Disaster Management: Business, Organisational and Consumer Resilience and the Christchurch Earthquakes*, Abingdon: Routledge, 2016.

186. Hamann R., Makaula L., Zierogell G., et al., "Strategic Responses to Grand Challenges: Why and How Corporations Build Community Resilience", *Journal of Business Ethics*, 2020(4), pp.835-853.

187. Herbane B., "The Evolution of Business Continuity Management: A Historical Review of Practices and Drivers", *Business History*, 2010, 52(6), pp.978-1002.

188. Herbane B., Elliott D., & Swartz E. M., "Business Continuity Management: Time for A Strategic Role?" *Long Range Planning*, 2004, 37(5), pp.435-457.

189. Herbane B., Elliott D., & Swartz E. M., *Business Continuity Management, Second Edition: A Crisis Management Approach*, New York, NY: Routledge, 2010.

190. Hillman A. J. & Keim G. D., "Shareholder Value, Stakeholder Management, and Social Issues: What's the Bottom Line?" *Strategic Management Journal*, 2001, 22(2), pp.125-139.

191. Holling C., "Resilience and Stability of Ecological Systems", *Annual Reviews in Ecology and Systematics*, 1973, 4(5), pp.1-23.

192. Hollnagel E., Woods D. D., & Leveson N., *Resilience Engineering: Concepts and Precepts*, Burlington, VT: Ashgate, 2006.

193. Hoppe Andreas, *Catastrophes: Views from Natural and Human Sciences*, Springer, 2016.

194. Hunt A., "Strategic Philanthropy", *Across the Board*, 1986, 23(7-8), pp.23-30.

195. Horwich G., "Economic Lessons of the Kobe Earthquake", *Economic Development and Cultural Change*, 2000, 48(3), pp.521-542.

196. Horwitz S., "Walmart to the Rescue: Private Enterprise's Response to Hurricane Katrina", *Independent Review*, 2009, 13(4), pp.511-528.

197. Hsiang S. M., & Jina A. S., *The Causal Effect of Environmental Catastrophe on Long-Run Economic Growth: Evidence From 6,700 Cyclones (Working Paper No. 20352)*, Cambridge, MA: National Bureau of Economic Research, 2014, July.

198. Izumi T. and Rajib Shaw, Ed., *Disaster Management and Private Sectors: Challenges and Potentials*, Springer Publications, 2015.

199. Jerolleman A. & Kiefer P. D. (Eds.), *The Private Sector's Role In Disasters: Leveraging the Private Sector in Emergency Management*, CRC Press, 2016.

200. Johnson E., D. Hicks, N. Nan, and J. Auer, "Managing the Inclusion Process in Collaborative Governance", *Journal of Public Administration Research and Theory*, 2011, 21, pp.699-721.

201. Jones T. M., "Instrumental Stakeholder Theory: A Synthesis of Ethics and Economics", *Academy of Management Review*, 1995, 20(2), pp.404-437.

202. Jones T. M. & Wicks A. C., "Convergent Stakeholder Theory", *Academy of Management Review*, 1999, 24(2), pp.206-221.

203. Jordan S. and G. McSwiggan., *The Role of Business in Disaster Response*, U.S. Chamber of Commerce Business Civic Leadership Center, 2012.

204. Kaniasty K. & F. Norris, *Response to Disaster: Psychosocial, Community and Ecological Approaches*, Paris: Taylor and Francis Philadelphia, PA, 1999.

205. Kapucu N. et al., "What Have We Learned Since September 11, 2001? A Network Study of the Boston Marathon Bombings Response", *Public Administration Review*, 2014, (6), pp.698-712.

206. Kapucu N. and Arjen Boin, *Disaster and Crisis Management: Public Management Perspectives*, Routledge, 2014.

207. Kapucu N., "Interorganizational Coordination in Dynamic Context: Net-Works in Emergency Response Management", *Connections*, 2005, 26, pp.33-48.

208. Kapucu N., "Public-Nonprofit Partnerships for Collective Action in Dynamic Contexts of Emergencies", *Public Administration*, 2006, 84, pp.205-20.

209. Kapucu N., T. Arslan, and M. Collins, "Examining Intergovernmental and Interorganizational Response to Catastrophic Disasters: Toward A Network-Centric Approach", *Administration and Society*, 2010, 42, pp.222-247.

210. Kapucu N., T. Arslan and F. Demiroz, "Collaborative Emergency Management and National Emergency Management Network", *Disaster Prevention and Management*, 2010, 19, pp.452-68.

211. Kapucu N. and Q. Hu, "Understanding Multiplexity of Collaborative Emergency Management", *The American Review of Public Administration*, 2016, 46, pp.399-417.

212. Kapucu N. and Y. Ustun, "Collaborative Crisis Management and Leadership in the Public Sector", *International Journal of Public Administration*, 2017, 40, pp.329-341.

213. Kapucu N. and Q. Hu, "Understanding Multiplexity of Collaborative Emergency Management", *The American Review of Public Administration*, 2017, 46, pp.399-417.

214. Kapucu N., Yusuf Ustun, "Collaborative Crisis Management and Leadership in the Public Sector", *International Journal of Public Administration* 2018, 41(7), pp.548-561.

215. Kiefer J. J. and R. S. Montjoy, "Incrementalism Before the Storm: Network Performance for the Evacuation of New Orleans", *Public Administration Review*, 2016, 66, pp.122-130.

216. Klijn E-H., B. Stein and J. Edelenbos, "The Impact of Network Management on Outcomes in Governance Networks", *Public Administration*, 2010, 88, pp.1063-1082.

217. Koenig G. & Wolff E., "The Role of the Private Sector In Emergency Preparedness, Planning and Response", in E.B. Abbott & O.J. Hetzel (Eds.), *Homeland security and emergency Management: A Legal guide for state and Local governments*, Chicago: American Bar Association, 2010.

218. Kooiman Jan, ed., *Modern Governance: New Government-society Interactions*, Sage, 1993.

219. Koppenjan J., "Creating a Playing Field for Assessing the Effectiveness of Network Collaboration by Performance Measures", *Public Management Review*, 2008, 10, pp.699-714.

220. Kurtz R.S. & Browne W.P., "Crisis Management, Crisis Response: An Introduction to the Symposium", *Review of Policy Research*, 2004, 21(2), pp.141-143.

221. Lebel L.et al., "Governance and the Capacity to Manage Resilience in Regional Social-Ecological Systems", *Ecology and Society*, 2006, 11(1), pp.1-19.

222. Leelawat Natt A. Suppasri & F. Imamura, "Disaster Recovery and Reconstruction Following the 2011 Great East Japan Earthquake and Tsunami", *International Journal of Disaster Risk Science*, 2015, 6(3), pp.310-314.

223. Lein L., Angel R., Bell H., & Beausoleil J., "The State and Civil Society Response to Disaster: The Challenge of Coordination", *Organization & Environment*, 2009, 22(4), pp.448-457.

224. Lindell M.K. & Perry R.W., "Community Innovation in Hazardous Materials Management: Profess in Implementing Sara Title Iii in the United States", *Journal of Hazardous*

Materials,2001,88(2-3),pp.169-194.

225. Linnenluecke M. K., "Resilience in Business and Management Research: A Review of Influential Publications and A Research Agenda", *International Journal of Management Reviews*,2017,19(4),pp.4-30.

226. Linnenluecke M.K. and Griffiths A., "The 2009 Victorian Bushfires: A Multilevel Perspective on Organizational Risk and Resilience", *Organization and Environment*,2013,26(4),pp.386-411.

227. Linnenluecke M. K.and B. McKnight, "Community Resilience to Natural Disasters: The Role of Disaster Entrepreneurship", *Journal of Enterprising Communities*,2017, 11(1), pp.166-185.

228. Logsdon Jeanne M., Martha Reiner, and Lee Burke, "Corporate Philanthrophy: Strategic Response to the Firm's Stakeholders", *Nonprofit and Voluntary Sector Quarterly*, 1990,32(2),pp.93-109.

229. Leelawat N. et al., "Disaster Recovery and Reconstruction Following the 2011 Great East Japan Earthquake and Tsunami: A Business Process Management Perspective", *International Journal of Disaster Risk Science*,2015(6),pp.310-314.

230. Linnenluecke M., B. McKnight, "Community Resilience to Natural Disasters: The Role of Disaster Entrepreneurship", *Journal of Enterprising Communities: People and Places in the Global Economy*,2017,11 (1),pp.166-185.

231. Maak T., "Responsible Leadership, Stakeholder Engagement, and the Emergence of Social Capital", *Journal of Business Ethics*,2007,74(4),pp.329-343.

232. Madsen P. M. & Rodgers Z. J., "Looking Good by Doing Good: The Antecedents and Conse-Quences of Stakeholder Attention to Corporate Disaster Relief", *Strategic Management Journal*,2015,36(5),pp.776-794.

233. Mainardes E. W., Alves H. & Raposo M., "Stakeholder Theory: Issues to Resolve", *Management Decision*,2011,49(2),pp.226-252.

234. Margolis J. D. & Stoltz P. G., "How to Bounce Back from Adversity", *Harvard Business Review*,2010,88(1/2),pp.86-92.

235. Marquis C., Glynn M. A., & Davis G. F., "Community Isomorphism and Corporate Social Action", *Academy of Management Review*,2007,32(3),pp.925-945.

236. Martin A. & Williams J., "Public-Private Partnership from Theory to Practice: Walgreens and the Boston Public Health Commission Supporting Each Other Before and After

the Boston Bombings", *Journal of Business Continuity & Emergency Planning*, 2013, 7(3), pp.205-220.

237. McConnell A., "Success? Failure? Something in-between? A Framework for Evaluating Crisis Management", *Policy and Society*, 2011, 30, pp.63-76.

238. McConnell Allan and Alastair Stark, *Understanding Policy Responses to Covid-19: the Stars Haven't Fallen from the Sky for Scholars of Public Policy*, 2021, 28(8), pp.1115-1130.

239. McDaniels T., Chang S., Cole D., Mikawoz J. & Longstaff H., "Fostering Resilience to Extreme Events Within Infrastructure Systems: Characterizing Decision Contexts for Mitigation and Adaptation", *Global Environmental Change*, 2008, 18(2), pp.310-318.

240. McKnight B., Linnenluecke M. K., "Patterns of Firm Responses to Different Types of Natural Disasters", *Business & Society*, 2019, 58(4), pp.813-840.

241. McKnight Brent and M. K. Linnenluecke, "How Firm Responses to Natural Disasters Strengthen Community Resilience A Stakeholder-Based Perspective", *Organization & Environment*, 2016, 29(3), pp.290-307.

242. McGuire M., "Collaborative Public Management: Assessing What We Know and How We Know it", *Public Administration Review*, 2006, 66(s.), pp.33-43.

243. McGuire M. and R. Agranoff, "The Limitations of Public Management Networks", *Public Administration*, 2011, 89(2), pp.265-284.

244. McGuire M., and C. Silvia, "The Effect of Problem Severity, Managerial and Organizational Capacity and Agency Structure on Intergovernmental Collaboration: Evidence from Local Emergency Management", *Public Administration Review*, 2010, 70, pp.279-288.

245. Mileti D., *Disasters by Design: A Reassessment of Natural Hazards in the United States*, Washington, DC: Joseph Henry Press, 1999.

246. Miller D. S. & Rivera J. D., *Community Disaster Recovery and Resiliency: Exploring Global Oppor- Tunities and Challenges (1st Ed.)*, Boca Raton, FL: CRC Press, 2010.

247. Mitchell R. K., Agle B. R., & Wood D. J., "Toward a Theory of Stakeholder Identification and Salience: Defining the Principle of Who and What Really Counts", *Academy of Management Review*, 1997, 22(4), pp.853-886.

248. Mitchell G. E., R. O'Leary, and C. Gerard, "Collaboration and Per-Formance: Perspectives from Public Managers and Ngo Leaders", *Public Performance & Management Review*, 2015, 38, pp.684-716.

249. Moon M. J.," Fighting COVID-19 with Agility, Transparency and Participation: Wicked Problems and New Governance Challenges", *Public Administration Review*, 2020, 80(4), pp.651-656.

250. Morgensen F. and S. DeRue, "Event Criticality, Urgency and Duration: Understanding How Events Disrupt Teams and Influence Team Leader Inter-Vention", *The Leadership Quarterly*, 2006, 17, pp.271-287.

251. Muller A. & Kraussl R., "Doing Good Deeds In Times of Need: A Strategic Perspective on Corporate Disaster Donations", *Strategic Management Journal*, 32(9), pp.911-929.

252. Muller A. & Whiteman G., "Exploring the Geography of Corporate Philanthropic Disaster Response: A Study of Fortune Global 500 Firms", *Journal of Business Ethics*, 2009, 84(4), pp.589-603.

253. Niklas Möller, Sven Ove Hansson, Jan-Erik Holmberg and Carl Rollenhagen, *Handbook of Safety Principles*, Wiley, 2018.

254. Norris F. et al., "Community Resilience as a Metaphor, Theory, Set of Capacities, and Strategy for Disaster Readiness", *American Journal of Community Psychology*, 2008, 41(1-2), pp.127-150.

255. Nohrstedt D., Bynander F., Parker C., et al., "Managing Crises Collaboratively: Prospects and Problems—A Systematic Literature Review", *Perspectives on Public Management and Governance*, 2018, 1(4), pp.257-271.

256. O'Leary R. D., Van Slyke, and S. Kim, ed., *The Future of Public Administration Around the World*, Washington, D.C.: Georgetown Univ. Press, 2010.

257. Oetzel J.M. and Oh C.H., "Learning to Carry the Cat by the Tail: Firm Experience, Disasters and Multinational Subsidiary Entry and Expansion", *Organization Science*, 2014, 25(3), pp.732-756.

258. Parker C. F., Nohrstedt D., Baird J., et al., "Collaborative Crisis Management: A Plausibility Probe of Core Assumption", *Policy and Society*, 2020, 39(4), pp.510-529.

259. Patten D. M., "Does the Market Value Corporate Philanthropy? Evidence from the Response to The 2004 Tsunami Relief Effort", *Journal of Business Ethics*, 2008, 81(3), pp.599-607.

260. Patterson O., Weil F., & Patel K., " The Role of Community in Disaster Response: Conceptual Models", *Population Research and Policy Review*, 2010, 29(2), pp.

127-141.

261. Perry R.W. & E.L. Quarantelli (Eds.)(2004), *What is a Disaster: New Answers to Old Questions*, Philadelphia: Xlibris.

262. Phillips R., Freeman R. E., & Wicks A. C., "What Stakeholder Theory is Not", *Business Ethics Quarterly*, 2003, 13(4), pp.479-502.

263. Phillips B., *Qualitative Disaster Research*, Oxford University Press, 2014.

264. Phillips Brenda D., David M. Neal, Gary R. Webb, *Introduction to Emergency Management*, Taylor and Francis Group, 2011.

265. Porter Michael E. and Mark R. Kramer, "The Competitive Advantage of Corporate Philanthropy", *Harvard Business Review*, 2002, 80 (12), pp.56-68.

266. Porter Michael E. and Mark R. Kramer, "Strategy and Society: The Link between Competitive Advantage and Corporate Social Responsibility", *Harvard Business Review*, 2006 (12), pp.78-92.

267. Quarantelli E.L., "The Role of the Mass Communication System In Natural and Technological Disasters and Possible Extrapolation to Terrorism Situations", *Risk Management: An International Journal*, 2002, 4(4), pp.7-22.

268. Rosenthal U., Boin R.A. & Comfort L.K. (Eds.), *Managing Crises: Threats, Dilemmas, Opportunities*, Springfield, IL: Charles C Thomas, 2001.

269. Rodriguez H., Donner W. & Trainor, *Handbook of Disaster Research*, 2th Edition, Springer, 2018.

270. Rowley T. J., "Moving Beyond Dyadic Ties: A Network Theory of Stakeholder Influences", *Academy of Management Review*, 1997, 22(4), pp.887-910.

271. Sastry N., "Displaced New Orleans Residents in the Aftermath of Hurricane Katrina: Results from a Pilot Survey", *Organization & Environment*, 2009, 22(4), pp.395-409.

272. Sheffi Y. & Rice J. B. Jr., "A Supply Chain View of the Resilient Enterprise", *MIT Sloan Management Review*, 2005, 47(1), pp.41-48.

273. Shepherd D. A. & Williams T. A., "Local Venturing as Compassion Organizing in the Aftermath of a Natural Disaster: The Role of Localness and Community in Reducing Suffering", *Journal of Management Studies*, 2014, 51 (6), pp.952-994.

274. Statler M. et al., "Mobilising Corporate Resources to Disasters: A Comparative Analysis of Major Initiatives", *International Journal of Technology Policy & Management*, 2008, 8 (4), pp.359-382.

275. Storr Haeffele-Balch and Grube, *Community Revival in the Wake of Disaster: Lessons in Local Entrepreneurship*, Palgrave Macmillan, 2015.

276. Suzuki I. & Y. Kaneko, *Japan's Disaster Governance: How was the 3·11 Crisis Managed?* Springer, 2013.

277. Sylves R., *Disaster Policy and Politics: Emergency Management and Homeland Security*, Washington, D.C.: Sage Publications, 2008.

278. Stallings R.A., "Disasters as Social Problems? A Dissenting View", *International Journal of Mass Emergencies and Disasters*, 1999, 9(1), pp.90-95.

279. Stallings R.A. (Ed.), *Methods of Disaster Research*, Philadelphia: Xlibris, 1997.

280. Stewart G. T., Kolluru R. & Smith M., "Leveraging Public-Private Partnerships to Improve Community Resilience in Times of Disaster", *International Journal of Physical Distribution & Logistics Management*, 2009, 39(5), pp.343-364.

281. Tashman P. & Raelin J., "Who and What Really Matters to the Firm: Moving Stakeholder Salience Beyond Managerial Perceptions", *Business Ethics Quarterly*, 2013, 23(4), pp.591-616.

282. Tierney K. J., "Businesses and Disasters: Vulnerability, Impacts, and Recovery", in H. Rodriguez, E. L. Quarantelli, & R. R. Dynes (Eds.), *Handbook of Disaster Research* Newark, NJ: Springer, 2007, pp.275-296.

283. Tierney K.J., Lindell M. K. & Perry R.W., *Facing the Unexpected: Disaster Preparedness and Response in the United States*, Washington, DC: Joseph Henry Press, 2001.

284. Tilcsik A. & Marquis C., "Punctuated Generosity: How Mega-Events and Natural Disasters Affect Corporate Philanthropy in U.S. Communities", *Administrative Science Quarterly*, 2013, 58(1), pp.111-148.

285. Twigg J., *Corporate Social Responsibility and Disaster Reduction*, University College London: Benfield Greig Hazard Research Center, 2001.

286. Tobin G., "Sustainability and Community Resilience: The Holy Grail of Hazards Planning?" *Environmental Hazards*, 1999, 1(1), pp.13-25.

287. Tompkins E. L., Few R. & Brown K., "Scenario-Based Stakeholder Engagement: Incorporating Stakeholders Preferences into Coastal Planning for Climate Change", *Journal of Environmental Management*, 2008, 88(4), pp.1580-1592.

288. Van Wart M. & Kapucu N., "Crisis Management Competencies: The Case of Emergency Managers in the Usa", *Public Management Review*, 2011, 13(4), pp.489-511.

289. Van Leeuwen J., Gissing A.," Business Involvement in Natural Disasters in Australia and New Zealand", *Journal of Emergency Management Monograph*, 2019(4), pp. 112-120.

290. Vigdor J.,"The Economic Aftermath of Hurricane Katrina", *Journal of Economic Perspectives*, 2008, 22(4), pp.135-154.

291. Wang H., Qi H. and Ran B.,"Public-Private Collaborations Led by Private-Sector in Combating Crises: Evidence From China's Fighting Against COVID-19", *Administration & Society*, Forthcoming, 2021.

292. Wang T. & Bansal P.," Social Responsibility in New Ventures: Profiting from a Long-Term Orientation", *Strategic Management Journal*, 2012, 33(10), pp.1135-1153.

293. Waugh W. L. J. & Streib G.,"Collaboration and Leadership for Effective Emergency Management", *Public Administration Review*, Special Issue, 2006, 66, (s1), pp. 131-140.

294. Webb G. R., Tierney K. J. & Dahlmer J. M.,"Predicting Long-Term Business Recovery from Disaster: A Comparison of the Loma Prieta Earthquake and Hurricane Andrew", *Environmental Hazards*, 2002, 4(2-3), pp.45-58.

295. Webb G. R., Tierney K. J., & Dahlmer J. M.," Businesses and Disasters: Empirical Patterns and Unanswered Questions", *Natural Hazards Review*, 2000, 1(2), pp. 83-90.

296. Zhang R., Zhu J., Yue H., & Zhu C.,"Corporate Philanthropic Giving, Advertising Intensity, and Industry Competition Level", *Journal of Business Ethics*, 2010, 94(1), pp. 39-52.

297. World Bank and United Nations," Natural Hazards, Unnatural Disasters: The Economics of Effective Prevention", *The World Bank*, 2010.

298. Zsidisin G. A., Melnyk S. A., & Ragatz G. L., " An Institutional Theory Perspective of Business Continuity Planning for Purchasing and Supply Management", *International Journal of Production Research*, 2005, 43(16), pp.3401-3420.

299. 駒橋恵子、『緊急時の情報行動は平時の組織文化の反映である:東日本大震災における企業のクライシス対応』、『経済広報』、2013年6月5日。

300. 小川雄二郎、永野裕三、『1995年阪神大震災を契機とする企業の防災意識の変化に関する検討』、『地域安全学会論文報告集』、1995年。

301. 室崎益輝、岩見達也、『阪神淡路大震災と企業の防災対応』、1995年、Papers

of the annual conference of the Institute of Social Safety Science 11,(5)。

302. 内閣府、『防災白書』、日経印刷 2012 年。

303. 内閣府、『防災白書』、日経印刷 2015 年。

后　　记

随着近年来全球范围内突发事件发生频率加快和复杂程度增加,企业在突发事件应急管理中的作用也不断凸显。新冠疫情防控再次表明,企业在应急管理中发挥着不可替代的重要作用。但与政府、非政府组织有所不同的是,企业的目标是营利。因此,如何通过对企业应急参与的有效管理,最大限度地克服企业逐利本性而彰显其社会责任性的一面,使企业参与应急管理变得有序而高效,成为摆在学术界面前的重要课题。拙著算是国内在该领域的第一项系统性尝试与探索,也是我主持的国家社科基金项目"共建共治共享社会治理格局下的企业灾害参与机制研究"(项目编号:18BZZ060)的最终成果。

该成果集中了课题组人员的集体智慧,我的研究生许珂玮、田一、周雪、祝静静、邓思彬在项目完成过程中发挥了积极作用,凡是采用了课题组其他成员与研究生研究成果的地方均以脚注的形式予以标明,在此表示感谢。

课题研究期间,我们先后去四川、云南与湖南等地方政府相关部门与企业开展调研,感谢为我们提供支持与帮助的政府领导与工作人员,以及企业和企业家。课题的顺利完成,也离不开朋友、同事和领导为我们提供的大量支持与帮助,湘潭大学公共管理学院为该书出版提供了部分资助,在此一并表示感谢。衷心感谢人民出版社的刘江波和孔欢两位编辑,他们为该书的出版付出了大量劳动。

我国是自然灾害频发的国家,洪灾、飓风等自然灾害时有发生。深感尽管本课题已经结项,但该领域研究任务远未完成,充分发挥企业作用,形成政府、社会与市场(企业)共治共享格局的应急管理格局,确保公众安全,永远在路上。

责任编辑：孔　欢
封面设计：汪　阳
版式设计：东昌文化

图书在版编目(CIP)数据

企业参与应急管理：动因、影响因素与路径 / 杨安华著.
北京 ：人民出版社，2024.2. -- ISBN 978-7-01-027029-6

Ⅰ．D630.8

中国国家版本馆 CIP 数据核字第 2024HH0231 号

企业参与应急管理
QIYE CANYU YINGJI GUANLI
——动因、影响因素与路径

杨安华　著

人民出版社 出版发行
（100706　北京市东城区隆福寺街99号）

中煤(北京)印务有限公司印刷　新华书店经销

2024年2月第1版　2024年2月北京第1次印刷
开本:710毫米×1000毫米 1/16　印张:20.25
字数:296千字

ISBN 978-7-01-027029-6　定价:89.00元

邮购地址 100706　北京市东城区隆福寺街99号
人民东方图书销售中心　电话 (010)65250042　65289539

版权所有·侵权必究
凡购买本社图书，如有印制质量问题，我社负责调换。
服务电话：(010)65250042